中华人民共和国全国人民代表大会和地方各级人民代表大会选举法
（含代表法）
注解与配套

第六版

中国法制出版社
CHINA LEGAL PUBLISHING HOUSE

出版说明

中国法制出版社一直致力于出版适合大众需求的法律图书。为了帮助读者准确理解与适用法律，我社于2008年9月推出"法律注解与配套丛书"，深受广大读者的认同与喜爱，此后推出的第二、三、四、五版也持续热销。为了更好地服务读者，及时反映国家最新立法动态及法律文件的多次清理结果，我社决定推出"法律注解与配套丛书"（第六版）。

本丛书具有以下特点：

1. 由相关领域的具有丰富实践经验和学术素养的法律专业人士撰写适用导引，对相关法律领域作提纲挈领的说明，重点提示立法动态及适用重点、难点。

2. 对主体法中的重点法条及专业术语进行注解，帮助读者把握立法精神，理解条文含义。

3. 根据司法实践提炼疑难问题，由相关专家运用法律规定及原理进行权威解答。

4. 在主体法律文件之后择要收录与其实施相关的配套规定，便于读者查找、应用。

此外，为了凸显丛书简约、实用的特色，分册根据需要附上实用图表、办事流程等，方便读者查阅使用。

真诚希望本丛书的出版能给您在法律的应用上带来帮助和便利，同时也恳请广大读者对书中存在的不足之处提出批评和建议。

中国法制出版社

2023年1月

适用导引

一

选举法是规定人大代表选举基本原则和组织程序的重要法律，是产生国家权力机关的基本法律，是我国人大代表选举制度的法律基础。现行《中华人民共和国全国人民代表大会和地方各级人民代表大会选举法》（以下简称选举法）是1979年7月1日第五届全国人民代表大会第二次会议通过的，先后于1982年、1986年、1995年、2004年、2010年、2015年和2020年经过了七次修订，现共十二章、六十个条文，对各级人民代表大会代表的选举事宜作了全面规定，使我国人大代表选举制度更加完善。

关于选举方式。我国选举法采用直接选举和间接选举相结合的原则。1953年我国第一部选举法即规定，全国人民代表大会之代表，省、县和设区的市人民代表大会之代表，由其下一级人民代表大会选举。乡、镇、市辖区和不设区的市人民代表大会之代表，由选民直接选举。1979年新选举法根据政治、经济、文化和交通等各方面的发展，将直接选举的范围扩大到县一级。故根据现行选举法的规定，全国人大代表，省、自治区、直辖市、设区的市、自治州的人大代表由下一级人民代表大会选举，不设区的市、市辖区、县、自治县、乡、民族乡、镇的人大代表由选民直接选举。为便于实施选举法的规定，1983年全国人大常委会专门针对直接选举问题作出《全国人民代表大会常务委员会关于县级以下人民代表大会代表直接选举的若干规定》。

关于选举权平等原则。平等是选举的一条重要原则。1953年的选举法根据我国当时的实际情况，对农村与城市每一代表所代表的人口数的比例作了不同的规定，即县为四比一，省为五比一,全国为八比一。1979年重新修订选举法时,对此没有修改。邓小平同志在1953年"关于选举法(草案)的说明"中指出:"这些在选举上不同比例的规定,就某种方面来说,是不完全平等的,但是只有这样规定,才能真实地反映我国的现实生活,才能使全国各民族各阶层在各级人民代表大会中有与其地位相当的代表","随着我国政治、经济、文化的发展,我们将来也一定要采用……更为完备的选举制度","过渡到更为平等和完全平等的选举"。新选举法于1980年施行以后,国家立法机关即根据国家各方面的发展状况,对城乡比例作了适时的调整。根据1995年第八届全国人民代表大会常务委员会《关于修改〈中华人民共和国全国人民代表大会和地方各级人民代表大会选举法〉的决定》,省、自治区的人民代表大会代表名额中,农村每一代表所代表的人口数与城市每一代表所代表的人口数之比,由五倍改为四倍;全国人大代表名额中,农村每一代表所代表的人口数与城市每一代表所代表的人口数之比,由八倍改为四倍。党的十七大明确提出建议逐步实行城乡按相同人口比例选举人大代表,2010年3月十一届全国人大三次会议通过的选举法修改决定,明确了城乡按相同人口比例选举人大代表。这使得我国人大代表选举的平等性原则得到充分体现,使得我国的人大代表选举制度向更为平等的方向迈出了一大步。

关于差额选举原则。差额选举原则是指人大代表候选人多于应选人数的选举原则。选举法明确规定,全国和地方各级人民代表大会代表实行差额选举,代表候选人的人数应多于应选代表的名额。由选民直接选举人民代表大会代表的,代表候选人的人数应多于应选代表名额三分之一至一倍;由县级以上的地方各级人民代表大会选举上一级人民代表大会代表的,代表候选人的人数应多于应选代表名额五分之一至二分之一。差额选举原则是我国社会主义民主政治建设进步的一个重要体现,是选举制度改革的一项重要成果。

关于直接选举的程序。直接选举以选区为基本单位。选区的划分可以按照居住状况划分，也可以按照生产单位、事业单位、工作单位划分。选区的大小按照一个选区产生1名至3名代表划分。选民在所在选区进行选民登记。每个选民一般只登记一次，经登记确认的选民资格长期有效。选举日20日前应公布选民名单，对公布的名单有异议的，可以向选举委员会申诉，选举委员会对申诉意见应在3日内作出处理决定。申诉人对选举委员会的处理决定不服的，可以在选举日的5日以前向人民法院起诉，人民法院依民事诉讼法规定的特别程序对选民资格案件进行审理，并应在选举日前作出判决。法院判决为选民资格争议的最后决定。各政党、各人民团体，可以联合或单独推荐代表候选人，选民10人以上联名，也可以推荐代表候选人。在选举代表的时候，选民根据规定领取选票，各选区设立投票站、流动票箱或召开选举大会进行选举。选举人大代表一律采用无记名投票方法，选民对候选人可以投赞成票，也可以投反对票，可以另选其他选民，也可以弃权。选民一定要注意按照正确的要求填写选票，以保证有效地表达自己的意志，不至于因为废票而浪费宝贵的选举权利。

选举法还对选举主持机构、各级人大代表名额、少数民族的选举、对代表的监督与罢免、对破坏选举的制裁等问题作了规定。

二

代表法是规范和保障人大代表依法行使权力，履行职责的重要法律。1992年4月3日，第七届全国人大第五次会议审议通过了代表法，对代表的性质、地位、代表在本级人大会议期间的工作、代表在本级人大闭会期间的活动等作出具体规定，并于同日公布施行。

代表法颁布实施以来，对支持和保障代表依法履行职责，加强代表工作，充分发挥代表作用，增强代表的履职意识，发挥了重要作用。但是，随着我国经济社会和社会主义民主法制建设的发展，人民群众民主法制意识的提高，对代表履职有了更高的要求和新的期待；同时，代表的构成、素质以及履职的环境、条件等都发生了较大变化，代表履职出现了一些新情况、新问题。2005年，中共中央转发《中共全国人大常委会党组关于进一步发挥全国人大代表作用，加强全国人大常委会制度建设的若干意见》（以下简称《若干意见》），在代表法的基础上，在支持、规范和保障人大代表依法行使权力、履行职责方面，丰富了内容、拓宽了渠道、增加了形式。各级人大常委会也结合本地实际，创造性地进行了有益探索，积累了不少好的经验，形成了不少好的做法。党的十七大明确提出，要保障人大代表依法行使职权，密切人大代表同人民的联系。

为贯彻落实党的十七大的要求，将《若干意见》的精神上升为法律规定，2010年10月28日，第十一届全国人大常委会第十七次会议通过了《全国人民代表大会常务委员会关于修改〈中华人民共和国全国人民代表大会和地方各级人民代表大会代表法〉的决定》，对代表法进行了修改和完善。这次修改重点是以下四个方面的内容：一、进一步明确代表的权利和义务。在总则当中专门增加了两条，集中、系统地规定了代表的权利和义务。二、进一步细化了代表的履职规范。即作为人大代表如何执行代表职务，履行代表职责，对方式、方法、程序和要求作了进一步明确的规定。三、进一步加强了对代表履职的保障，包括知情权的保障，加强代表的履职学习，还有组织服务的保障。四、进一步加强对代表的监督。修改后的代表法专章规定了对代表的监督。监督可以分为三个方面：(1)代表主动接受监督，回答询问。(2)选区的选民和选举单位还可以通过联名提出罢免要求对代表进行监督。(3)还有一些法定情形的监督，如未经批准两次不出席人民代表大会会议的，代表资格自动终止。

为加强国家机关同人大代表的联系，提高代表议案和建议办理质量，做好代表履职服务保障工作，加强对代表履职的监督，代表法于2015年再次做出修改，增加规定县级人大代表列席专门委员会会议，乡镇人大代表根据乡镇人大主席团的安排开展视察、调研等活动，乡镇人大代表参加视察、专题调研活动形成的报告，由乡镇人大主席团转交有关机关、组织研究处理。代表建议、批评和意见办理情况的报告，应当予以公开。县级人大常委会和乡镇人大主席团应当定期组织本级代表向原选区选民报告履职情况。

目　　录

适用导引 ·· *1*

中华人民共和国全国人民代表大会和地方各级人民代表大会选举法

第一章　总　　则

第一条　【立法依据】 ·· 2
  1. 本法的适用范围有哪些 ·· 2
第二条　【党对选举工作的领导】 ······································ 3
第三条　【选举方式】 ·· 3
  2. 我国人大代表选举的总原则及市级行政单位的选举
    是如何规定的 ·· 3
第四条　【选举权和被选举权】 ··· 4
  3. 如何理解选举权和被选举权 ····································· 4
  4. 如何理解"剥夺政治权利" ······································· 4
  5. 选举的法定年龄如何计算 ·· 5
  6. 精神病人有选举权吗 ··· 5
  7. 服刑人员、被羁押人员、受拘留处罚的人员有选举
    权吗 ·· 6
第五条　【一人一票原则】 ·· 6
  8. 选民与公民的不同有哪些 ·· 7

9. 我国选举权的平等原则主要体现在哪些方面 ………… 7

第六条 【解放军选举办法】 ………………………………… 7

 10. 参加军队选举的人员包括哪些 …………………… 8

第七条 【人大代表的广泛性】 …………………………… 8

 11. 怎样理解我国人大代表应当有适当数量的工人、农民和知识分子基层代表 ……………………………… 9

 12. 本法关于华侨和归侨参加人大代表选举是怎样规定的 …… 9

第八条 【选举经费】 ………………………………………… 10

第二章 选 举 机 构

第九条 【选举的主持】 …………………………………… 11

 13. 本法关于人大代表间接选举的主持机构是如何规定的 …… 12

 14. 本法关于直接选举人大代表的主持机构是如何规定的 …… 12

第十条 【选举委员会的人员组成】 ……………………… 13

 15. 选举委员会的组成人员由县级人大常委会任命 …… 13

 16. 选举委员会的组成人员不能同时是代表候选人 …… 13

第十一条 【选举委员会职责和工作要求】 ……………… 14

 17. 选举委员会的职责有哪些 ………………………… 15

第三章 地方各级人民代表大会代表名额

第十二条 【地方各级人大代表名额】 …………………… 17

 18. 地方各级人大代表名额的确定原则是什么 ……… 19

 19. 地方各级人大代表的具体名额是如何分配的 …… 19

 20. 对聚居的少数民族多和人口居住分散的地方的人大代表名额有什么特殊规定 ………………………… 20

第十三条 【地方各级人大代表具体名额的确定】 ……… 21

 21. 地方各级人大代表名额是怎样确定的 …………… 21

第十四条 【地方各级人大代表名额变动】 ……………… 22

22. 可以重新确定地方各级人大代表名额的法定情形有哪些 ·················· 22
23. 乡镇行政区划调整的，原乡镇人大代表是否需要重新选举 ·················· 23
24. 重新确定代表名额的程序是怎样的 ·················· 23
第十五条　【地方各级人大代表名额分配】·················· 23

第四章　全国人民代表大会代表名额

第十六条　【全国人大代表选举单位和名额】·················· 24
25. 全国人大代表的产生单位有哪些 ·················· 25
26. 全国人大代表名额的具体确定程序是怎样的 ·················· 25
第十七条　【全国人大代表名额分配】·················· 26
27. 全国人大代表名额的分配应遵循哪些原则 ·················· 27
第十八条　【少数民族应选全国人大代表】·················· 27

第五章　各少数民族的选举

第十九条　【聚居少数民族的代表名额】·················· 28
28. 如何理解"有少数民族聚居" ·················· 30
29. 对于聚居的少数民族的选举权有哪些特殊规定 ·················· 30
第二十条　【自治地方其他民族的代表名额】·················· 31
第二十一条　【散居少数民族的代表名额】·················· 32
第二十二条　【少数民族单独选举或联合选举】·················· 32
第二十三条　【选举文件的民族文字】·················· 32
第二十四条　【少数民族选举的其他事项】·················· 33
30. 如何理解本条规定中"参照"的含义 ·················· 34

第六章　选区划分

第二十五条　【选区划分的原则】·················· 34

31. 如何理解选区及选举单位 ········· 35
32. 如何对选区进行划分 ············ 36
第二十六条 【各选区应大体相等】 ········ 36

第七章 选民登记

第二十七条 【选民资格的确认】 ········ 37
33. 流动人口如何进行选民登记 ······· 37
第二十八条 【选民名单的公布】 ········ 38
第二十九条 【对选民名单不同意见的处理】 ··· 38
34. 选民向选举委员会进行申诉有哪些法律规定 ··· 39
35. 就选民资格异议向人民法院提起诉讼应注意哪些问题 ······················ 40

第八章 代表候选人的提出

第 三 十 条 【代表候选人的推荐】 ······ 41
36. 推荐代表候选人的主体有哪些 ····· 42
37. 关于代表候选人资格的规定有哪些 ··· 42
38. 如何理解接受推荐的代表候选人应提供个人情况 ··· 43
第三十一条 【差额选举】 ············ 44
第三十二条 【正式代表候选人的确定】 ···· 44
39. 直接选举中如何确定正式代表候选人 ··· 45
40. 间接选举中如何确定正式代表候选人 ··· 46
第三十三条 【间接选举中代表候选人的广泛性】 ··· 47
第三十四条 【对代表候选人的介绍】 ····· 47
41. 介绍代表候选人的主体有哪些 ····· 48
42. 介绍候选人的方式有哪些 ········ 48
43. 如何理解"应当"组织代表候选人与选民见面 ··· 48

第三十五条 【禁止接受境外资助】 …………… 49
44. 如何理解境外资助 …………………………… 50

第九章 选举程序

第三十六条 【选举权保障】 …………………… 50
45. 对选举工作进行监督的内容有哪些 ………… 50
第三十七条 【领取选票】 ……………………… 51
第三十八条 【选民投票场所】 ………………… 51
46. 如何对流动票箱进行管理 …………………… 51
第三十九条 【间接选举的投票主持】 ………… 52
第 四 十 条 【投票方法和代写选票】 ………… 52
47. 投票时应注意哪些问题 ……………………… 52
48. 委托他人代写选票须符合哪些条件 ………… 53
第四十一条 【填写选票】 ……………………… 53
第四十二条 【委托投票】 ……………………… 53
49. 委托投票应符合哪些条件 …………………… 53
第四十三条 【核算选票】 ……………………… 54
50. 不得担任监票人、计票人的代表候选人的近亲属
    有哪些 ………………………………………… 54
51. 核算选票要注意哪些问题 …………………… 55
第四十四条 【选举结果有效和有效票】 ……… 55
第四十五条 【当选票数】 ……………………… 56
52. 候选人当选的规则是怎样的 ………………… 56
53. 再次投票的含义及适用情形是怎样的 ……… 57
54. 什么是另行选举 ……………………………… 57
第四十六条 【选举结果公布】 ………………… 58
第四十七条 【代表资格审查】 ………………… 59
55. 代表资格审查委员会如何组成 ……………… 59

56. 对补选的人大代表是否需要进行代表资格审查 ……… 60

第四十八条 【担任两地代表】 ……………………………… 60

57. 公民不得担任两地代表的情形有哪些 ……………… 60

第十章 对代表的监督和罢免、辞职、补选

第四十九条 【代表接受监督】 ……………………………… 61

第 五 十 条 【直接选举的代表的罢免】 ……………………… 61

58. 选民提出罢免理由，但没有提供或者拒不提供材料的，能否启动罢免程序 ……………………………… 61

59. 对罢免进行申辩的内容及方式有哪些 ……………… 62

第五十一条 【间接选举的代表的罢免】 ……………………… 62

60. 对间接选举产生的代表的罢免主要有哪些情形 …… 63

61. 提出罢免案的程序是怎样的 …………………………… 63

62. 罢免案的提出主体和接受主体有哪些 ……………… 63

63. 罢免间接选举产生的代表与罢免直接选举产生的代表有什么区别 …………………………………………… 64

第五十二条 【罢免应无记名表决】 ………………………… 65

第五十三条 【通过罢免的票数】 …………………………… 65

64. 对直接选举产生的代表的罢免案获得通过有哪些要求 …… 65

65. 被罢免的代表，其代表资格何时终止 ……………… 65

第五十四条 【被罢免代表有关职务相应撤销】 ……………… 66

第五十五条 【代表辞职】 …………………………………… 66

66. 间接选举产生的代表辞职程序是如何规定的 ……… 67

67. 直接选举产生的代表的辞职有哪些程序规定 ……… 67

68. 人大代表的辞职何时生效 …………………………… 67

第五十六条 【代表辞职被接受有关职务相应终止】 ……… 68

第五十七条 【代表出缺的补选】 …………………………… 68

69. 哪些情形应暂停执行代表职务 ……………………… 69

第十一章 对破坏选举的制裁

第五十八条 【对破坏选举的制裁】·················· 70
  70. 破坏选举的行为包括哪些 ·················· 70
  71. 破坏选举的行为应负哪些法律责任 ············ 71
第五十九条 【对破坏选举的调查处理】··············· 72
  72. 负责查处破坏选举行为的机构有哪些 ··········· 72

第十二章 附 则

第 六 十 条 【省级人大及其常委会可制定实施细则】······ 72

中华人民共和国全国人民代表大会和地方各级人民代表大会代表法

第一章 总 则

第一条 【立法目的】·················· 74
  1. 代表的职权有哪些 ·················· 75
  2. 宪法中关于代表制度的规定有哪些 ············ 75
第二条 【代表产生、性质、地位和作用】··············· 76
  3. 代表的职责有哪些 ·················· 76
第三条 【代表的权利】·················· 77
  4. 代表怎样行使提案权 ·················· 78
  5. 代表怎样行使质询权 ·················· 78
  6. 代表怎样行使罢免权 ·················· 79
  7. 代表执行职务的保障有哪些 ·············· 79

第四条 【代表的义务】 ·· 80
   8. 代表未按时参加人大会议的法律责任有哪些 ············ 80
第五条 【代表职务的界定和保障】 ······························ 80
   9. 国家和社会为代表执行代表职务提供了哪些保障 ······ 81
第六条 【代表接受监督】 ·· 82

第二章　代表在本级人民代表大会会议期间的工作

第七条 【代表出席本级人大会议】 ································ 82
第八条 【代表审议】 ·· 82
   10. 关于代表审议形式是怎样规定的 ·························· 83
第九条 【议案的提出和撤回】 ·· 83
   11. 代表提出议案的法定条件有哪些 ·························· 84
   12. 对代表提出的议案如何处理 ······························· 84
   13. 代表提出的议案能否撤回 ·································· 85
第十条 【代表提出宪法修正案】 ···································· 85
   14. 宪法中关于宪法的修改的程序是怎样规定的 ············ 85
第十一条 【选举权】 ·· 86
   15. 选举国家机关领导人员的范围 ···························· 87
   16. 选举国家机关领导人员的程序是怎样的 ················ 87
第十二条 【决定和表决通过有关人选权】 ····················· 89
   17. 对决定任命的国家机关领导人员如何进行表决 ········· 89
   18. 专门委员会组成人员的任命如何进行表决 ·············· 90
第十三条 【询问权】 ·· 90
第十四条 【质询权】 ·· 90
   19. 提出质询案的主体有哪些 ·································· 91
   20. 对质询案的内容和形式有什么要求 ······················ 91
   21. 对质询进行答复应注意哪些问题 ························· 92

第十五条 【罢免权】 ································· 92
  22. 提出罢免案的主体有哪些 ···················· 93
  23. 罢免的对象有哪些 ··························· 93
  24. 对罢免案如何进行处理 ······················ 94
第十六条 【特定问题调查委员会】 ················ 94
  25. 提议组织特定问题调查委员会的主体有哪些 ··· 94
  26. 特定问题调查委员会的组成人员及职责有哪些 ·· 95
第十七条 【大会表决投票方式】 ··················· 96
  27. 表决的内容有哪些 ··························· 96
  28. 表决的程序是如何规定的 ···················· 97
  29. 通过表决的法定票数有什么要求 ·············· 97
第十八条 【提出建议、批评和意见权】 ············ 97
  30. 代表提出建议、批评和意见的内容包括哪些 ···· 98

第三章 代表在本级人民代表大会闭会期间的活动

第十九条 【闭会期间代表活动组织主体】 ········· 98
  31. 代表在闭会期间的活动主要有哪些 ············ 99
第二十条 【闭会期间活动形式】 ··················· 99
  32. 代表闭会期间活动的形式有哪些 ·············· 99
第二十一条 【代表小组】 ························· 100
第二十二条 【代表视察】 ························· 100
  33. 代表是否可以就视察中出现的问题直接处理 ··· 101
第二十三条 【专题调研】 ························· 102
第二十四条 【代表视察、专题调研报告的处理】 ··· 102
第二十五条 【提议临时召集会议权】 ··············· 102
  34. 对代表提议临时召集人大会议的人数有何要求 ·· 102
第二十六条 【列席常委会会议及参加常委会活动】 ·· 103
第二十七条 【列席原选举单位会议】 ··············· 103

9

第二十八条 【闭会期间参加特定问题调查委员会】……… 104
第二十九条 【闭会期间提出建议、批评和意见】……… 104
第 三 十 条 【乡级人大代表闭会期间活动】…………… 105
35. 乡级人大代表组成代表小组有哪些规定 …………… 105

第四章 代表执行职务的保障

第三十一条 【代表言论免责权】………………………… 106
第三十二条 【代表人身自由特殊法律保护】…………… 106
36. 人大代表人身自由特殊法律保护的具体程序是怎样规定的 ………………………………………………… 107
第三十三条 【执行代表职务的时间保障】……………… 108
第三十四条 【执行代表职务的物质保障】……………… 108
第三十五条 【代表活动经费保障】……………………… 109
第三十六条 【人大常委会与本级代表保持联系】……… 109
37. 各级人大常委会同本级人大代表保持联系的方式有哪些 …………………………………………………… 109
第三十七条 【代表执行职务的组织保障】……………… 110
38. 各级人大常委会为本级人大代表在大会期间执行职务提供哪些条件 ……………………………………… 110
39. 各级人大常委会为本级人大代表在大会闭会期间执行职务提供哪些条件 ……………………………… 110
第三十八条 【代表知情权的保障】……………………… 111
第三十九条 【代表履职学习】…………………………… 111
第 四 十 条 【各级常委会为代表集体提供服务】……… 111
第四十一条 【代表证的制发】…………………………… 111
第四十二条 【代表建议、批评和意见的办理】………… 111
40. 对有关机关、组织研究办理代表建议、批评和意见的时限有什么规定 ……………………………………… 112

第四十三条　【对少数民族代表执行职务的帮助和照顾】…… 113
第四十四条　【组织和个人支持代表执行职务的义务】…… 113

第五章　对代表的监督

第四十五条　【代表接受原选区选民或者原选举单位的监督】…… 113
  41. 代表接受监督的途径有哪些 …… 114
第四十六条　【个人职业活动与执行代表职务关系处理】…… 115
第四十七条　【选民或者原选举单位罢免代表】…… 115
  42. 罢免代表的理由主要有哪些 …… 115
  43. 罢免代表的程序是怎样的 …… 115
第四十八条　【代表暂停执行职务的情形】…… 116
  44. 代表暂时停止执行职务的情形有哪些 …… 117
第四十九条　【代表资格终止的情形】…… 117
  45. 怎样理解本条规定的代表资格终止的几种情形 …… 118
第五十条　【代表资格终止的程序】…… 120

第六章　附　则

第五十一条　【制定实施办法授权】…… 120
第五十二条　【施行时间】…… 120

配 套 法 规

中华人民共和国宪法 …… 121
　（2018 年 3 月 11 日）
中华人民共和国全国人民代表大会组织法 …… 150
　（2021 年 3 月 11 日）

11

中华人民共和国地方各级人民代表大会和地方各级人民政府组织法 ················ 160
　　（2022年3月11日）
全国人民代表大会常务委员会关于县级以下人民代表大会代表直接选举的若干规定 ················ 186
　　（1983年3月5日）
中国人民解放军选举全国人民代表大会和县级以上地方各级人民代表大会代表的办法 ················ 188
　　（2021年4月29日）
中华人民共和国各级人民代表大会常务委员会监督法 ········ 197
　　（2006年8月27日）
中华人民共和国全国人民代表大会议事规则 ··············· 207
　　（2021年3月11日）
中华人民共和国全国人民代表大会常务委员会议事规则 ······ 219
　　（2022年6月24日）
中华人民共和国民事诉讼法（节录） ······················ 229
　　（2021年12月24日）
中华人民共和国刑法（节录） ····························· 230
　　（2020年12月26日）

中华人民共和国全国人民代表大会和地方各级人民代表大会选举法

（1979年7月1日第五届全国人民代表大会第二次会议通过 根据1982年12月10日第五届全国人民代表大会第五次会议《关于修改〈中华人民共和国全国人民代表大会和地方各级人民代表大会选举法〉的若干规定的决议》第一次修正 根据1986年12月2日第六届全国人民代表大会常务委员会第十八次会议《关于修改〈中华人民共和国全国人民代表大会和地方各级人民代表大会选举法〉的决定》第二次修正 根据1995年2月28日第八届全国人民代表大会常务委员会第十二次会议《关于修改〈中华人民共和国全国人民代表大会和地方各级人民代表大会选举法〉的决定》第三次修正 根据2004年10月27日第十届全国人民代表大会常务委员会第十二次会议《关于修改〈中华人民共和国全国人民代表大会和地方各级人民代表大会选举法〉的决定》第四次修正 根据2010年3月14日第十一届全国人民代表大会第三次会议《关于修改〈中华人民共和国全国人民代表大会和地方各级人民代表大会选举法〉的决定》第五次修正 根据2015年8月29日第十二届全国人民代表大会常务委员会第十六次会议《关于修改〈中华人民共和国地方各级人民代表大会和地方各级人民政府组织法〉、〈中华人民共和国全国人民代表大会和地方各级人民代表大会选举法〉、〈中华人民共和国全国人民代表大会和地方各级人民代表大会代表法〉的决定》第六次修正 根据2020年10月

17日第十三届全国人民代表大会常务委员会第二十二次会议《关于修改〈中华人民共和国全国人民代表大会和地方各级人民代表大会选举法〉的决定》第七次修正)

第一章 总　　则

第一条　【立法依据】* 根据中华人民共和国宪法,制定全国人民代表大会和地方各级人民代表大会选举法。

注解

本条是关于本法的立法依据和适用范围的规定。1953年2月11日,中央人民政府委员会通过了新中国第一部选举法。1979年7月1日五届全国人大二次会议根据宪法,对选举法进行了全面修订。此后,1982年、1986年、1995年、2004年、2010年、2015年和2020年又对选举法进行了修改,我国的选举制度无论是内容还是形式都更为完善,更符合我国现阶段的实际情况,逐步形成了一整套有利于发展社会主义民主,有利于发挥人大制度作用的选举法律制度。

应用

1. 本法的适用范围有哪些

在我国,选举制度有广义和狭义之分。最广义的选举制度,既包括国家权力机关的选举,也包括行政机关、审判机关、检察机关等的选举,还可以包括村民委员会、居民委员会等基层群众性组织的选举。狭义的选举制度,仅指国家权力机关的选举。我国选举法仅适用于全国人民代表大会和地方各级人民代表大会的选举、监督等。各级行政机关、审判机关、检察机关等的产生以及领导人员的选举、任命,由地方组织法等相关法律规定。

配套

《中华人民共和国宪法》第34、59、77、102、104、113、115条

---

* 条文主旨为编者所加,下同。

第二条　【党对选举工作的领导】全国人民代表大会和地方各级人民代表大会代表的选举工作，坚持中国共产党的领导，坚持充分发扬民主，坚持严格依法办事。

第三条　【选举方式】全国人民代表大会的代表，省、自治区、直辖市、设区的市、自治州的人民代表大会的代表，由下一级人民代表大会选举。

不设区的市、市辖区、县、自治县、乡、民族乡、镇的人民代表大会的代表，由选民直接选举。

注解

本条规定体现了直接选举和间接选举并用的原则。直接选举与间接选举两者是相对而言的，由选民按选区直接投票选举产生国家权力机关组成人员的选举，叫直接选举。在由选民按选区选出本级人大代表的基础上，再由这些代表依法投票选举产生本级国家机关组成人员和上一级人大代表的选举，叫间接选举。

我国实行直接选举和间接选举并用的民主选举制度是从1953年开始的。基于当时的实际情况，选举法只规定基层人大的代表由直接选举产生，县以上（包括县）地方各级人大和全国人大代表都由间接选举产生。随着政治、经济、文化和交通等各方面的发展，1979年选举法规定直接选举扩大到县级。

应用

2. 我国人大代表选举的总原则及市级行政单位的选举是如何规定的

我国有全国、省级、市级、县级、乡级共5级国家权力机关，与此相对应也有5级人大代表。总的原则是：县、乡级人大代表由选民直接选举产生（即直接选举），县级以上（不包括县级）各级人大代表由下一级人民代表大会选举产生（即由选举单位产生，也就是间接选举）。在实践中，由于市一级的行政单位有设区和不设区之分，有归市领导和直接由省里领导之别，因此在确定选举单位和选举方式时需要作相应的区分。(1) 有些不设区的市在行政上未划归市管辖，或只是由市代管的，应属于省级人大代表的选举单位，直接产生省级人大代表。（2）不设区的市和直辖市的区即使在行政级别上属于地市级，其人大代表也应由选民直接选举产生。

配套

《中华人民共和国宪法》第97条；《全国人民代表大会常务委员会关于县级以下人民代表大会代表直接选举的若干规定》

第四条　【选举权和被选举权】中华人民共和国年满十八周岁的公民，不分民族、种族、性别、职业、家庭出身、宗教信仰、教育程度、财产状况和居住期限，都有选举权和被选举权。

依照法律被剥夺政治权利的人没有选举权和被选举权。

应用

3. 如何理解选举权和被选举权

选举权和被选举权有广义和狭义两种理解。从狭义上说，选举权是指公民按照自己的意愿，依照法定程序直接选举县、乡两级人民代表大会代表的权利，而不包括选举设区的市、自治州以上的人民代表的权利，以及选举其他国家公职人员的权利。狭义的被选举权指公民依照法律规定被选举成为县乡两级人民代表大会代表的权利。从广义上说，选举权指公民按照自己的意愿，依照法定程序选举产生各级权力机关的组成人员和选举产生依法应当通过选举方式产生的其他国家公职人员的权利；被选举权指公民有依照法律规定方式被选举成为各级人大代表和依法应当通过选举方式产生的其他国家公职人员的权利。广义的选举和被选举的权利包括三个方面：第一，直接选举产生或者被选举成为县乡两级人大代表的权利；第二，间接选举产生或者被选举成为设区的市、自治州以上各级人大代表的权利；第三，通过人民代表大会选举或者被选举成为国家公职人员的权利。作为宪法原则，选举权与被选举权应当作广义的理解。在本法中则包含广义理解当中的第一、第二两层含义。

4. 如何理解"剥夺政治权利"

剥夺政治权利是我国刑法上的一种附加刑。附加刑可以单独适用，也可以附加适用。独立适用剥夺政治权利的，应当根据刑法分则的规定执行；对于危害国家安全的犯罪分子应当附加剥夺政治权利；对于故意杀人、强奸、放火、爆炸、投毒、抢劫等严重破坏社会秩序的犯罪分子，可以附加剥夺政治权利。剥夺政治权利的内容包括：（1）选举权和被选举权；（2）言论、出版、集会、结社、游行、示威自由的权利；（3）担任国家机关职务的权利；（4）担任国有公司、企业、事业单位和人民团体领导职务的权利。可见，依照法律被剥夺政治权利的人没有选举权和被选举权。

5. 选举的法定年龄如何计算

本条规定，年满18周岁的中国公民，除依法被剥夺政治权利者外，都享有选举权和被选举权。选举法定年龄的计算方法是，从出生之日起到投票选举之日止，凡年满18周岁的就达到了选举法定年龄。

应当注意的是，在计算是否年满18周岁时，不能把出生的当年算作1岁，也不能只算到开始进行选民登记的那一天为止，而必须算到投票选举的那一天。另外，用农历计算出生日期的，应按公历换算出生日期。例如，某地选民登记为1997年3月22日，选举日定为1997年4月15日。某甲生于1979年4月12日，在1997年3月22日选民登记时，还差20天满18周岁，但到1997年4月15日投票选举时，则已满18周岁，所以某甲应登记为选民。某乙生于1979年4月17日，1997年3月22日选民登记时，还差25天满18周岁，即使到了1997年4月15日投票选举的那一天，仍然差两天才能达到选举的法定年龄，所以某乙不能登记为选民。

6. 精神病人有选举权吗

精神病患者是指精神失常，精神错乱，神志不清，失去了辨认或控制自己行为能力的人。这些人中，有的长期处于失去行使和支配自己意志能力的状态；有的处于间歇性发作状态。根据《全国人民代表大会常务委员会关于县级以下人民代表大会代表直接选举的若干规定》，精神病患者不能行使选举权利的，经选举委员会确认，不行使选举权利。因此，精神病患者享有选举权，只是由于不能辨认自己的意识和行为而不能行使该项权利。

在确定精神病患者的选举权和被选举权时，应注意以下两点：

（1）从法律上讲，精神病患者是由于生理上的原因而丧失行使政治权利的能力，这同被依法剥夺政治权利的人有着本质的区别，绝不能将二者混为一谈。

（2）具体确定某个精神病患者是否能行使选举权利，通常要由监护人、周围群众、所在单位或医疗机构证明。凡属经常处于失去行使和支配自己意志能力的精神病患者，经选举委员会确认，可不列入选民名单；对于间歇性发作的精神病患者，则应列入选民名单，若在投票选举日精神病发作，则应作为暂不能行使选举权利处理。

7. 服刑人员、被羁押人员、受拘留处罚的人员有选举权吗

根据《全国人民代表大会常务委员会关于县级以下人民代表大会代表直接选举的若干规定》，下列人员准予行使选举权利：（1）被判处有期徒刑、拘役、管制而没有附加剥夺政治权利；（2）被羁押，正在受侦查、起诉、审判，人民检察院或者人民法院没有决定停止行使选举权利的（因反革命案①或者其他严重刑事犯罪案被羁押，正在受侦查、起诉、审判的人，经人民检察院或者人民法院决定，在被羁押期间停止行使选举权利）；（3）正在取保候审或者被监视居住的；（4）正在受拘留处罚的。

据此，服刑人员、被羁押人员、受拘留处罚人员是否享有选举权不能一概而论。如果被判处有期徒刑、拘役、管制而同时附加剥夺政治权利，在被剥夺政治权利的期间，就不享有选举权；如果没有同时附加剥夺政治权利，则享有选举权。被羁押人员享有选举权，但又要根据不同情况确定是否能够行使这项权利。因危害国家安全或其他严重刑事犯罪而受侦查、起诉、审判的，经司法机关决定，羁押期间停止行使该项权利。司法机关没有决定停止行使选举权的，则可以行使这项权利。受拘留处罚的人员则仍然享有选举权。以上所列人员参加选举，由选举委员会和执行监禁、羁押或者拘留的机关共同决定，可以在流动票箱投票，或者委托有选举权的亲属或者其他选民代为投票。被判处拘役、受拘留处罚的人也可以在选举日回原选区参加选举。

配 套

《中华人民共和国宪法》第34条；《中华人民共和国刑法》第34、54、58条；《全国人民代表大会常务委员会关于县级以下人民代表大会代表直接选举的若干规定》第3-5条

第五条 【一人一票原则】每一选民在一次选举中只有一个投票权。

----

① 1999年宪法修正案将宪法原第28条中的"反革命活动"术语，修改为"危害国家安全的犯罪活动"。现行刑法上相应的规定是关于危害国家安全罪的规定。

> 应用

8. 选民与公民的不同有哪些

选民与公民的不同主要表现在以下几个方面：（1）选民不仅有本国国籍而且必须年满18周岁，而公民却只有国籍限制；（2）选民不包括被依法剥夺了政治权利的公民，而只要具有中国国籍，即便被剥夺了政治权利，仍属公民；（3）只有依法进行了选民登记的人，才能被称为选民。因此，每一个具有选举权的中国公民，都必须依法履行选民登记手续，只有这样才能取得选民资格。

9. 我国选举权的平等原则主要体现在哪些方面

我国选举权的平等原则主要体现在以下两个方面：

第一，每一选民在直接选举本县（市、区）、本乡的人大代表中，只能有一个投票权，不能同时参加两个或两个以上选区的投票选举。每一选民在一次选举中只有一个投票权，并不是在全国同一次县乡换届选举中只能参加一个地方的投票选举。由于不同省份县、乡换届选举的时间不同，有时跨度达一年以上，有的选民在一个地方参加完县、乡直接选举后，因为工作、学习、生活等原因，迁往另一行政区域，随后新居住的区域开始县、乡直接选举时，该选民有权登记为选民，参加新居住地区的县、乡直接选举。

第二，所有有效选票都具有相等的法律效力。每一选票不能因为身份、地位、民族、种族、性别、年龄的不同而在法律效力上有差别，既不允许任何选民有特权，也不允许对任何选民有任何限制和歧视。

> 配套

《中华人民共和国宪法》第33条

第六条 【解放军选举办法】人民解放军单独进行选举，选举办法另订。

> 注解

本条是对人民解放军选举人大代表另行制定选举办法的规定。1953年选举法规定，人民武装部队另行进行选举，其选举办法另订之。1979年重新修订选举法时,将这一规定修改为:"人民解放军单独进行选举,选举办法另订。"这一规定一直沿用至今。

应用

10. 参加军队选举的人员包括哪些

(1)人民解放军军人、文职人员,军队管理的离休、退休人员和其他人员,参加军队选举。驻地方工厂、铁路、水运、科研等单位的军代表,在地方院校学习的军队人员,可以参加地方选举。

(2)驻军的驻地距离当地居民的居住地较远,随军家属参加地方选举有困难的,经选举委员会或者军人委员会批准,可以参加军队选举。

配套

《中国人民解放军选举全国人民代表大会和县级以上地方各级人民代表大会代表的办法》

第七条 【人大代表的广泛性】 全国人民代表大会和地方各级人民代表大会的代表应当具有广泛的代表性,应当有适当数量的基层代表,特别是工人、农民和知识分子代表;应当有适当数量的妇女代表,并逐步提高妇女代表的比例。

全国人民代表大会和归侨人数较多地区的地方人民代表大会,应当有适当名额的归侨代表。

旅居国外的中华人民共和国公民在县级以下人民代表大会代表选举期间在国内的,可以参加原籍地或者出国前居住地的选举。

注解

本条修改过程如下:1979年本条原文为"华侨代表的产生办法另订。"1982年第五届全国人民代表大会第五次会议《关于修改〈中华人民共和国全国人民代表大会和地方各级人民代表大会选举法〉的若干规定的决议》将本条修改为:"全国人民代表大会和归侨人数较多地区的地方人民代表大会,应当有适当名额的归侨代表。"1986年六届全国人民代表大会常务委员会第十八次会议《关于修改〈中华人民共和国全国人民代表大会和地方各级人民代表大会选举法〉的决定》在本条增加一款,作为第二款:旅居国外的中华人民共和国公民在县级以下人民代表大会代表选举期间在国内的，可以参加原籍地或者出国前居住地的选举。1995年八届全国人大常委会第十二次会议《关于修改〈中华人民共和国全国人民代表大会和地方各级人民代表大会选举法〉的决定》在本条增加一款：全国人民代表大会和地方各级人民代表大会的代表中，应当有适当数量的妇女代表，并逐步提高妇女代表的比例。2010年3月14日第十一届全国人民代表大会第三次会议《关于修改〈中华人民共和国全国人民代表大会和地方各级人民代表大会选举法〉的决定》针对当前人大代表结构的实际情况新增加一项规定，即全国和地方各级人民代表大会的代表"应当具有广泛的代表性，应当有适当数量的基层代表，特别是工人、农民和知识分子代表"，这是对我国人大代表广泛性的重申和进一步强调。

应用

11. 怎样理解我国人大代表应当有适当数量的工人、农民和知识分子基层代表

人大代表应当有适当数量的工人、农民和知识分子基层代表，是代表应当具有广泛的代表性的必然要求。从当前人大代表结构的实际情况看，人大代表结构中，党政领导干部、企业家所占比例过高，而一线人员、基层代表，特别是工人、农民和知识分子代表偏少的现象比较突出。党政领导干部政治素质高，能力强，对政治、经济及社会各方面的情况比较熟悉，有利于提高人民代表大会议事的整体功效，有利于国家权力机关作出的决议、决定的贯彻执行。一些企业家，特别是民营企业家，在社会主义市场经济条件下，通过自身努力，在激烈的市场竞争中取得成功。这些企业家勤奋、务实，具有较强的开拓、创新意识。但领导干部、企业家等过多，有违广泛参与国家事务管理的民主原则。因此，要强调有适当数量的基层代表，特别是工人、农民和知识分子代表。所谓基层的工人、农民和知识分子代表，主要指在一线从事工农业生产的工人、农民，如在工厂车间从事生产活动的工人，直接从事种植业、畜牧业生产的农民，以及在一线从事教学、科研等工作的知识分子，如工作在教学、科研、医疗第一线的教师、科研人员、医生等。

12. 本法关于华侨和归侨参加人大代表选举是怎样规定的

归侨是指回国定居的华侨。华侨是指定居在国外的中国公民。我国历来十分重视对华侨和归侨正当权益的保护，为保证他们享有与其他公民同等的政治权利，在新中国成立初期，国家就在有关法律中作出了规定。1953年选举法中明确规定，国外华侨得单独进行选举，选举办法另订，并明确规定，国外华侨应选全国人大代表30名。1979年修订选举法，对华侨是否单独进行选举未作规定，只规定华侨代表的产生办法另订。1982年修改选举法，将此条修改为："全国人民代表大会和归侨人数较多地区的地方人民代表大会，应当有适当名额的归侨代表"，这一款此后未再作修改。

目前，为了保证有适当数量的归侨代表，对于归侨相对集中的省、自治区、直辖市，要求保证有出席全国人大的归侨代表，如：广东、福建、西藏、云南、北京等都有归侨代表出席全国人民代表大会；对于归侨较多的地区要求该地方人大按归侨的总数分配一定比例的归侨代表名额，以保证他们在当地各级人民代表大会上参政、议政，行使代表职权。

1986年第二次修改选举法时，又增加规定：旅居国外的中华人民共和国公民在县级以下人民代表大会代表选举期间在国内的，可以参加原籍地或者出国前居住地的选举。这一款是关于现在仍居住在国外的我国公民即华侨如何参加选举的规定。依照我国选举法的规定，中华人民共和国公民年满18周岁未被剥夺政治权利都有选举权和被选举权，因此，旅居国外的华侨也同居住在国内的中华人民共和国公民一样，享有选举权和被选举权。但是，由于他们居住在国外，参加国内的选举有一定困难，因此，法律规定如果华侨在选举期间正好在国内，就可以参加原籍地或者出国前居住地的县、乡两级人民代表大会代表的选举。

配套

《中华人民共和国妇女权益保障法》第12-14条；《中华人民共和国归侨侨眷权益保护法》第3、6条

第八条　【选举经费】全国人民代表大会和地方各级人民代表大会的选举经费，列入财政预算，由国库开支。

注解

2010年修改选举法时，为了更好地保证选举经费落实，根据一些人大代表、地方和部门的建议，增加了关于将选举经费列入财政预算的规定。根据

预算法的规定，我国实行一级政府一级预算。县级以上各级预算必须设立国库；具备条件的乡、民族乡、镇也应当设立国库。选举经费通常包括两部分，一是用于选举设施、组织选举等方面的支出；二是用于候选人宣传的支出。原则上说，选举哪一级人大代表，就应当由哪一级国库开支。但由于我国经济发展水平不平衡，各地的财力状况不同，县乡的财力，特别是乡一级的财力有限。因此，中央财政、地方财政应当对县乡直接选举给予支持和帮助。

配套

·《中国人民解放军选举全国人民代表大会和县级以上各级人民代表大会代表的办法》第39条

第二章 选举机构

第九条 【选举的主持】全国人民代表大会常务委员会主持全国人民代表大会代表的选举。省、自治区、直辖市、设区的市、自治州的人民代表大会常务委员会主持本级人民代表大会代表的选举。

不设区的市、市辖区、县、自治县、乡、民族乡、镇设立选举委员会，主持本级人民代表大会代表的选举。不设区的市、市辖区、县、自治县的选举委员会受本级人民代表大会常务委员会的领导。乡、民族乡、镇的选举委员会受不设区的市、市辖区、县、自治县的人民代表大会常务委员会的领导。

省、自治区、直辖市、设区的市、自治州的人民代表大会常务委员会指导本行政区域内县级以下人民代表大会代表的选举工作。

注解

指导、主持和办理国家选举事务的各类组织或者机构统称选举机构。选举机构负责对人大代表选举的各个具体环节，如选举时间安排、选区划分、选民登记、提出代表候选人、投票选举、宣布选举结果等,进行周密计划和组织。

应用

13. 本法关于人大代表间接选举的主持机构是如何规定的

间接选举产生的各级人大代表的选举工作,由该级人大常委会主持。这里的"主持"主要是指确定选举时间、分配代表名额、处理选举中的重大问题等事宜。理解这一款的规定应当注意联系本法第39条等相关条款的规定。本法第39条规定:县级以上地方各级人民代表大会在选举上一级人民代表大会代表时,由各该级人民代表大会主席团主持。这里指的是各该级人大主席团主持本级人大选举上级人大代表的会议。

14. 本法关于直接选举人大代表的主持机构是如何规定的

直接选举人大代表的主持机构是相应的选举委员会。县、自治县、不设区的市、市辖区、乡、民族乡、镇设立选举委员会。县、自治县、不设区的市、市辖区的选举委员会的组成人员由本级人民代表大会常务委员会任命。乡、民族乡、镇的选举委员会的组成人员由县、自治县、不设区的市、市辖区的人民代表大会常务委员会任命。选举委员会设立办事机构,办理选举的具体事务。选举委员会的职权是:(1)主持投票选举;(2)进行选民登记,审查选民资格,公布选民名单;受理对于选民名单不同意见的申诉,并作出决定;(3)划分选举本级人民代表大会代表的选区,分配各选区应选代表的名额;(4)了解核实并组织介绍代表候选人的情况,根据较多数选民的意见,确定和公布正式代表候选人的名单;(5)确定选举日期;(6)确定选举结果是否有效,公布当选代表名单。

此外,人民解放军及人民解放军团级以上单位设立选举委员会。人民解放军选举委员会领导全军的选举工作,其他各级选举委员会主持本单位的选举工作。连和其他基层单位的军人委员会,主持本单位的选举工作。香港特别行政区和澳门特别行政区全国人大代表的选举,请参见下文对第15条作的"注解"与"应用"。

配套

《中华人民共和国宪法》第98条;《中华人民共和国地方各级人民代表大会和地方各级人民政府组织法》第8、50条;《全国人民代表大会常务委员会关于县级以下人民代表大会代表直接选举的若干规定》第1、2条;《全国人民代表大会常务委员会关于县、乡两级人民代表大会代表选举时间的决定》

第十条 【选举委员会的人员组成】 不设区的市、市辖区、县、自治县的选举委员会的组成人员由本级人民代表大会常务委员会任命。乡、民族乡、镇的选举委员会的组成人员由不设区的市、市辖区、县、自治县的人民代表大会常务委员会任命。

选举委员会的组成人员为代表候选人的,应当辞去选举委员会的职务。

应用

15. **选举委员会的组成人员由县级人大常委会任命**

按照本条第1款的规定,县乡两级选举委员会的组成人员均由所在的不设区的市、市辖区、县、自治县的人大常委会任命。选举委员会一般由主任1人,副主任若干人和委员若干人组成。选举委员会是临时性机构,选举结束后自行终止,下次换届选举时由县级人大常委会任命产生新的选举委员会。

按照实际中的做法,选举委员会一般由党委、人大、政府的相关部门的人员组成。主要原因在于选举组织过程中会涉及诸如选民登记、资格审查、交通、通讯、场所、联络等各种事务,需要有不同的部门加以配合协作,因此,党委、人大、政府的一些部门的领导参与进来,能够有效地调动相关部门的人力和资源,能够很好地协调各部门的工作,从而组织好选举工作。

16. **选举委员会的组成人员不能同时是代表候选人**

为保证选举的公平、公正,2010年修改选举法时增加规定,选举委员会的组成人员为代表候选人的,应当辞去选举委员会的职务。这是我国选举制度的重要发展和完善,有利于充分发扬民主,改进选举工作。之所以作这样的规定,主要考虑是,早在1953年制定选举法时,就曾提出是否要规定选举委员会成员的回避问题,当时考虑人大代表选举主要是间接选举,在各级人大会议上的选举工作,不是由选举委员会而是由大会主席团主持的,而基层选举工作又是在上级选举委员会派去的工作组的监督和指导下进行的,因此没有作出规定。经过近60年的发展，各方面的情况已经发生很大变化，一是直接选举的范围扩大到了县一级，二是间接选举不再设立选举委员会，三是县乡两级选举委员会各自的职责更加明确，四是人民群众对民主选举的期望要求不断提高。因此，有必要实行选举委员会成员的回避制度。由于过去对选举委员会成员的回避问题未提出要求，在实际操作中，有些选举委员会的成员同时也是代表候选人，现在实行回避制度，是一项重要改革。对此，在县乡两级人大换届时，要按新的要求做好选举委员会成员的推选工作。

第十一条　【选举委员会职责和工作要求】选举委员会履行下列职责：

（一）划分选举本级人民代表大会代表的选区，分配各选区应选代表的名额；

（二）进行选民登记，审查选民资格，公布选民名单；受理对于选民名单不同意见的申诉，并作出决定；

（三）确定选举日期；

（四）了解核实并组织介绍代表候选人的情况；根据较多数选民的意见，确定和公布正式代表候选人名单；

（五）主持投票选举；

（六）确定选举结果是否有效，公布当选代表名单；

（七）法律规定的其他职责。

选举委员会应当及时公布选举信息。

注解

本条是关于选举委员会职责和工作要求的规定。本条是2010年修改选举法增加的内容。在选举法修改过程中，一些地方和代表提出，选举委员会是组织领导县级和乡级人大代表选举的机构，在直接选举中具有十分重要的作用，建议根据《全国人民代表大会常务委员会关于县级以下人民代表大会代表直接选举的若干规定》，进一步完善选举的组织机构及其职责要求。据此，选举法在上述若干规定内容的基础上增加了本条的规定。

应用

17. 选举委员会的职责有哪些

在直接选举中，选举委员会的职责总体来说，就是主持和组织本级人大代表的选举。具体而言，选举委员会的职责主要可以划分为三个阶段的工作。

首先，选举准备阶段。这一阶段的工作主要包括：（1）划分选区，分配各选区应选代表名额。根据本条的规定，选举委员会负责划分选举本级人大代表的选区，也就是说，县级选举委员会负责划分选举产生县级人大代表的选区，乡级选举委员会负责划分选举产生乡级人大代表的选区。选区划分后，接下来的问题就是将应选人大代表名额分配到各个选区。按照选举法的规定，选区可以按居住状况划分，也可以按生产单位、事业单位、工作单位划分。选区的大小，按照每一选区选1名至3名代表划分。（2）进行选民登记，审查选民资格，公布选民名单；受理对于选民名单不同意见的申诉，并作出决定。选民登记工作以选区为基础，通过选民登记站和选区工作组，做好选民登记和核对选民名单的工作。在进行选民登记过程中，选举委员会应当对选民资格进行审查，确定选民符合选举法规定的选民资格。例如，选举委员会应当审查公民是否年满18周岁，是否被剥夺政治权利，是否是不能行使选举权利的精神病患者等。审查后，将符合选民资格的选民列入选民名单，并在选举日的20日以前公布选民名单。如果公民对选民名单有不同意见，可以在选民名单公布之日起5日内，向选举委员会提出申诉，选举委员会对申诉意见，应在3日内作出处理决定。根据本法规定，申诉人如果对选举委员会的处理决定不服的，还可以在选举日的5日以前向人民法院起诉。（3）确定选举日期。确定选举日期是选举委员会非常重要的一项工作，因为选举日期的确定，涉及许多相关工作的进行：一是涉及选民是否符合法定年龄的计算；二是涉及选民名单、第一轮提名推荐的代表候选人基本情况以及正式候选人名单及其基本情况的公布期限；三是涉及公民对选民名单不服的申诉、人民法院判决等一系列时间问题。因此，选举日期一经确定后，一般不能轻易变动。

其次，了解核实代表候选人情况，确定正式代表候选人阶段。这一阶段选举委员会的职责主要是了解核实被提名推荐的代表候选人的基本情况是否真实有效。根据选举法的规定，接受推荐的代表候选人应当向选举委员会如实提供个人身份、简历等基本情况，选举委员会经过了解核实，如发现代表候选人提供的个人情况不实的，应当向选民通报。经了解核实代表候选人的情况真实有效，选举委员会应当按照选举法规定的程序，根据较多数选民的意见，确定正式代表候选人的名单并予以公布。

最后，投票选举阶段。选举委员会在这一阶段的职责主要是主持投票选举，按照选举法规定的各种情形，通过设立投票站、召开选举大会或者使用流动票箱等方式组织选民投票。投票选举结束后，选举委员会应当根据本法规定的程序，确定选举结果是否有效，并公布当选代表的名单。

此外，本条第1款还规定了一项兜底条款，即选举委员会还要履行法律规定的其他职责。这是为了防止对选举委员会的职责列举不全而作的兜底性规定，除了前面列举的六项职责外，选举委员会还要履行以下几项职责：第一，根据选举法的规定，接受推荐的代表候选人应当向选举委员会或者大会主席团如实提供个人身份、简历等基本情况。选举委员会对于接受推荐的代表候选人提供的基本情况，经审查认为不实的，应当向选民通报。第二，选举委员会根据选民的要求，应当组织代表候选人与选民见面，由代表候选人介绍本人的情况，回答选民的问题。第三，选举委员会应当根据各选区选民分布状况，按照方便选民投票的原则设立投票站，并根据选举法的规定，决定是否召开选举大会或者使用流动票箱。第四，选举委员会发现有破坏选举的行为或者收到对破坏选举行为的举报，应当及时依法处理；需要追究法律责任的，及时移送有关机关予以处理。

为加强对选举委员会履行职责的监督，保证选举组织工作的公开透明，本条第2款规定，选举委员会应当及时公布选举信息。这里的选举信息包括本法规定的选举委员会应当公布的各种与选举有关的信息，如选民名单、选举日期、代表候选人名单、当选代表名单等。

配 套

《中华人民共和国民事诉讼法》第188、189条；《全国人民代表大会常务委员会关于县级以下人民代表大会代表直接选举的若干规定》第2条

第三章 地方各级人民代表大会代表名额

第十二条 【地方各级人大代表名额】地方各级人民代表大会的代表名额,按照下列规定确定:

(一)省、自治区、直辖市的代表名额基数为三百五十名,省、自治区每十五万人可以增加一名代表,直辖市每二万五千人可以增加一名代表;但是,代表总名额不得超过一千名;

(二)设区的市、自治州的代表名额基数为二百四十名,每二万五千人可以增加一名代表;人口超过千万的,代表总名额不得超过六百五十名;

(三)不设区的市、市辖区、县、自治县的代表名额基数为一百四十名,每五千人可以增加一名代表;人口超过一百五十五万的,代表总名额不得超过四百五十名;人口不足五万的,代表总名额可以少于一百四十名;

(四)乡、民族乡、镇的代表名额基数为四十五名,每一千五百人可以增加一名代表;但是,代表总名额不得超过一百六十名;人口不足二千的,代表总名额可以少于四十五名。

按照前款规定的地方各级人民代表大会的代表名额基数与按人口数增加的代表数相加,即为地方各级人民代表大会的代表总名额。

自治区、聚居的少数民族多的省,经全国人民代表大会常务委员会决定,代表名额可以另加百分之五。聚居的少数民族多或者人口居住分散的县、自治县、乡、民族乡,经省、自治区、直辖市的人民代表大会常务委员会决定,代表名额可以另加百分之五。

注 解

本条修改过程如下:1979年选举法第9条条文为:地方各级人民代表大会代表的名额,由各省、自治区、直辖市的人民代表大会常务委员会,按照便于召开会议、讨论问题和解决问题，并且使各民族、各地区、各方面都能有适当数量的代表的原则自行决定，并报全国人民代表大会常务委员会备案。1995年八届全国人大常委会第十二次会议《关于修改〈中华人民共和国全国人民代表大会和地方各级人民代表大会选举法〉的决定》将第9条修改为三条，作为第9条、第10条、第11条。其中第9条为"地方各级人民代表大会的代表名额，按照下列规定确定：（一）省、自治区、直辖市的代表名额基数为三百五十名，省、自治区每十五万人可以增加一名代表，直辖市每二万五千人可以增加一名代表；人口超过一亿的省，代表总名额不得超过一千名；（二）设区的市、自治州的代表名额基数为二百四十名，每二万五千人可以增加一名代表；人口超过一千万的，代表总名额不得超过六百五十；（三）县、自治县、不设区的市、市辖区的代表名额基数为一百二十名，每五千人可以增加一名代表；人口超过一百六十五万的，代表总名额不得超过四百五十名；人口不足五万的，代表总名额可以少于一百二十名。（四）乡、民族乡、镇的代表名额基数为四十名，每一千五百人可以增加一名代表；人口超过九万的乡、民族乡的代表总名额不得超过一百名；人口超过十三万的镇的代表总名额不得超过一百三十名；人口不足二千的乡、民族乡、镇的代表总名额可以少于四十名。""按照前款规定的地方各级人民代表大会的代表名额基数与按人口数增加的代表数相加，即为地方各级人民代表大会的代表总名额。""自治区、聚居的少数民族多的省，经全国人民代表大会常务委员会决定，代表名额可以另加百分之五。聚居的少数民族多或者人口居住分散的县、自治县、乡、民族乡，经省、自治区、直辖市的人民代表大会常务委员会决定，代表名额可以另加百分之五。"2004年第十届全国人民代表大会常务委员会第十二次会议《关于修改〈中华人民共和国全国人民代表大会和地方各级人民代表大会选举法〉的决定》将第9条第1款第1项修改为："（一）省、自治区、直辖市的代表名额基数为三百五十名，省、自治区每十五万人可以增加一名代表，直辖市每二万五千人可以增加一名代表；但是，代表总名额不得超过一千名。"2010年3月14日第十一届全国人民代表大会第三次会议《关于修改〈中华人民共和国全国人民代表大会和地方各级人民代表大会选举法〉的决定》将原第9条第1款第4项中的"人口超过九万的乡、民族乡的代表总名额不得超过一百名；人口超过十三万的镇的代表总名额不得超过一百三十名"修改为"代表总名额不得超过一百六十名",同时按照修改后的条文调整为第 11 条。2020 年 10 月 17 日第十三届全国人民代表大会常务委员会第二十二次《关于修改〈中华人民共和国全国人民代表大会和地方各级人民代表大会选举法〉的决定》将第 11 条改为第 12 条,并将第 1 款第 3 项修改为:"(三)不设区的市、市辖区、县、自治县的代表名额基数为一百四十名,每五千人可以增加一名代表;人口超过一百五十五万的,代表总名额不得超过四百五十名;人口不足五万的,代表总名额可以少于一百四十名"。

应用

18. 地方各级人大代表名额的确定原则是什么

地方各级人大代表名额的多少,应当按照便于召开会议、讨论问题和解决问题,并且使各民族、各地区、各方面都能有适当数量代表的原则来确定。

依据选举法的规定,地方各级人大代表名额的确定原则是"基数加人口数",并且不得超过选举法所规定的上限。确定代表名额的基数是为了保证各民族、各地区、各方面都有适当数量的代表,体现了选举法的平等原则。同时考虑到有的地方人口较多,不能无限制地按人口数增加代表名额,否则不利于召开会议、讨论问题和解决问题,从而规定了代表名额的上限。选举法明确规定代表名额的确定办法,有利于选举工作的实施和选举制度的规范化。

19. 地方各级人大代表的具体名额是如何分配的

地方各级人大代表名额的基数如下:(1)省、自治区、直辖市的代表名额基数为 350 名;(2)设区的市、自治州的代表名额基数为 240 名;(3)不设区的市、市辖区、县、自治县的代表名额基数为 140 名;(4)乡、民族乡、镇的代表名额基数为 45 名。

在代表名额基数的基础上,每增加 1 个代表名额所需人口数如下:(1)省、自治区每 15 万人可以增加 1 名代表;(2)直辖市每 25000 人可以增加 1 名代表;(3)设区的市、自治州每 25000 人可以增加 1 名代表;(4)不设区的市、市辖区、县、自治县每 5000 人可以增加 1 名代表;(5)乡、民族乡、镇每 1500 人可以增加 1 名代表。

地方各级人大代表总名额的上限如下:(1)省、自治区、直辖市的代表总名额不得超过 1000 名;(2)人口超过 1000 万的设区的市、自治州的代表总名额不得超过650名；(3)人口超过155万的不设区的市、市辖区、县、自治县，代表总名额不得超过450名；(4)乡、民族乡、镇的代表总名额不得超过160名。其中，乡、民族乡、镇的代表总名额的上限在2010年选举法修改中作了最新的调整。根据原选举法的规定，人口超过9万的乡、民族乡的代表总名额不得超过100名；人口超过13万的镇的代表总名额不得超过130名。

同时，选举法还规定：(1)人口不足5万的不设区的市、市辖区、县、自治县，代表总名额可以少于140名；(2)人口不足2000的乡、民族乡、镇的代表总名额可以少于45名。这是考虑到全国各地情况有所不同，对人口少的地方的代表名额作出的特殊规定。

20. 对聚居的少数民族多和人口居住分散的地方的人大代表名额有什么特殊规定

根据选举法的规定，对聚居的少数民族多和人口居住分散的地方，人大代表名额的确定有一定的照顾，经过法定程序，可以在基数加按人口数确定的代表名额基础上，另加5%。

适用该规定的地方包括自治区、聚居的少数民族多的省以及聚居的少数民族多或者人口居住分散的县、自治县、乡、民族乡，但不适用于自治州、市、市辖区以及镇。

"聚居的少数民族多"指聚居的少数民族的种类多，而不是聚居的少数民族的人口多。对于"聚居的少数民族多"和"人口居住分散"的具体标准，可以由省级人大常委会根据具体情况决定。

另行增加代表名额需要经过法定的决定程序：(1)自治区、聚居的少数民族多的省，增加代表名额须经全国人大常委会决定；(2)聚居的少数民族多或者人口居住分散的县、自治县、乡、民族乡，增加代表名额须经省、自治区、直辖市的人大常委会决定。乡、民族乡的代表名额，一般由县级人大常委会决定，但另行增加的代表名额，须由所在的省级人大常委会决定，体现从严掌握的精神。

代表名额的增加必须遵循选举法所规定的幅度，即可以另加5%。另加5%是指在基数和按人口数增加代表名额两项之和的基础上，再增加5%，但是名额不得突破选举法规定的最高限额。

> 配 套

《全国人民代表大会常务委员会关于省、自治区、直辖市人民代表大会代表名额的决定》

第十三条　【地方各级人大代表具体名额的确定】省、自治区、直辖市的人民代表大会代表的具体名额，由全国人民代表大会常务委员会依照本法确定。设区的市、自治州和县级的人民代表大会代表的具体名额，由省、自治区、直辖市的人民代表大会常务委员会依照本法确定，报全国人民代表大会常务委员会备案。乡级的人民代表大会代表的具体名额，由县级的人民代表大会常务委员会依照本法确定，报上一级人民代表大会常务委员会备案。

> 注 解

作出本条规定，主要考虑是：(1) 避免了自行确定名额可能引起的不同标准，如人口数的计算、农业人口和非农业人口的把握等。由上级人大常委会确定，便于严格统一地贯彻执行选举法关于代表名额的规定。(2) 上级人大对下级人大的情况比较了解，便于根据法律，结合实际情况确定适当的代表名额。虽然地方各级人大代表名额统一由省级人大常委会确定比较方便，但是如果将乡一级人大代表名额也都规定统一由省级人大常委会确定，工作量太大，也没有必要。(3) 加强对代表名额确定的监督。县级、省级人大常委会确定代表名额后，要报上级人大常委会备案，上级人大常委会如果发现问题，有权予以纠正。

> 应 用

21. 地方各级人大代表名额是怎样确定的

根据本条的规定，地方各级人大代表名额的确定，原则上是由上级人大对下一级人大的代表名额作出决定。具体程序如下：(1) 省、自治区、直辖市人大代表的具体名额，由全国人大常委会依法确定；(2) 设区的市、自治州和县级人大代表的具体名额，由省、自治区、直辖市人大常委会依法确定，报全国人大常委会备案；(3) 乡级人大代表的具体名额，由县级人大

21

委会依法确定，报上一级人大常委会备案。备案的规定是为了对代表名额的确定进行监督，如果上级人大常委会发现代表名额的确定存在问题，有权予以纠正。

配套

《全国人民代表大会常务委员会关于省、自治区、直辖市人民代表大会代表名额的决定》

第十四条 【地方各级人大代表名额变动】地方各级人民代表大会的代表总名额经确定后，不再变动。如果由于行政区划变动或者由于重大工程建设等原因造成人口较大变动的，该级人民代表大会的代表总名额依照本法的规定重新确定。

依照前款规定重新确定代表名额的，省、自治区、直辖市的人民代表大会常务委员会应当在三十日内将重新确定代表名额的情况报全国人民代表大会常务委员会备案。

注解

本条为1995年八届全国人大常委会第十二次会议《关于修改〈中华人民共和国全国人民代表大会和地方各级人民代表大会选举法〉的决定》增加的内容。以省级人大代表名额的确定为例：在1995年的这次修改之后，第八届全国人民代表大会常务委员会第二十五次会议在1997年5月9日通过了《全国人民代表大会常务委员会关于省、自治区、直辖市人民代表大会代表名额的决定》。根据本条关于名额固定的规定，这个决定中规定的省级人大代表名额对以后的各届省级人大选举都有效，也就是说，1997年以后省级人大代表的选举都要按照这个决定确定的总名额执行，不再变动。如果发生本条规定的事由（如行政区划变动或重大工程建设等），则由全国人大常委会重新确定。

应用

22. 可以重新确定地方各级人大代表名额的法定情形有哪些

依据选举法的规定，以下情形属于可以重新确定地方各级人大代表名额的法定情形：（1）由于行政区划的调整，人口的变动较大的；（2）因为重大工程建设造成人口的迁出或者迁入，人口的变动较大的。把握这两种法定情形必须注意：（1）导致人口变化的原因必须是行政区划的调整以及重大工程建设。出生、新建小区、人口的正常迁入等导致人口自然增加的不在此列。（2）人口的变动必须较大，即人口增加或者减少的幅度较大。如果以上原因导致人口增加或者减少的幅度不大，不需要重新确定代表名额。如果只是行政区划的名称发生变化，面积和人口都没有变化，也不能重新确定代表名额。确定代表名额所依据的人口数应当以常住户口为准，流动人口原则上应当计入户籍所在地。

23. 乡镇行政区划调整的，原乡镇人大代表是否需要重新选举

对这个问题，应该区分不同情况对待：（1）一个乡镇建制保留或者大部分保留，从其他乡镇划入一部分村，不管乡镇名称是否改变，原乡镇人大代表可以不重新选举，新划入的村应该补选新的乡镇人大代表。（2）两个乡镇合并或者几个乡镇各划出一部分组成一个新的乡镇，应依法选举新的乡镇人大代表，不能由原各乡镇人大代表转为新的乡镇人大代表。

24. 重新确定代表名额的程序是怎样的

重新确定代表名额的程序如下：（1）省、自治区、直辖市人大代表名额需要重新确定的，由全国人大常委会依法定程序决定；（2）设区的市、自治州和县级人大代表名额需要重新确定的，由省、自治区、直辖市人大常委会依法定程序确定，并报全国人大常委会备案；（3）乡级人大代表名额需要重新确定的，由县级人大常委会依法定程序决定，并报上一级人大常委会备案。

第十五条　【地方各级人大代表名额分配】地方各级人民代表大会代表名额，由本级人民代表大会常务委员会或者本级选举委员会根据本行政区域所辖的下一级各行政区域或者各选区的人口数，按照每一代表所代表的城乡人口数相同的原则，以及保证各地区、各民族、各方面都有适当数量代表的要求进行分配。在县、自治县的人民代表大会中，人口特少的乡、民族乡、镇，至少应有代表一人。

地方各级人民代表大会代表名额的分配办法，由省、自治

区、直辖市人民代表大会常务委员会参照全国人民代表大会代表名额分配的办法，结合本地区的具体情况规定。

注解

本条是对地方各级人大代表名额如何分配的规定。本条是2010年选举法新修改的内容，也是城乡按相同人口比例选举人大代表的具体体现。地方各级人大代表名额分配的原则，与全国人大代表名额的分配原则是一致的，即都要按照人人平等、地区平等和民族平等的原则进行分配。

第四章 全国人民代表大会代表名额

第十六条 【全国人大代表选举单位和名额】全国人民代表大会的代表，由省、自治区、直辖市的人民代表大会和人民解放军选举产生。

全国人民代表大会代表的名额不超过三千人。

香港特别行政区、澳门特别行政区应选全国人民代表大会代表的名额和代表产生办法，由全国人民代表大会另行规定。

注解

本条修改过程如下：1979年选举法本条原为两款，第2款规定：全国人民代表大会代表的名额不超过三千五百人。名额的分配由全国人民代表大会常务委员会根据情况决定。1986年六届全国人民代表大会常务委员会第十八次会议《关于修改〈中华人民共和国全国人民代表大会和地方各级人民代表大会选举法〉的决定》将第2款修改为：全国人民代表大会代表的名额不超过三千人。名额的分配由全国人民代表大会常务委员会根据情况决定。1995年八届全国人大常委会第十二次会议《关于修改〈中华人民共和国全国人民代表大会和地方各级人民代表大会选举法〉的决定》在本条增加第3款：香港特别行政区、澳门特别行政区应选全国人民代表大会代表的名额和代表产生办法，由全国人民代表大会另行规定。2010年3月14日第十一届全国人民代表大会第三次会议《关于修改〈中华人民共和国全国人民代表大会和地方各级人民代表大会选举法〉的决定》删除了第2款中"名额的分配由全国人民代表大会常务委员会根据情况决定"的规定。

应用

25. 全国人大代表的产生单位有哪些

根据本条第1款和第3款的规定，产生全国人大代表的单位是省、自治区、直辖市的人大和人民解放军以及香港、澳门特别行政区。我国现有23个省（包括台湾省）、5个自治区和4个直辖市。省、自治区、直辖市的全国人大代表由本级人大选举产生。台湾省应选全国人大代表由在各省、自治区、直辖市和中国人民解放军中的台湾省籍同胞派代表协商选举产生。香港特别行政区、澳门特别行政区和人民解放军进行单独选举。香港特别行政区、澳门特别行政区应选全国人大代表的名额和代表产生办法，由全国人大另行规定。中国人民解放军出席全国人大的代表，按照解放军选举办法的规定由军人代表大会选举产生。

26. 全国人大代表名额的具体确定程序是怎样的

一般而言，分配全国人民代表大会代表名额的具体程序是在下一届全国人民代表大会召开前，由全国人大常委会拟订关于下一届全国人大代表名额分配及选举问题的决定的草案，提交本届全国人民代表大会最后一次会议审议。草案通过后形成决定，对于一些特殊方面代表名额的分配、选举问题，由全国人大常委会再作具体规定。

第十四届全国人民代表大会代表的名额是由第十三届人大第五次会议确定的。根据《第十三届全国人民代表大会第五次会议关于第十四届全国人民代表大会代表名额和选举问题的决定》，第十四届全国人民代表大会代表的名额不超过3000人。省、自治区、直辖市应选第十四届全国人民代表大会代表的名额，由根据人口数计算确定的名额数、相同的地区基本名额数和其他应选名额数构成：（1）第十四届全国人民代表大会代表名额中，按照人口数分配的代表名额为2000名，省、自治区、直辖市根据人口数计算的名额数，按约每70万人分配1名；（2）省、自治区、直辖市各分配地区基本名额数8名；（3）省、自治区、直辖市的其他应选名额数，由全国人民代表大会常务委员会依照法律规定另行分配。香港特别行政区应选第十四届全国人民代表大会代表36名，澳门特别行政区应选第十四届全国人民代表大会代表

25

12名，代表产生办法由全国人民代表大会另行规定。台湾省暂时选举第十四届全国人民代表大会代表13名，由在各省、自治区、直辖市以及中国人民解放军和中国人民武装警察部队的台湾省籍同胞中选出。代表产生办法由全国人民代表大会常务委员会规定。依法应选的其余名额予以保留。中国人民解放军和中国人民武装警察部队应选第十四届全国人民代表大会代表278名。第十四届全国人民代表大会代表中，少数民族代表的名额应占代表总名额的12%左右。人口特少的民族至少应有1名代表。第十四届全国人民代表大会代表中，应选归侨代表35名。第十四届全国人民代表大会代表中，妇女代表的比例原则上要高于上届。第十四届全国人民代表大会代表中，基层代表特别是一线工人、农民和专业技术人员代表的比例要比上届有所上升，农民工代表人数要比上届有所增加，党政领导干部代表的比例要继续从严掌握。连任的代表应占一定比例。

【配套】

《中华人民共和国宪法》第59条；《台湾省出席第十四届全国人民代表大会代表协商选举方案》；《中华人民共和国香港特别行政区基本法》第21条；《中华人民共和国澳门特别行政区基本法》第21条；《中华人民共和国香港特别行政区选举第十四届全国人民代表大会代表的办法》；《中华人民共和国澳门特别行政区选举第十四届全国人民代表大会代表的办法》

第十七条　【全国人大代表名额分配】全国人民代表大会代表名额，由全国人民代表大会常务委员会根据各省、自治区、直辖市的人口数，按照每一代表所代表的城乡人口数相同的原则，以及保证各地区、各民族、各方面都有适当数量代表的要求进行分配。

省、自治区、直辖市应选全国人民代表大会代表名额，由根据人口数计算确定的名额数、相同的地区基本名额数和其他应选名额数构成。

全国人民代表大会代表名额的具体分配，由全国人民代表大会常务委员会决定。

> 注解

代表名额的分配，是指根据选举法所规定的权限和原则，将人大代表的名额分配到各个选区或者选举单位。代表名额的分配要依据选举法的有关规定进行，以保证人大代表的广泛性和调动各方面的积极性。

本条是 2010 年选举法修改中最重要的内容之一，将全国人大代表由过去的农村每一代表所代表的人口数四倍于城市每一代表所代表的人口数的规定修改为城乡按相同人口比例选举人大代表，进一步保障城乡居民平等参与国家政治生活，是发展社会主义民主政治的重大举措，是完善人民代表大会制度的重要内容。

> 应用

27. 全国人大代表名额的分配应遵循哪些原则

根据本条第 1 款的规定，全国人大代表名额的分配应遵循三个原则：一是根据各省、自治区、直辖市的人口数，按照每一代表所代表的城乡人口数相同的原则，按人口数进行分配，保障了每个公民都享有平等的选举权，体现了人人平等的原则；二是保证各地区有适当数量的代表，保障各地方在国家权力机关有平等的参与权，各行政区域不论人口多少，都能选举一定数量的代表，体现地区平等；三是保障各民族都有适当数量的代表，人口再少的民族，也要有 1 名代表，体现民族平等。这三个平等是我国国体、政体的内在要求，是有机统一的整体，不能强调其中一个方面而忽视其他方面。此外，各方面代表性人物比较集中的地方，也应给予适当的照顾。

按照上述原则，本条第 2 款规定，省、自治区、直辖市应选全国人民代表大会代表名额，由根据人口数计算确定的名额数、相同的地区基本名额数和其他应选名额数构成。这里的其他应选名额数，既包括少数民族代表，还包括中央下派代表等。

> 配套

《第十四届全国人民代表大会代表名额分配方案》

第十八条　【少数民族应选全国人大代表】 全国少数民族应选全国人民代表大会代表，由全国人民代表大会常务委员会参照各少数民族的人口数和分布等情况,分配给各省、自治区、直辖市的人民代表大会选出。人口特少的民族,至少应有代表一人。

注解

为保证各少数民族在各级人大中都有适当数量的本民族代表,选举法对各级人大中少数民族代表的选举作出了特殊规定。对于少数民族应选全国人大代表的名额,必须由全国人大常委会参照各省、自治区、直辖市各少数民族的人口数和分布等情况确定应选全国人大代表的名额,然后再分配给各省、自治区、直辖市的人大选出。人口特少的民族,至少应有代表一人。以上规定既体现了我国宪法规定的民族平等原则,也是选举法的平等原则的体现。

第五章　各少数民族的选举

第十九条　【聚居少数民族的代表名额】有少数民族聚居的地方,每一聚居的少数民族都应有代表参加当地的人民代表大会。

聚居境内同一少数民族的总人口数占境内总人口数百分之三十以上的,每一代表所代表的人口数应相当于当地人民代表大会每一代表所代表的人口数。

聚居境内同一少数民族的总人口数不足境内总人口数百分之十五的,每一代表所代表的人口数可以适当少于当地人民代表大会每一代表所代表的人口数,但不得少于二分之一;实行区域自治的民族人口特少的自治县,经省、自治区的人民代表大会常务委员会决定,可以少于二分之一。人口特少的其他聚居民族,至少应有代表一人。

聚居境内同一少数民族的总人口数占境内总人口数百分之十五以上、不足百分之三十的,每一代表所代表的人口数,可以适当少于当地人民代表大会每一代表所代表的人口数,但分配给该少数民族的应选代表名额不得超过代表总名额的百分之三十。

注解

本条修改过程如下：1979年选举法第16条共有三款，第2款规定：聚居境内同一少数民族的总人口数占境内总人口数百分之十以上的，每一代表所代表的人口数应相当于当地人民代表大会每一代表所代表的人口数。第3款规定：聚居境内同一少数民族的总人口数不及境内总人口数百分之十的，每一代表所代表的人口数，可以少于当地人民代表大会每一代表所代表的人口数，但不得少于二分之一。人口特少的民族也应有代表一人。1982年第五届全国人民代表大会第五次会议《关于修改〈中华人民共和国全国人民代表大会和地方各级人民代表大会选举法〉的若干规定的决议》将第16条第2款、第3款分别改为："聚居境内同一少数民族的总人口数占境内总人口数百分之十五以上的，每一代表所代表的人口数应当相当于当地人民代表大会每一代表所代表的人口数。""聚居境内同一少数民族的总人口数不及境内总人口数百分之十五的，每一代表所代表的人口数可以比当地人民代表大会每一代表所代表的人口数少二分之一；实行区域自治的民族人口特少的自治县，经省、自治区的人民代表大会常务委员会决定，可以少于二分之一。人口特少的其他民族，至少应有代表一人。"1986年第六届全国人民代表大会常务委员会第十八次会议《关于修改〈中华人民共和国全国人民代表大会和地方各级人民代表大会选举法〉的决定》又将该条第2款修改为：聚居境内同一少数民族的总人口数占境内总人口数30%以上的，每一代表所代表的人口数应相当于当地人民代表大会每一代表所代表的人口数。并增加第4款：聚居境内同一少数民族的总人口数占境内总人口数15%以上、不足30%的，每一代表所代表的人口数，可以适当少于当地人民代表大会每一代表所代表的人口数，但该少数民族的代表名额不得超过代表总名额的30%。1995年八届全国人大常委会第十二次会议《关于修改〈中华人民共和国全国人民代表大会和地方各级人民代表大会选举法〉的决定》将第16条改为第18条，第3款中人口特少的其他民族，至少应有代表一人，修改为：人口特少的其他聚居民族，至少应有代表一人。第4款中但该少数民族的代表名额不得超过代表总名额的百分之三十，修改为但分配给该少数民族的应选代表名额不得超过代表总名额的百分之三十。

应用

28. 如何理解"有少数民族聚居"

本条第1款规定,少数民族聚居的地方,每一聚居的少数民族都应有代表参加当地的人民代表大会。有少数民族聚居的地方,是指某少数民族在某行政区域内人口相对较多,且居住较为集中的状况。聚居是相对散居而言的,首先要考虑的是人口的集中。如果某少数民族在某行政区域内虽然人口较多,但是居住比较分散,则不能认定为聚居。此外,聚居是相对的。如某少数民族在某县居住比较集中,属于聚居,但从全省范围来看比较分散,则不属于聚居。要实现选举权的民族平等,就要保障各民族都有适当数量的代表,人口再少的民族,也至少要有1名代表。根据本款规定,只要是少数民族聚居的地方,不论聚居的少数民族的人口的多少,都应当保证其至少有1名代表参加当地的人大。如果某行政区域内聚居的少数民族较多,应当保证每一聚居的少数民族都至少有1名代表参加当地的人大,这也体现了聚居的各少数民族之间的平等。

29. 对于聚居的少数民族的选举权有哪些特殊规定

第一,根据本条第2款的规定,聚居境内同一少数民族总人口数占境内总人口数30%以上的,每一代表所代表的人口数应相当于当地人大每一代表所代表的人口数。

第二,根据本条第3款的规定,聚居境内同一少数民族总人口数不足境内总人口数15%的,为了保证其有适当数量的代表参加所在地的人大,其每一代表所代表的人口数可以适当低一些,但是不得少于当地人大每一代表所代表的人口数的1/2。由于该少数民族的人口数占总人口数的比例较小,法律对分配给该少数民族的代表名额占当地人大代表总名额比例的上限,并未作出规定。为保证人口特少的实行区域自治的民族有适当数量的代表参加当地人大,本款规定,实行区域自治的民族人口特少的自治县,聚居的少数民族每一代表所代表的人口数可以小于当地人大每一代表所代表的人口数的1/2,但必须由本省、自治区、直辖市人大常委会决定,并且只适用于自治县,不包括自治州。此外,为了保证人口特少的聚居民族有自己的代表,本款还规定,在少数民族聚居的地方,人口特少的其他聚居民族,在当地的人大中至少应有代表1人。该规定是为了保证少数民族当家作主的权利和人大代表的广泛性。

第三，根据本条第4款的规定，聚居境内的同一少数民族总人口数占境内总人口数15%以上、不足30%的，每一代表所代表的人口数可以适当少于当地人大每一代表所代表的人口数，但该民族应选代表名额不得超过代表总名额的30%。

以上规定适用于有少数民族聚居的地方各级人大代表名额的分配。有少数民族聚居的省、自治区、直辖市，对于聚居在本行政区域内的少数民族代表名额的分配，也应当遵循上述规定。

配套

《中华人民共和国宪法》第4条；《中华人民共和国民族区域自治法》第9、12、16条

第二十条 【自治地方其他民族的代表名额】 自治区、自治州、自治县和有少数民族聚居的乡、民族乡、镇的人民代表大会，对于聚居在境内的其他少数民族和汉族代表的选举，适用本法第十九条的规定。

注解

本条是关于聚居在自治地方和有少数民族聚居的乡、民族乡、镇的其他少数民族和汉族选举当地人大代表的规定。本条规定的聚居在境内的其他少数民族和汉族，是指聚居在自治区、自治州、自治县和有少数民族聚居的乡、民族乡、镇的行政区域内，除了聚居的少数民族以外的其他少数民族和汉族。在自治州、自治区、自治县等自治地方和少数民族聚居的乡、民族乡、镇，聚居在其境内的其他少数民族和汉族的人口相对较少。民族的平等，不仅包括各少数民族和汉族之间的平等，也包括各少数民族之间的平等。为了保证聚居的其他少数民族和汉族有适当数量的人大代表出席当地的人民代表大会，需要对其作出专门的照顾性规定，以充分贯彻选举法的民族平等原则，实现汉族和少数民族之间，以及各少数民族之间的选举权的平等。

配套

《中华人民共和国宪法》第4、113条；《中华人民共和国民族区域自治法》第9、16条

第二十一条 【散居少数民族的代表名额】散居的少数民族应选当地人民代表大会的代表,每一代表所代表的人口数可以少于当地人民代表大会每一代表所代表的人口数。

自治区、自治州、自治县和有少数民族聚居的乡、民族乡、镇的人民代表大会,对于散居的其他少数民族和汉族代表的选举,适用前款的规定。

第二十二条 【少数民族单独选举或联合选举】有少数民族聚居的不设区的市、市辖区、县、乡、民族乡、镇的人民代表大会代表的产生,按照当地的民族关系和居住状况,各少数民族选民可以单独选举或者联合选举。

自治县和有少数民族聚居的乡、民族乡、镇的人民代表大会,对于居住在境内的其他少数民族和汉族代表的选举办法,适用前款的规定。

注解

有少数民族聚居的不设区的市、市辖区、县、乡、民族乡、镇的人民代表大会代表的选举,实行直接选举,即由选民直接选举人大代表。为保证聚居的少数民族在直接选举中能选出适当数量的本民族代表,选举法除了对其每一代表所代表的人口数作了照顾性的特别规定外,在本条又对其选举程序中的选区划分问题作了专门规定,这体现了选举法的民族平等原则。

所谓单独选举,是指聚居的少数民族单独划分选区进行选举;联合选举,是指聚居的各少数民族可以联合组成选区进行选举。

配套

《中华人民共和国宪法》第4条;《中华人民共和国民族区域自治法》第9、12、16、50条

第二十三条 【选举文件的民族文字】自治区、自治州、自治县制定或者公布的选举文件、选民名单、选民证、代表候选人

名单、代表当选证书和选举委员会的印章等,都应当同时使用当地通用的民族文字。

> 注解

本条是关于民族自治地方的选举应使用当地通用的民族文字的规定。民族区域自治法第10条规定:"民族自治地方的自治机关保障本地方各民族都有使用和发展自己的语言文字的自由,都有保持或者改革自己的风俗习惯的自由。"民事诉讼法、公证法等法律也对少数民族使用本民族语言和文字作出了专门规定。民族自治地方使用本民族的语言和文字,是民族区域自治的体现,不仅体现了民族平等的精神,也有利于少数民族更好地依法行使自己的各项权利。民族自治地方选举要同时使用当地通用的民族文字,体现了选举法的民族平等原则,有利于民族自治地方的选民行使自己的选举权和被选举权,实现当家作主的民主权利。

需要注意的是,使用当地通用的民族文字,是指民族自治地方在制定、公布本条规定的选举中的文件、名册、证件或者图章时,在使用汉字的同时,应当使用当地通用的民族文字,而不是只使用当地通用的少数民族文字。这种使用是强制性的,而不是可以变通的。

> 配套

《中华人民共和国宪法》第4条;《中华人民共和国民族区域自治法》第10条;《中华人民共和国国家通用语言文字法》第8条

第二十四条 【少数民族选举的其他事项】少数民族选举的其他事项,参照本法有关各条的规定办理。

> 注解

本条是关于本章未规定的少数民族选举的其他事项如何办理的规定。为了体现民族平等精神,选举法专设本章对少数民族作出了一些专门性的特别规定,但所规定的范围有限,只涉及如何确定聚居和散居的少数民族代表每一代表所代表的人口数,聚居的少数民族如何直接选举县、乡两级人大代表,以及在民族自治地方选举要使用民族文字等问题。除了本章规定的事项以外,少数民族的选举中涉及的其他事项很多,需要遵循一定的规则予以办理。

选举法的其他章节对选举中各环节涉及的事项，如代表名额的确定、选区划分、选民登记、代表候选人的提出、选举投票程序、对代表的监督、罢免及补选、对破坏选举行为的制裁等，均作出了明确规定。因此，本条作出规定，对于本章未作规定的少数民族选举中的其他事项，应参照选举法其他章节的有关规定办理。这不仅有利于少数民族选举的顺利进行，也是各民族选举权平等的一种体现。

应 用

30. 如何理解本条规定中"参照"的含义

需要明确，"参照"的含义不同于"按照"。"按照"是严格依照的意思，不存在变通的余地。而"参照"是"参考并依照"的意思，也就是说，对于少数民族选举中一些非原则性的具体问题，民族自治地方可以根据当地的实际情况，作出变通性的规定。例如，自治州、自治县的人大代表的选举，如果因为情况特殊需要采取变通办法，不搞差额选举的，可以依照宪法规定由自治州、自治县的人大制定单行条例，报省、自治区的人大常委会批准后生效，并报全国人大常委会备案。在多民族居住的地方，可以将按照法律规定应选的各少数民族代表的名额分配到选区或者选举单位，并在选票上注明候选人的民族。若未选出该少数民族代表或者选出的该少数民族代表的人数未达到应选名额的，应当再提出该少数民族的候选人进行补选。但是，这些变通的规定不能与选举法的原则性规定相违背，如每一选民在一次选举中，只有一个投票权，无记名投票原则等。

配 套

《中华人民共和国宪法》第115、116条；《中华人民共和国民族区域自治法》第4-6、19条

第六章 选 区 划 分

第二十五条 【选区划分的原则】 不设区的市、市辖区、县、自治县、乡、民族乡、镇的人民代表大会的代表名额分配到选区，按选区进行选举。选区可以按居住状况划分，也可以按生

产单位、事业单位、工作单位划分。

选区的大小，按照每一选区选一名至三名代表划分。

注解

本条是关于直接选举中如何划分选区的规定。本条修改过程如下：1979年选举法第22条规定：不设区的市、市辖区、县、自治县、人民公社、镇的人民代表大会的代表名额分配到选区，按选区进行选举。选区应按生产单位、事业单位、工作单位和居住状况划分。1986年六届全国人民代表大会常务委员会第十八次会议《关于修改〈中华人民共和国全国人民代表大会和地方各级人民代表大会选举法〉的决定》将本条修改为：不设区的市、市辖区、县、自治县、乡、民族乡、镇的人民代表大会的代表名额分配到选区，按选区进行选举。选区可以按居住状况划分，也可以按生产单位、事业单位、工作单位划分。1995年八届全国人大常委会第十二次会议《关于修改〈中华人民共和国全国人民代表大会和地方各级人民代表大会选举法〉的决定》增加第2款"选区的大小，按照每一选区选一名至三名代表划分"。

应用

31. 如何理解选区及选举单位

选区是直接选举中选民进行选举活动、产生人大代表的基本单位，也就是说，只有在直接选举中才有选区划分问题，即只有在不设区的市、市辖区、县、自治县、乡、民族乡、镇的人民代表大会代表的选举中才有选区划分问题。与选区相对的另一个概念是选举单位。选举单位是指在间接选举中，依法产生上一级国家权力机关组成人员和本级国家政权机关组成人员的单位。县级以上的各级人民代表大会都是选举单位。选举单位与选区的不同主要在于，选举单位是一级人民代表大会进行投票选举的单位，其人员构成仅限于本级人民代表大会的代表，而不是一般的选民；所选出的出席上一级人民代表大会的代表或本级国家政权机关组成人员，应向选举他的人民代表大会负责，而不是直接向选民负责。选区则是由选民组成的，在本选区参加投票选举的人都是本选区的选民。由选民直接选举产生的人大代表，应向选举他的选区的选民负责，并受选民监督；要直接联系选民，听取和反映选民意见，并向选民报告工作，回答选民的询问。选民有权直接监督和依法罢免自己选出的人大代表。

32. 如何对选区进行划分

依据本条规定，选区的划分有两个原则：（1）可以按居住状况划分，也可以按生产单位、事业单位、工作单位划分。（2）选区的大小，要按照每一选区选1名至3名代表划分。这样划分选区可以防止选区过大，便于选民了解候选人，便于选民参加选举活动，便于进行选举的组织工作，便于代表听取选民意见和对选民负责，也便于选民对当选代表依法监督。各地的通常做法是，选举县级人民代表大会的代表，在农村可按村民委员会划分选区，也可按几个村民委员会联合划分选区。乡级人民政府机关及所属单位，按分布情况单独或联合划分选区。城镇原则上以街道办事处或居民委员会划分选区，人口较多的街道办事处可划分若干选区，人口较少的居民委员会可与邻近的居民委员会联合划分选区。选举乡级人民代表大会的代表，可按一个村民小组划分选区，也可按几个村民小组联合划分选区。总之，各地应从实际出发，依法因地制宜决定选区的划分。

配套

《中华人民共和国地方各级人民代表大会和地方各级人民政府组织法》第8条；《全国人民代表大会常务委员会关于县级以下人民代表大会代表直接选举的若干规定》第8条

第二十六条 【各选区应大体相等】 本行政区域内各选区每一代表所代表的人口数应当大体相等。

注解

与实行城乡按相同人口比例选举人大代表相适应，本条将直接选举中各选区每一代表所代表的人口数的规定作了修改。需要注意的是，每一代表所代表的人口数，是指每多少人选出一名代表，通过各选区的人口数除以该选区的应选代表名额数得出。这里的"大体相等"是指"人口数大体相等"，而不是选民数大体相等。选区应当以每一代表所代表的人口数大体相等为原则划分，不能按每一代表所代表的选民数来划分。各地可以根据实际情况掌握代表名额的分配，但应以不违反本条所规定的原则为限。

> **配套**
>
> 《中华人民共和国宪法》第34条

第七章 选民登记

第二十七条 【选民资格的确认】选民登记按选区进行，经登记确认的选民资格长期有效。每次选举前对上次选民登记以后新满十八周岁的、被剥夺政治权利期满后恢复政治权利的选民，予以登记。对选民经登记后迁出原选区的，列入新迁入的选区的选民名单；对死亡的和依照法律被剥夺政治权利的人，从选民名单上除名。

精神病患者不能行使选举权利的，经选举委员会确认，不列入选民名单。

> **注解**
>
> 本条是关于选民登记的规定。选民登记是选举机构对依法享有选举权的公民实行登记造册，以便参加投票选举的一项选举制度。选民登记的实质是对公民是否具有选举权的确认，是将公民在法律上享有的选举权转化为实际上能够行使的选举权利的必经程序和环节。选民登记是选举工作中一项非常重要的程序，它是保证享有选举权的公民不被剥夺投票权和防止没有选举权的公民参加投票的重要措施。随着我国社会主义市场经济的发展，离开原户籍地工作的人越来越多，他们如何进行选民登记，参加选举，是选举法和选举工作的重大课题。此外，如何做到既保障精神病患者的选举权利，又保障选举有序进行，也是实现选举权人人平等的重要问题。

> **应用**
>
> **33. 流动人口如何进行选民登记**
>
> 1983年《全国人民代表大会常务委员会关于县级以下人民代表大会代表直接选举的若干规定》规定，选民在选举期间临时在外地劳动、工作或者居住，不能回原选区参加选举的，经原居住地的选举委员会认可，可以书面委

托有选举权的亲属或者其他选民在原选区代为投票。选民实际上已经迁居外地但是没有转出户口的,在取得原选区选民资格的证明后,可以在现居住地的选区参加选举。考虑到各方面的实际情况,2010年选举法修改对此没有作出规定。对农民工等流动人口参加基层直接选举的问题,将继续按照全国人大常委会指导各地方直接选举的具体办法处理。2006年,各地方在组织县、乡两级人大换届选举时,按照全国人大常委会关于做好选举工作有关指导意见,依照法律规定,采取了有关措施保障流动人口的选举权和被选举权,具体有:(1)流动人口原则上应在户口所在地参加县乡人大选举。选民在选举期间临时在外地劳动、工作或者居住,有条件的可以回原选区参加选举。(2)不能回原选区参加选举的,经原居住地的选举委员会认可,可以书面委托有选举权的亲属或者其他选民在原选区代为投票。(3)选民实际上已经迁居外地但没有转出户口的,在取得原选区选民资格的证明后,可以在现居住地的选区参加选举,具体如何掌握,由有关省(区、市)人大常委会在调查研究的基础上,根据本地情况作出决定。在现实条件下,这些措施可以保障农民工等流动人口的选举权和被选举权。

配套

《中华人民共和国刑法》第54-58条;《全国人民代表大会常务委员会关于县级以下人民代表大会代表直接选举的若干规定》第3、5-7条;《中国人民解放军选举全国人民代表大会和县级以上地方各级人民代表大会代表的办法》第7条

  第二十八条 【选民名单的公布】选民名单应在选举日的二十日以前公布,实行凭选民证参加投票选举的,并应当发给选民证。

  第二十九条 【对选民名单不同意见的处理】对于公布的选民名单有不同意见的,可以在选民名单公布之日起五日内向选举委员会提出申诉。选举委员会对申诉意见,应在三日内作出处理决定。申诉人如果对处理决定不服,可以在选举日的五日以前向人民法院起诉,人民法院应在选举日以前作出判决。人民法院的判决为最后决定。

注解

本条对选民资格异议问题规定了两种救济方法：(1) 向选举委员会提出申诉。选举委员会的职权之一即进行选民登记，审查选民资格，公布选民名单；受理对于选民名单不同意见的申诉，并做出决定。(2) 如果对选举委员会的决定不服，可以向人民法院提起诉讼，人民法院按照民事诉讼法规定的特别程序进行审理并及时作出判决。这两种救济方法的关系是：对选民名单有异议的，应当先向选举委员会提出申诉，也就是说，申诉是前置程序，而不是两种救济途径任选一种。

应用

34. 选民向选举委员会进行申诉有哪些法律规定

选民对于公布的选民名单有不同意见的，可以在选民名单公布之日起 5 日内向选举委员会提出申诉。规定 5 日的期间，是 2010 年选举法修改时新增加的内容。选举法第 28 条规定，选民名单在选举日的 20 日以前公布，也就是说从公布选民名单到进行投票选举，只有 20 天的时间。在这 20 天时间里，如果有公民对选民名单有不同意见，可以提出申诉，申诉人对决定不服的，进而向人民法院提起诉讼。从提出申诉到法院作出判决，最多可能需要 8 天的时间，即选举委员会应在 3 日内对申诉意见作出处理决定，申诉人对处理决定不满的可以在选举日的 5 日前向人民法院起诉。如果不对公民提出申诉的期间作出规定，则有可能出现直到选举日前几日才提出申诉的情况，就不能按法律规定完成所有的救济程序，公民的实体权利和程序权利都得不到保障。因此，规定公民在选民名单公布之日起 5 日内提出申诉，是必要的。

选举法没有明确规定在哪些情况下公民可以就选民名单提出不同意见，并提出申诉。我国民事诉讼法第 189 条第 2 款规定，人民法院在审理选民资格案件时，起诉人、选举委员会的代表和有关公民必须参加。该款中的"有关公民"，是与选民资格案件有利益关系的公民，也就是说，选民资格案件诉讼前置的申诉程序中，申诉人可以就以下三种情况提出不同意见并申诉：(1) 自己应被列入选民名单而没有被列入；(2) 他人应当列入选民名单而没有被列入；(3) 他人不应当被列入选民名单而被列入。在后两种情况中，如果进入到诉讼程序，就会有与案件有直接利益关系的公民作为"有关公民"参与到诉讼中。

选举委员会接到公民的申诉后,应在3日内作出处理决定。由于从公布选民名单到选举投票日只有20天的时间,选举委员会必须抓紧时间及时处理申诉意见。同时,根据选举法规定,申诉人对处理决定不服,还可以向法院起诉,如果选举委员会拖延了时间,就可能导致法院来不及审理并纠正错误决定。选举委员会认为申诉无理的,应当裁定驳回;认为申诉有理的,应当变更选民名单(有遗漏的应当补充,没有选举权但列入选民名单的应当除去)。

35. 就选民资格异议向人民法院提起诉讼应注意哪些问题

(1) 申诉前置。向人民法院提起选民资格诉讼,必须以选举委员会的申诉处理为前置程序,对选举委员会处理决定不服的,才可以向有关人民法院提起诉讼。公民未经申诉程序,坚持向人民法院起诉的,裁定不予受理。对申诉处理决定不服的公民,可以是提出申诉的公民,也可以是申诉决定中涉及的有关公民。

(2) 起诉应当在选举日的5日前向人民法院提起。这一期间属于法定的不变期间。如果在离选举日不足5日时起诉,法院应当裁定驳回起诉。这样规定是考虑到人民法院在受理案件后要有充分的时间进行调查取证,否则就会影响案件的正确审理。

(3) 由选区所在地的基层人民法院管辖。这样规定,既便于公民起诉和选举委员会指派代表参加诉讼,又便于人民法院与选举委员会取得联系,查明事实真相,及时解决问题,尽快审理案件。

(4) 人民法院受理选民资格案件后,应当在选举日前作出判决。这是由选民资格案件的特殊性所决定的。对于选民资格案件,如果在选举日之后才作出判决,即使判决对选民名单作出变更,也失去了意义,因为选举已经进行,不能再进行重新选举。

(5) 诉讼参加人有三类,即起诉人、选举委员会的代表和有关公民。起诉人应为对选举委员会处理决定不服的申诉人。"有关公民"一般是指起诉人认为选民名单中漏掉的或者不应被列入的公民。但并不是每一起选民资格案件都有这三方参加。如果是公民针对自己应当被列入选民名单而没被列入提起的诉讼,则只有起诉人和选举委员会的代表参加诉讼;如果是公民针对第三人而提起的诉讼,则有起诉人、选举委员会的代表和有关公民三方或多方参加诉讼。

（6）由审判员组成合议庭审理。根据民事诉讼法第185条的规定，选民资格案件实行合议制，由审判员组成合议庭审理。即使案情简单，也不能由审判员一人独任审判，也不能由审判员与陪审员共同组成合议庭。原因在于选民资格案件，关系到某个公民能否行使宪法赋予的政治权利，是十分重大的案件，而且一审终审，法院在审理时必须十分谨慎，以保证公民的宪法权利落到实处，而组成合议庭，就意味着对此类案件的审理有3名或3名以上的审判员进行审理，能够更好地保证认定事实清楚，适用法律准确。

（7）一审终审。人民法院的判决即为最后决定，因为人民法院在受理案件之前，已由选举委员会进行了调查，作出过处理决定，等于已经进行了一道把关。并且由于选举日是不可更改的，时间上也不允许当事人进行上诉。人民法院在审结案件后，必须在选举日之前将判决书送达选举委员会和起诉人，并通知有关公民，以使选举委员会及时对选民名单作出更改变动，并让起诉人和有关公民知悉相关权利。由于人民法院的判决是终审判决，是对选民资格问题的最终决定，判决书一经送达即发生法律效力。

（8）不适用调解。选民资格案件不得以调解方式结案。因为某一公民是否具有选举权和被选举权，是否具有选民资格，只能依据法律判定，不受起诉人、选举委员会或者有关公民意志的影响。

配套

《中华人民共和国民事诉讼法》第185、188、189条；《最高人民法院关于严格执行案件审理期限制度的若干规定》第2条

第八章 代表候选人的提出

第三十条　【代表候选人的推荐】全国和地方各级人民代表大会的代表候选人，按选区或者选举单位提名产生。

各政党、各人民团体，可以联合或者单独推荐代表候选人。选民或者代表，十人以上联名，也可以推荐代表候选人。推荐者

应向选举委员会或者大会主席团介绍代表候选人的情况。接受推荐的代表候选人应当向选举委员会或者大会主席团如实提供个人身份、简历等基本情况。提供的基本情况不实的，选举委员会或者大会主席团应当向选民或者代表通报。

各政党、各人民团体联合或者单独推荐的代表候选人的人数，每一选民或者代表参加联名推荐的代表候选人的人数，均不得超过本选区或者选举单位应选代表的名额。

注解

本条是对代表候选人提名产生的规定。根据选举法的规定，全国和地方各级人大的代表候选人，按选区或者选举单位提名产生，即凡是采取直接选举的方式选举人大代表的，应按选区提名产生代表候选人；凡采取间接选举方式产生人大代表的，应按选举单位产生人大代表候选人。由于选民或者代表对本选区或选举单位的情况比较了解，规定按选区或选举单位提名产生代表候选人，有利于广大选民或者代表把有代表性的并且具有一定的参政议政能力的代表推荐出来，选出能真正代表人民利益，全心全意为人民服务的代表，同时也有助于代表候选人当选后联系选民或选举单位，接受本选区选民或原选举单位的监督。

应用

36. 推荐代表候选人的主体有哪些

根据选举法规定，各政党、各人民团体，可以联合或者单独推荐代表候选人。选民或者人大代表10人以上联名，也可以推荐代表候选人。无论是哪个主体推荐的代表候选人都具有同等法律地位。

37. 关于代表候选人资格的规定有哪些

我国的选举制度理论认为，选举权与被选举权是结合在一起的，二者同时存在，是统一的，有举权就有被选举权。与西方国家选举法规定的议员候选人的各种资格限制相比，我国人大代表候选人没有年龄、财产、居住、文化程度、保证金等方面的资格限制。但是，为了使选出的人大代表真正能够代表人民行使国家权力，积极参政议政，各政党、人民团体或选民、代表在推荐代表候选人时，应当注意：首先，所推荐的代表候选人应当享有政治权利，享有选举权和被选举权，被剥夺政治权利的人，不得提名为代表候选人。其次，推荐的代表候选人应是模范遵守宪法和法律的选民。要防止有涉黑涉恶、参与邪教活动等违法行为的人或品行恶劣的人被推荐为代表候选人，一经发现，必须妥善做好工作，由推荐者及时撤回提名。再次，应当注意优化代表结构。以保证来自基层的工人、农民、知识分子在代表中占有适当比例，妇女代表有适当数量。少数民族代表和归侨代表要按照法律的规定予以保证。连任的人大代表要占有一定比例。最后，所推荐的代表候选人应当具有履职的素质和能力。代表不是荣誉称号，也不是荣誉职务，而是要代表人民行使国家权力的。这就要求代表具有较高的政治素质，具有履行代表职务的能力。各政党、各人民团体、选民或代表提名推荐代表候选人时，要综合考虑上述对代表的要求。

根据选举法的规定，代表候选人的推荐者，无论是政党、人民团体，还是选民或代表，应向选举委员会或者大会主席团提供有关候选人的情况，如候选人的个人经历，工作表现及议政能力等。这些情况一方面作为推荐的理由，另一方面作为选举委员会或者主席团向选民或者代表介绍代表候选人情况时的参考。

38. 如何理解接受推荐的代表候选人应提供个人情况

2010年选举法修改，在本条第2款增加规定：接受推荐的代表候选人应当向选举委员会或者大会主席团如实提供个人身份、简历等基本情况。提供的基本情况不实的，选举委员会或者大会主席团应当向选民或者代表通报。要求接受推荐的代表候选人提供个人身份，主要是明确本人身份信息、个人履历等情况，包括是否取得了外国国籍或外国永久居留权。根据选举法第3条的规定，只有中华人民共和国的公民，才享有选举权和被选举权。也就是说，中国公民一旦获得外国国籍就不再享有中华人民共和国的选举权和被选举权。获得外国永久居留权的中国公民，情况相对复杂，他们并没有丧失中国国籍，也还依法享有选举权和被选举权，但是由于他们常年旅居国外，难以充分履职。选民和代表有权了解被推荐的候选人的有关情况，以便作充分考虑后判断选择。鉴于推荐代表候选人是选举的初始阶段，相关情况由被推荐者告知选举委员会或者大会主席团，由他们依照有关法律规定进行处理。如果提供的基本情况有不实内容的，选举委员会或者大会主席团作为主持选举的机构，应当向选民或者代表通报有关情况，保证选民或者代表根据真实的信息作出判断选择。需要注意的是，选举法将如实提供个人基本情况的主体规定为"接受推荐的代表候选人"，而不是所有被推荐的代表候选人。

配套

《全国人民代表大会常务委员会关于县级以下人民代表大会代表直接选举的若干规定》第 10 条；《中国人民解放军选举全国人民代表大会和县级以上地方各级人民代表大会代表的办法》第 18 条

第三十一条 【差额选举】 全国和地方各级人民代表大会代表实行差额选举，代表候选人的人数应多于应选代表的名额。

由选民直接选举人民代表大会代表的，代表候选人的人数应多于应选代表名额三分之一至一倍；由县级以上的地方各级人民代表大会选举上一级人民代表大会代表的，代表候选人的人数应多于应选代表名额五分之一至二分之一。

注解

本条是对选举人大代表时差额数的规定。差额选举是保证选民能更好地按自己的意志选择代表的重要方式。1979 年 7 月，五届全国人大第二次会议通过关于修正宪法若干规定的决议，并据此修订了全国人大和地方各级人大选举法，将原来人大代表选举中采用的等额选举修改为实行代表候选人名额多于应选代表名额的差额选举制。从此，差额选举成为我国选举法的一项基本原则，标志着我国民主政治建设迈出了重要一步。

第三十二条 【正式代表候选人的确定】 由选民直接选举人民代表大会代表的，代表候选人由各选区选民和各政党、各人民团体提名推荐。选举委员会汇总后，将代表候选人名单及代表候选人的基本情况在选举日的十五日以前公布，并交各该选区的选民小组讨论、协商，确定正式代表候选人名单。如果所提代表候选人的人数超过本法第三十一条规定的最高差额比例，由选举委员会交各该选区的选民小组讨论、协商，根据较多数选民的意见，确定正式代表候选人名单；对正式代表候选人不能形成较为一致意见的，进行预选，根据预选时得票多少的顺序，确定正式代表候选人名单。正式代表候选人名单及代表候选人的基本情况应当在选举日的七日以前公布。

县级以上的地方各级人民代表大会在选举上一级人民代表大会代表时，提名、酝酿代表候选人的时间不得少于两天。各该级人民代表大会主席团将依法提出的代表候选人名单及代表候选人的基本情况印发全体代表，由全体代表酝酿、讨论。如果所提代表候选人的人数符合本法第三十一条规定的差额比例，直接进行投票选举。如果所提代表候选人的人数超过本法第三十一条规定的最高差额比例，进行预选，根据预选时得票多少的顺序，按照本级人民代表大会的选举办法根据本法确定的具体差额比例，确定正式代表候选人名单，进行投票选举。

注解

本条是对正式代表候选人的确定及公布的规定。本法第31条规定，各级人民代表大会代表实行差额选举，并规定了一定的差额幅度。在实践中，各方面提名推荐的代表候选人人数，可能在第31条规定的幅度范围内，也可能高于此幅度。在高于最高差额比例时，必须根据选举人的意志，通过讨论、酝酿、协商、预选等方式，确定正式代表候选人。在确定正式代表候选人前，应当让选举人知悉候选人的名单及其基本情况。

应用

39. 直接选举中如何确定正式代表候选人

在直接选举中，正式代表候选人的确定包括三个环节：

（1）公布初步代表候选人名单及基本情况。各政党、各人民团体以及选民10人以上联名，提出初步代表候选人后，选举委员会要在汇总各方面情况后，在选举日的15日以前公布初步代表候选人名单。

（2）正式代表候选人的确定。如果初步代表候选人人数在规定的差额比例之内，经选民小组讨论协商后，直接确定正式代表候选人，如果初步代表候选人人数超出应选代表名额的一倍，就需要选举委员会交各该选区的选民小组讨论协商，征求选民意见，根据较多数选民的意见，确定正式代表候选人。如何组织讨论协商，在实践中一般通过"三上三下"的办法。即首先由选举委员会根据本条第1款的规定将推荐的代表候选人汇总，经审查后将候选人名单及其基本情况予以公布（一上），然后交各选民小组讨论（一下）；其次，汇总选民小组讨论情况，召开选民小组长或选民代表会议，介绍各选民小组讨论情况，并进行协商，缩小候选人范围（二上）；向选民介绍各选民小组讨论的情况和选民小组或选民代表会议协商的情况，听取选民意见（二下）；最后，将协商情况和选民对协商结果的意见上报选举委员会，选举委员会根据较多数选民的意见，确定正式代表候选人名单（三上），按选区公布正式代表候选人名单及候选人基本情况（三下）。如果选民对确定正式代表候选人的意见分歧较大，不能形成较为一致意见的，可以通过预选确定正式候选人名单。

（3）正式代表候选人名单及基本情况的公布。正式代表候选人名单确定以后，选举委员会应当在选举日的7日以前公布名单以及候选人的基本情况。

40. 间接选举中如何确定正式代表候选人

（1）提名、酝酿代表候选人的时间要求。间接选举的代表候选人由各政党、各人民团体和代表联名提出。与直接选举不同的是，间接选举中确定正式代表候选人的程序是在召开代表大会的过程中完成的。1995年选举法修改作出了在间接选举中，提名、酝酿代表候选人的时间不得少于两天的规定。这一规定并不是说大会必须把两个整天用于选举上级人大代表，而是指从大会宣布各政党、各人民团体和代表联名提出代表候选人开始到投票选举这段时间不得少于2天。在这期间，大会可以穿插安排其他议程。

（2）印发代表候选人名单及其基本情况。一般来说，各政党、各人民团体在会议开始前已经酝酿准备了代表候选人，大会召开后，大会主席团应尽早将这一名单印发全体代表，供代表酝酿和讨论。这样也可以避免代表联名提出的候选人，与各政党、各人民团体提出的候选人发生重复。由于多数代表联名提名候选人是在大会开幕之后，大会主席团在大会开始时印发给全体代表的代表候选人名单，并不是将各方面提出的候选人汇总之后的名单。因此在代表联名提出候选人后，大会主席团也要将这部分名单及时印发全体代表，供酝酿和讨论。

（3）正式代表候选人名单的确定和基本情况的公布。经过充分酝酿和讨论后，如果所提候选人的人数符合选举法第31条规定的差额比例，直接进行投票选举。如果所提候选人的人数超过最高差额比例，进行预选。

2010年选举法修改时在本条中规定，选举委员会在公布初步代表候选人名单和正式代表候选人名单时，都应当同时公布代表候选人的基本情况；县级以上地方各级人民代表大会主席团在印发代表候选人名单时，也应当同时印发代表候选人的基本情况。这些规定与选举法第30条中的有关代表候选人提供个人基本情况的规定相衔接，是为保障选民和代表的知情权，确保他们对候选人的情况有初步了解。如何使选民和代表对候选人有更进一步的了解，本法第34条对代表候选人进行介绍作出了规定。

配套

《全国人民代表大会常务委员会关于县级以下人民代表大会代表直接选举的若干规定》第2、10条；《中国人民解放军选举全国人民代表大会和县级以上地方各级人民代表大会代表的办法》第20条

第三十三条　【间接选举中代表候选人的广泛性】县级以上的地方各级人民代表大会在选举上一级人民代表大会代表时，代表候选人不限于各该级人民代表大会的代表。

注解

本条是对间接选举中代表候选人范围的规定。选举法第3条规定，全国人大代表，省、自治区、直辖市、设区的市、自治州人大代表，由间接选举产生，即由下一级人民代表大会选举产生。直接选举与间接选举相结合的选举方式，是符合我国国情的。在间接选举中，为了保证被选出的代表具有广泛性，选举法规定间接选举中的代表候选人可以是本级人大代表，但不限于本级人大代表。

第三十四条　【对代表候选人的介绍】选举委员会或者人民代表大会主席团应当向选民或者代表介绍代表候选人的情况。推荐代表候选人的政党、人民团体和选民、代表可以在选民小组或者代表小组会议上介绍所推荐的代表候选人的情况。选举委员会根据选民的要求，应当组织代表候选人与选民见面，由代表候选

人介绍本人的情况，回答选民的问题。但是，在选举日必须停止代表候选人的介绍。

注解

本条是关于对代表候选人进行介绍的规定。对代表候选人进行介绍，目的就是让参加投票的选民或者代表对候选人有充分的了解，以避免由于不了解代表候选人而盲目投票。在直接选举中，有的选区包括几个不同的单位，被推荐出的代表候选人的情况不一定为所有的选民了解。在间接选举中，代表候选人不限于本级人大代表，参加投票选举的代表对候选人的情况也不一定了解。因此，对代表候选人的工作情况、文化程度、工作能力以及当选后的打算进行介绍就非常必要。

应用

41. 介绍代表候选人的主体有哪些

介绍代表候选人的主体，在直接选举中，包括选举委员会，推荐代表候选人的政党、人民团体和选民，以及代表候选人本人；在间接选举中，包括大会主席团以及推荐代表候选人的政党、人民团体和代表。

42. 介绍候选人的方式有哪些

介绍的方式可以是多种多样的，如本条规定的向代表或者选民印发介绍代表候选人情况的书面材料，在直接选举中，还可以在选区内张贴介绍代表候选人的材料，并由选举委员会组织候选人与选民见面。不论采取什么形式，都应对代表候选人的情况作全面、客观地介绍。目前，广播、电视、报纸、网络等媒体十分发达，如何利用这些媒体来宣传和介绍代表候选人，是需要在实践中加以探讨的课题。

43. 如何理解"应当"组织代表候选人与选民见面

在直接选举中，选举委员会根据选民的要求，应当组织代表候选人与选民见面。组织代表候选人与选民见面，是2004年修改选举法时增加的内容，本次修改选举法又对这一制度进行了完善，将有关代表候选人与选民见面的规定修改为：选举委员会根据选民的要求，应当组织代表候选人与选民见面，由代表候选人介绍本人的情况，回答选民的问题。对于这一修改，有两个问题需要注意。第一，增加了组织见面的条件。根据原条文的规定，是否组织见面,由选举委员会掌握。新修改的条文规定,"根据选民的要求",选举委员会必须组织见面,加强了组织见面的力度。第二,细化了见面的内容。代表候选人在与选民见面时,除了回答选民提出的问题,还应当主动向选民介绍本人的情况。"本人的情况"以让选民更多了解自己为原则,可以包括工作情况、文化程度、工作能力以及当选后的打算等。

配套

《中国人民解放军选举全国人民代表大会和县级以上地方各级人民代表大会代表的办法》第22条

第三十五条 【禁止接受境外资助】公民参加各级人民代表大会代表的选举,不得直接或者间接接受境外机构、组织、个人提供的与选举有关的任何形式的资助。

违反前款规定的,不列入代表候选人名单;已经列入代表候选人名单的,从名单中除名;已经当选的,其当选无效。

注解

本条内容为2015年修改选举法新增。本条第1款规定,公民参加各级人大代表的选举,不得直接或者间接接受境外机构、组织、个人提供的与选举有关的任何形式的资助。根据这一规定,只要是参加人大代表选举的公民,包括接受推荐提名为代表候选人的公民、直接选举中的选民、间接选举中的代表,都不得接受境外任何形式的资助。

本条第2款规定,有接受境外资助的,区分选举的不同阶段,承担相应的法律后果:(1)如果尚未确定代表候选人名单,选举委员会或者不列入代表候选人名单;(2)如果已经确定代表候选人名单,而此人又在名单之列,选举委员会或者大会主席团应当决定将其从代表候选人名单中除名;(3)如果此人已经当选为人大代表,则应属于当选无效的违法行为,代表资格审查委员会应当根据选举法第47条的规定认定其当选无效,并报本级人大常委会或者乡镇人大主席团确认。

规定被认定接受境外资助参选的人不能成为代表候选人,或者其当选无效,对于维护国家安全,保障人民当家作主具有十分重要的意义。因此,在

49

换届选举工作中,要站在维护国家安全的高度,做好有关工作。在对代表候选人进行考察、审查时,要把好代表入口关,坚持人选标准,代表候选人应当忠于祖国、忠于人民。选举委员会或者大会主席团要求接受推荐的代表候选人如实提供其身份、简历等基本情况并严格核实。这些情况应当包括本人是否接受过境外机构、个人、组织提供的与选举有关的资助等情况,坚决防止把严重损害国家和人民利益,与敌对势力相勾结或者接受境外资助的人推荐提名为人大代表候选人或者选为人大代表。

应用

44. 如何理解境外资助

境外资助,是指由境外的机构、组织、个人提供的各种形式的资助,这种资助与选举有关,即以促成本人或者他人当选人大代表为目的的资助行为。资助的表现形式是多种多样的,既包括资金资助,也包括提供培训和提供印刷品、宣传册、场所、设备、人员等其他各种资助行为。"直接或者间接"是指资助来源的多样性,不仅包括直接由境外机构、组织、个人提供的资助,也包括由第三方提供但来源于境外机构、组织、个人的资助。

第九章 选举程序

第三十六条 【选举权保障】 全国人民代表大会和地方各级人民代表大会代表的选举,应当严格依照法定程序进行,并接受监督。任何组织或者个人都不得以任何方式干预选民或者代表自由行使选举权。

应用

45. 对选举工作进行监督的内容有哪些

对选举工作进行监督,本身在选举过程中并不是一个独立的环节,但对选举活动起着极为重要的保障作用,可以制止各个环节中出现的违法现象,保障依法选举,保证选举结果的合法与公正。我国对选举的监督主要是:(1) 公布的选民名单是否正确;(2) 选举程序是否依法进行,当选人是否具备当选资格;(3) 是否有以暴力、威胁、欺骗、贿赂、伪造选举文件、虚报选举票数等手段破坏选举或者妨害选民或者代表自由行使选举权和被选举权。对违法行为的处理主要包括：更正选民名单；宣布违法当选无效或者不予确认代表资格；给违法行为人以行政处分；给违法行为人以刑事处罚，2010年修改选举法又增加规定了对破坏选举行为的调查处理。整个选举过程都要接受选民或者代表、选举主持机构的监督，选举委员会要接受任命它的人大常委会的监督。另外，根据全国人大组织法、地方各级人民代表大会和地方各级人民政府组织法、代表法的规定，人大的代表资格审查委员会要审查新选出的下一届人大代表和补选的本届人大代表的资格是否有效。

第三十七条　【领取选票】在选民直接选举人民代表大会代表时，选民根据选举委员会的规定，凭身份证或者选民证领取选票。

第三十八条　【选民投票场所】选举委员会应当根据各选区选民分布状况，按照方便选民投票的原则设立投票站，进行选举。选民居住比较集中的，可以召开选举大会，进行选举；因患有疾病等原因行动不便或者居住分散并且交通不便的选民，可以在流动票箱投票。

应用

46. 如何对流动票箱进行管理

在选举工作中，要加强对流动票箱的管理：（1）流动票箱只能作为选民投票的一种辅助形式，不能作为主要形式。流动票箱只能向因患有疾病等原因不能到投票站投票或者参加选举人会投票的人员开放，或者是在选民居住分散、交通不便的地方设立。（2）流动票箱应当由2名以上专人负责，并设有监票人。事前必须由监票员在选举大会或者投票站验箱，加封上锁。应注意尊重选民民主权利，选举工作人员不能围观选民填写选票，以保证选民在秘密状态下写票，投票也要由选民亲自进行，工作人员一般不能代写、代投。（3）流动票箱的选票要和投票站或者选举大会的选票一起在监票人、计票人以及有关人员在场的情况下，同时开箱，一并计票。（4）对在选举日不能到选举大会或者投票站参加投票的，需要选举委员会派工作人员带流动票箱登门而投票的,其家属或者亲友应事先告知选举委员会,选举委员会应作出相应安排。

配套

《全国人民代表大会常务委员会关于县级以下人民代表大会代表直接选举的若干规定》第5条

第三十九条 【间接选举的投票主持】 县级以上的地方各级人民代表大会在选举上一级人民代表大会代表时,由各该级人民代表大会主席团主持。

第四十条 【投票方法和代写选票】 全国和地方各级人民代表大会代表的选举,一律采用无记名投票的方法。选举时应当设有秘密写票处。

选民如果是文盲或者因残疾不能写选票的,可以委托他信任的人代写。

注解

无记名投票是我国选举制度的一项基本原则。为落实这一原则,保证选民或代表自由地表达自己的意志,本条对无记名投票原则和设立秘密写票处作出了专门规定。

所谓无记名投票原则,又称秘密选举原则,指投票人在投票时,在选票上不注明自己的姓名,由自己亲自填写,而且可以在秘密写票处填写选票,并由自己亲自投进票箱的一种投票方式。相对于记名投票或者以起立、举手、鼓掌等公开表决的方式,无记名投票的方式更民主,投票人不受外界的干扰,更有利于投票人按照自己的意愿进行投票,使选举的结果更加真实。

应用

47. 投票时应注意哪些问题

投票选举是选举权利的直接体现,是一项严肃的法律行为。投票时应注意下列问题:(1) 投票人在进入投票站或选举大会会场后,要听取工作人员宣讲投票注意事项,遵守大会的纪律。(2) 在领到选票时,要检查选票是否清楚,是否加盖印章,如果不清楚或未盖章,应及时报告更换选票。(3) 在书写选票前,要弄清应选人的名额;要按规定办法画票、投票;书写选票要清楚,注意不要因为超过应选名额或者书写不清而成为废票。

48. 委托他人代写选票须符合哪些条件

根据本条的规定,选民如果是文盲或者因残疾不能书写选票的,可以委托信任的人代写。这是为方便不识字或者因其他原因不能自己写票的选民行使选举权利而作出的规定。委托他人代写选票必须符合两个条件:一是委托人不具备填写选票的条件,如委托人是文盲或者是盲人以及其他不能书写的人;二是接受委托的人必须是委托人所信任的人,委托人可以委托自己的亲属、朋友、同事和自己信任的其他选民代自己书写选票。代写选票的规定,是为了使不能填写选票的选民也能行使选举权,因此,选举委员会要为他们写票提供帮助。

配套

《中华人民共和国地方各级人民代表大会和地方各级人民政府组织法》第28条

第四十一条 【填写选票】选举人对于代表候选人可以投赞成票,可以投反对票,可以另选其他任何选民,也可以弃权。

第四十二条 【委托投票】选民如果在选举期间外出,经选举委员会同意,可以书面委托其他选民代为投票。每一选民接受的委托不得超过二人,并应当按照委托人的意愿代为投票。

注解

本条是关于委托投票的规定。选举是公民行使民主权利的最直接形式。在正常情况下,选民一般都应在选举日亲自去参加投票活动。因客观情况,选民不能亲自参加选举的,可以委托他人代为投票,作为一种补救性措施。为规范委托投票,必须明确委托投票的条件。

应用

49. 委托投票应符合哪些条件

根据本条的规定,委托投票应符合以下五个条件:

第一,委托投票的原因是选民在选举日期间外出不能亲自参加选举,而不能是其他原因。如选民患有疾病行动不便，或者居住分散交通不便，可以在流动票箱投票；选民如果是文盲或者因残疾不能写选票的，可以委托他人代写选票，而不适用委托投票。

第二，委托必须以书面的方式进行。委托人必须书写委托书，写明委托何人代为投票，被委托人凭委托人的委托书代其投票，如果仅凭口头委托，则委托无效。

第三，被委托人必须是选民。即必须是经过选民登记，确认具有选举权和被选举权的中国公民。如果委托没有选民资格的人代为投票，则委托无效。

第四，委托代投票有一定的限制。即每一选民接受的委托不得超过3人，否则无效。

第五，委托他人代为投票，必须经选举委员会同意。

另外，为保证选举的真实性，在进行委托投票时，被委托人应当按照委托人的意愿代为投票，而不能按照自己的意愿代为投票。

配套

《全国人民代表大会常务委员会关于县级以下人民代表大会代表直接选举的若干规定》第9条

第四十三条 【核算选票】投票结束后，由选民或者代表推选的监票、计票人员和选举委员会或者人民代表大会主席团的人员将投票人数和票数加以核对，作出记录，并由监票人签字。

代表候选人的近亲属不得担任监票人、计票人。

注解

本条是关于核算选票的规定。投票结束后，要对选票进行核算。对选票的核算必须准确，这是保证选举公正性的重要环节。

应用

50. 不得担任监票人、计票人的代表候选人的近亲属有哪些

2010年选举法修改时增加了"代表候选人的近亲属不得担任监票人、计票人"的规定。这里的"近亲属"根据有关法律的规定，是指夫、妻、父、

母、子、女、同胞兄弟姐妹。考虑到除近亲属关系之外,其他的亲属关系相对较远,因此,选举法没有把其他的亲属纳入必须回避的范畴之内,只规定了近亲属的回避。但按照法律规定的精神,亲属关系中的祖父母、外祖父母、孙子女、外孙子女,不同辈的叔、伯、姑、舅、姨与侄(女)、甥(女),以及有姻亲关系的人,也不宜担任监票人、计票人,因为他们可能会影响到计票的公正性。

根据本条的规定,在推选监票人和计票人时,要避免推选代表候选人、代表候选人的近亲属及与代表候选人有其他亲属关系的人做监票人、计票人。对于这些已经担任了监票人或者计票人的人,应当辞去监票人、计票人的职务。

51. 核算选票要注意哪些问题

核算选票要注意以下几个问题:(1)查验发出的选票总数和开箱取出的选票总数,确认选举是否有效。(2)确定选票上所列正式候选人和另选人的得票数。对于每张选票也需要确认是否有效:有效票即赞成人选数和应选人数相等或者少于应选人数;废票即赞成人选数超过应选名额,或者模糊不清无法辨认,或者全部都未按规定的符号填写的选票;弃权票即全部选票均未作任何标记。需要注意的是,如果在一张选票上,所标明的赞成人选未超过应选名额,且又有部分符号不清,无法辨认,部分未标明符号,此种情况应按部分赞成、部分作废、部分弃权处理,而不应把整张选票作为废票。(3)在逐个统计候选人和另选人的得票数时,作为一次投票选举,个人得票最高的不得超过收回选票的总数;所有候选人和另选人的得票数总和也不应超过收回选票的总数乘应选人数的积。如出现上述超过的现象,则应重新核对计票。

第四十四条　【**选举结果有效和有效票**】每次选举所投的票数,多于投票人数的无效,等于或者少于投票人数的有效。

每一选票所选的人数,多于规定应选代表人数的作废,等于或者少于规定应选代表人数的有效。

注解

投票结束后,对选票进行清点,如果每次选举所投票数多于投票人数,

55

则选举无效；所投票数等于或者少于投票人数，则选举有效。因为如果从票箱里取出的选票，多于发出的选票总数，则意味着有人多投了票、投了假票，或者有其他舞弊行为，所以选举应当无效。需要说明的是，对于选举是否有效，要依据本条和第45条第1款的规定来确认，即在直接选举中，选区全体选民的过半数参加投票，所投票数等于或者少于投票人数的有效。在间接选举中，所投票数等于或者少于投票人数的有效。不能以选出的代表不符合结构比例或者其他理由宣布无效。选举是否有效，由选举委员会或者大会主席团确认公布。

第四十五条　【当选票数】在选民直接选举人民代表大会代表时，选区全体选民的过半数参加投票，选举有效。代表候选人获得参加投票的选民过半数的选票时，始得当选。

县级以上的地方各级人民代表大会在选举上一级人民代表大会代表时，代表候选人获得全体代表过半数的选票时，始得当选。

获得过半数选票的代表候选人的人数超过应选代表名额时，以得票多的当选。如遇票数相等不能确定当选人时，应当就票数相等的候选人再次投票，以得票多的当选。

获得过半数选票的当选代表的人数少于应选代表的名额时，不足的名额另行选举。另行选举时，根据在第一次投票时得票多少的顺序，按照本法第三十一条规定的差额比例，确定候选人名单。如果只选一人，候选人应为二人。

依照前款规定另行选举县级和乡级的人民代表大会代表时，代表候选人以得票多的当选，但是得票数不得少于选票的三分之一；县级以上的地方各级人民代表大会在另行选举上一级人民代表大会代表时，代表候选人获得全体代表过半数的选票，始得当选。

应用

52. 候选人当选的规则是怎样的

我国的当选规则采用多数当选制。1953年的选举法规定，各级人民代表大会代表候选人获得出席选民或代表半数以上选票时，始得当选。1979年修订选举法时,将该规定修改为:各级人民代表大会的代表候选人,获得选区全体选民或者选举单位的代表过半数的选票时,始得当选。1986年修改选举法时,对直接选举与间接选举中代表候选人当选的要求作出明确规定,其当选的法定票数是不同的。在直接选举中,选区全体选民的过半数参加投票,选举有效,代表候选人获得参加投票的选民过半数的选票,则可以当选,即要求两个过半数。从理论上说,代表候选人获得选区全体选民的1/4以上的选票,即可以当选。在间接选举中,代表候选人须获得全体代表过半数的选票,则可以当选,比直接选举中代表候选人的得票数的要求更高。这样区别规定的主要考虑是,直接选举的组织工作比较困难,特别是现在流动人口大量增加,选区内的选民不一定都能来参加投票,如果要求代表候选人必须获得全体选民的过半数选票才能当选,许多选区的选举就不一定能一次完成。而在间接选举中,由于选举人都是一级人大代表,组织选举比较容易,因此,对代表候选人当选的要求就应严格一些,以保证所选出的代表有较高的民意基础。

53. 再次投票的含义及适用情形是怎样的

再次投票,是指在选举中,候选人如果获得与会选民或者全体代表过半数选票,但因票数相等,不能确定当选人时,就票数相等的部分候选人所进行的重新投票,以决定最终当选者。

无论在直接选举还是间接选举中,获得过半数选票的代表候选人的人数超过应选代表名额时,以得票多的当选。即使有的代表候选人所得票数超过了选票的半数,由于得票更多的代表候选人已经达到了应选代表的数额,则仍不能当选,也就是说并不是获得过半数选票的候选人都必然当选。如果遇到几个候选人的得票数均超过选票的半数并且相等,而票数相等的候选人同时当选就会超过应选代表名额,应当就票数相等的候选人重新投票,以得票多的当选。由于在第一次投票时,这几个代表候选人已经获得了过半数的选票,在重新投票时,只是在这几个具备当选资格的人中确定应当由谁当选。因此,这时不要求必须获得参加投票的选民的过半数选票,即使所得票数未超过半数,也不影响其当选。

54. 什么是另行选举

另行选举,是指在选举中,获得过半数选票的当选代表的名额少于应选代表的名额时,就不足的名额而进行的选举。

值得注意的是，获得过半数选票的当选代表的名额少于应选代表的名额，既包括应选代表名额没有选满，也包括一个代表名额也没有选出的情况，即所有的候选人所得选票均未超过半数时，也要进行另行选举。

另行选举的程序原则上适用一般的选举程序，同时考虑到另行选举的特殊性，选举法又作了一些特别规定。第一，另行选举时，根据在第一次投票时得票多少的顺序确定代表候选人名单，即另行选举不重新酝酿讨论提出代表候选人。对第一次投票时得票多少的顺序进行排列时，应包括在原正式代表候选人之外由另选他人而获得较多选票的人。第二，另行选举要实行差额选举。差额比例仍需符合第一次投票选举时的差额比例要求，即按照选举法第31条规定的差额比例，直接选举时，代表候选人的人数应多于应选代表名额的1/3至1倍；间接选举时，代表候选人的人数应多于应选代表名额1/5到1/2，确定代表候选人名单。但如果只另行选举1人，候选人应为2人。第三，当选票数要求。直接选举人大代表，需要另行选举时，代表候选人以得票多的当选，但是得票数不得少于选票的1/3，即不得少于参加投票的选民的1/3。对直接选举的另行选举，当选票数的要求低于第一次投票时的当选票数。

配套

《中华人民共和国全国人民代表大会议事规则》第40条；《中华人民共和国地方各级人民代表大会和地方各级人民政府组织法》第25条

第四十六条　【选举结果公布】选举结果由选举委员会或者人民代表大会主席团根据本法确定是否有效，并予以宣布。

当选代表名单由选举委员会或者人民代表大会主席团予以公布。

注解

各级人大代表选出后，其资格并不自然生效，在人民代表大会召开前，还要报该级人大的代表资格审查委员会进行代表资格审查，并经本级人大常委会或者乡、镇人大主席团确认其代表资格是否有效，确保代表的选举符合法律规定。

第四十七条 【代表资格审查】代表资格审查委员会依法对当选代表是否符合宪法、法律规定的代表的基本条件,选举是否符合法律规定的程序,以及是否存在破坏选举和其他当选无效的违法行为进行审查,提出代表当选是否有效的意见,向本级人民代表大会常务委员会或者乡、民族乡、镇的人民代表大会主席团报告。

县级以上的各级人民代表大会常务委员会或者乡、民族乡、镇的人民代表大会主席团根据代表资格审查委员会提出的报告,确认代表的资格或者确定代表的当选无效,在每届人民代表大会第一次会议前公布代表名单。

注解

本条为2015年修改选举法新增。代表资格审查的具体内容主要包括:(1)当选代表是否符合宪法、法律规定的代表的基本条件。宪法第34条规定,中华人民共和国年满18周岁的公民,不分民族、种族、性别、职业、家庭出身、宗教信仰、教育程度、财产状况、居住期限,都有选举权和被选举权;但是依照法律被剥夺政治权利的人除外。选举法第4条也规定了上述内容;选举法第27条第2款还规定,精神病患者不能行使选举权利的,经选举委员会确认,不列入选民名单。宪法和选举法这些内容的规定,主要是审查代表有无选举权和被选举权。(2)选举是否符合法律规定的程序。主要是指代表候选人的提出、确定是否符合法律规定,代表候选人人数是否符合法律规定的差额比例,参加投票的人数是否符合法定人数,代表是否获得法定的当选票数,是否采用无记名投票,选举程序是否符合选举法的其他规定等。(3)是否存在破坏选举和其他当选无效的违法行为。比如,当选代表是否存在贿选情况,是否直接或间接接受了境外机构、组织、个人提供的与选举有关的任何形式的资助,以及其他破坏选举的违法行为等。

应用

55. 代表资格审查委员会如何组成

代表资格审查委员会由主任委员、副主任委员和委员组成。县级以上的地方各级人民代表大会常务委员会设立代表资格审查委员会。代表资格审查委员会的主任委员、副主任委员和委员的人选,由常务委员会主任会议在常务委员会组成人员中提名,常务委员会任免。全国人大常务委员会设立代表资格审查委员会。代表资格审查委员会的主任委员、副主任委员和委员的人选,由委员长会议在常务委员会组成人员中提名,常务委员会任免。乡、镇的每届人大第一次会议通过的代表资格审查委员会,行使职权至本届人大任期届满为止。

56. 对补选的人大代表是否需要进行代表资格审查

对于补选产生的人大代表,要依照选举法的有关规定进行代表资格审查。具体讲,对于由原选区选民补选的县、乡两级人大代表,分别由县级人大常委会代表资格审查委员会或者乡、镇人民代表大会的代表资格审查委员会,依法对当选代表是否符合宪法、法律规定的代表的基本条件,选举是否符合法律规定的程序,以及是否存在破坏选举和其他当选无效的违法行为进行审查,提出代表当选是否有效的意见,向县级人大常委会或者乡、镇人大主席团提出关于个别代表的代表资格的报告,由县级人大常委会或者乡、镇人大主席团确认补选代表的代表资格并公布补选的代表名单。对于由原选举单位补选的县级以上各级人大代表,由各该级人大常委会代表资格审查委员会,依法对当选代表是否符合宪法、法律规定的代表的基本条件,选举是否符合法律规定的程序,以及是否存在破坏选举和其他当选无效的违法行为进行审查,提出代表当选是否有效的意见,向该级人大常委会提出关于个别代表的代表资格的报告,由该级人大常委会确认补选代表的代表资格并公布补选的代表名单。

配套

《中华人民共和国全国人民代表大会组织法》第9、26条;《中华人民共和国地方各级人民代表大会和地方各级人民政府组织法》第37、56、57条

第四十八条 【担任两地代表】 公民不得同时担任两个以上无隶属关系的行政区域的人民代表大会代表。

应用

57. 公民不得担任两地代表的情形有哪些

公民在有行政隶属关系的两个不同级地方人大同时担任人大代表,如某公民担任省级人大代表同时又是该省某县人大代表,这种情形是符合法律规定的,实践中也有相当数量同时担任多级人大代表的情况。公民不得担任两

地代表，主要是针对公民在无行政隶属关系的两个同级或者不同级的地方人大同时担任人大代表的情形，具体包括：（1）同时担任两个省级人大代表、同时担任同一个省的两个地级人大代表、同时担任同一个地级市的两个县级人大代表。（2）同时担任两个不同省的两个地级人大代表、同时担任两个不同地级市的两个县级人大代表、同时担任一省省级人大代表和另一省地级人大代表、同时担任一省地级人大代表和另一省县级人大代表。（3）同时担任同一个县两个乡级人大代表、同时担任不同的县的两个乡级人大代表、同时担任一县县级人大代表和另一县乡级人大代表。

第十章　对代表的监督和罢免、辞职、补选

第四十九条　【代表接受监督】全国和地方各级人民代表大会的代表，受选民和原选举单位的监督。选民或者选举单位都有权罢免自己选出的代表。

第五十条　【直接选举的代表的罢免】对于县级的人民代表大会代表，原选区选民五十人以上联名，对于乡级的人民代表大会代表，原选区选民三十人以上联名，可以向县级的人民代表大会常务委员会书面提出罢免要求。

罢免要求应当写明罢免理由。被提出罢免的代表有权在选民会议上提出申辩意见，也可以书面提出申辩意见。

县级的人民代表大会常务委员会应当将罢免要求和被提出罢免的代表的书面申辩意见印发原选区选民。

表决罢免要求，由县级的人民代表大会常务委员会派有关负责人员主持。

应用

58. 选民提出罢免理由，但没有提供或者拒不提供材料的，能否启动罢免程序

根据本条的规定，提出罢免县、乡级代表的要求，需要有符合法定人数

的选民联名,并且应当写明罢免理由。只要符合本条规定的这两个条件,县级人大常委会就应当组织原选区选民投票,对罢免要求进行表决。选举法没有规定选民必须提交有关材料,也没有规定县人大常委会应当对罢免理由进行核实。实际工作中,如果县人大常委会经调查发现罢免理由与事实不符,可以向联名提出罢免要求的选民进行解释。如果选民仍坚持提出罢免要求,应当对罢免要求进行表决。

59. 对罢免进行申辩的内容及方式有哪些

针对罢免要求提出的罢免理由,被提出罢免的代表有权进行申辩。申辩是多方面的,包括罢免理由的事实根据、主观动机、客观原因、危害后果的轻重、事后改正情况等。申辩既可以是口头的,也可以是书面的,或者两种方式同时采取。口头申辩在选民全体会议或者小组会议上进行,书面申辩意见向所在的县级人大常委会提出,由县级人大常委会将书面申辩意见印发选民。

县级人大常委会收到罢免要求和书面申辩意见后,应将其印发原选区选民。印发的形式可以是印发全体选民,人手一份;也可以选民小组或家庭为单位印发,相互传阅;或者在醒目处张贴。同时还应对罢免要求和申辩意见进行认真研究,必要时应进行调查,走访选民,征求意见,了解真相。

配套

本法第3条;《中华人民共和国地方各级人民代表大会和地方各级人民政府组织法》第13、31、44、50条;《中华人民共和国全国人民代表大会和地方各级人民代表大会代表法》第6、47条

第五十一条 【间接选举的代表的罢免】 县级以上的地方各级人民代表大会举行会议的时候,主席团或者十分之一以上代表联名,可以提出对由该级人民代表大会选出的上一级人民代表大会代表的罢免案。在人民代表大会闭会期间,县级以上的地方各级人民代表大会常务委员会主任会议或者常务委员会五分之一以上组成人员联名,可以向常务委员会提出对由该级人民代表大会选出的上一级人民代表大会代表的罢免案。罢免案应当写明罢免理由。

县级以上的地方各级人民代表大会举行会议的时候,被提出罢免的代表有权在主席团会议和大会全体会议上提出申辩意见,

或者书面提出申辩意见,由主席团印发会议。罢免案经会议审议后,由主席团提请全体会议表决。

县级以上的地方各级人民代表大会常务委员会举行会议的时候,被提出罢免的代表有权在主任会议和常务委员会全体会议上提出申辩意见,或者书面提出申辩意见,由主任会议印发会议。罢免案经会议审议后,由主任会议提请全体会议表决。

应用

60. 对间接选举产生的代表的罢免主要有哪些情形

对间接选举产生的代表的罢免,按照罢免要求提出的时间的不同,可以有两种情形:一是人民代表大会期间的罢免,如果要在县级以上的地方各级人民代表大会举行会议的时候提出罢免要求,主席团或者1/10以上代表联名,可以提出对由该人民代表大会选出的上一级人民代表大会代表的罢免案。二是在人民代表大会闭会期间提出的罢免要求,县级以上的地方各级人民代表大会常务委员会主任会议或者常务委员1/5以上组成人员联名,可以向该级人大常委会提出对由该级人民代表大会选出的上一级人民代表大会代表的罢免案。

61. 提出罢免案的程序是怎样的

对于提出罢免案的程序,法律没有具体规定,从本条第2款和第3款的规定来看,主席团提出罢免案的程序,一般应是主席团执行主席、常务主席或者一定数量的主席团成员提出罢免动议,主席团表决通过。主任会议提罢免案的程序,一般也应当是由主任委员、副主任委员或者一定数量的委员提出罢免动议,主任会议表决通过。

62. 罢免案的提出主体和接受主体有哪些

对于罢免案的接受主体或者罢免案向谁提出,按照法律的规定,人民代表大会期间提出的罢免案,应当是由人民代表大会接受由主席团或1/10代表联名提出的罢免案;人民代表大会闭会期间的罢免案,由产生该代表的人大的常委会来接受。

代表联名应当有领衔人和附署签名人,并需具备全体代表1/10以上的人数。对于不同选区或选举单位的代表可否联名提出罢免案,地方各级人民代表大会和地方各级人民政府组织法第26条第2款中规定,不同选区或者选举单位选出的代表可以酝酿、联合提出候选人。既然不同选区或选举单位选出的代表可以联名提候选人，当然可以联名提罢免案。

人民解放军选出的全国和县级以上地方各级人民代表大会的代表，受选民或者原选举单位的监督。对于县级人大代表，原选区选民10人以上联名，可以向旅、团级选举委员会书面提出罢免要求，由原选区过半数的选民通过。对于由军人代表大会选举产生的人大代表，团级以上单位的选举委员会可以提出对由该级军人代表大会选出的人大代表的罢免案，由该级军人代表大会过半数的代表通过。被罢免的代表可以出席上述会议，提出申辩意见或者书面提出申辩意见。罢免的决议须报同级人大常委会和军队上一级选举委员会备案。

63. 罢免间接选举产生的代表与罢免直接选举产生的代表有什么区别

罢免间接选举产生的代表和罢免直接选举产生的代表在程序上有共同之处，主要表现在：(1) 罢免案应当联名提出，个人单独不能提出。(2) 罢免案应当书面提出，不能口头提出。(3) 罢免案应当写明罢免的理由。(4) 被提出罢免的代表有权口头或者书面申辩。不同之处在于：(1) 提出罢免案的主体不同，前者在会议期间由县级以上地方各级人大主席团或者代表联名提出，人大闭会期间由人大常委会主任会议或者常委会组成人员联名提出；后者由原选区选民联名提出。(2) 联名人数的要求不同，前者要求全体代表的1/10以上或常委会组成人员1/5以上联名才能提出，是一个相对数；后者要求选民30人或50人以上提出，是一个绝对数。(3) 提请表决的主体不同，前者由大会主席团或者主任会议提请表决；后者由谁提请选民表决，法律没有规定，由于是县级人大常委会派人主持罢免，所以可以认为是县级人大常委会将罢免要求提请选民表决。(4) 罢免表决的主体不同，前者由选举产生该代表的该级人民代表大会或者常务委员会的全体会议进行罢免表决，后者则是在县级人大常委会的主持下，由原选区的选民进行罢免表决。

配套

本法第3条；《中华人民共和国全国人民代表大会组织法》第20条；《中华人民共和国地方各级人民代表大会和地方各级人民政府组织法》第13、31、44、50条；《中华人民共和国全国人民代表大会和地方各级人民代表大会代表法》第6、47条

第五十二条 【罢免应无记名表决】罢免代表采用无记名的表决方式。

第五十三条 【通过罢免的票数】罢免县级和乡级的人民代表大会代表，须经原选区过半数的选民通过。

罢免由县级以上的地方各级人民代表大会选出的代表，须经各该级人民代表大会过半数的代表通过；在代表大会闭会期间，须经常务委员会组成人员的过半数通过。罢免的决议，须报送上一级人民代表大会常务委员会备案、公告。

> **注解**

本条是关于罢免案通过条件的规定。罢免需要经过原选区的选民或者原选举单位过半数通过，这不仅是遵从谁选举谁罢免的原则，也是对原选区选民或原选举单位的尊重，也使得该选区的选民和原选举单位能够作出仔细、慎重地判断，从而使得罢免能够体现多数人的意见。

> **应用**

64. 对直接选举产生的代表的罢免案获得通过有哪些要求

对于直接选举产生的代表，罢免案的通过需要经过原选区选民过半数通过。原选区的选民应当是指原选区的全体选民，这和选举时有所不同。选举法第45条第1款规定，在选民直接选举人民代表大会代表时，选区全体选民的过半数参加投票，选举有效。代表候选人获得参加投票的选民过半数的选票时，始得当选。可见，罢免要求更严。另外，选民数的统计到底是以原选举时的选民数为准还是以现在的选民人数为准，法律对此没有规定，如果罢免与选举时间间隔不长，选民人数变动不大，考虑到重新登记选民工作难度比较大，可以以选举时的选民人数为准。

65. 被罢免的代表，其代表资格何时终止

对间接选举产生的代表，其代表资格应当自罢免决议通过时终止，罢免决议通过后须报送上一级人民代表大会常务委员会备案、公告。对直接选举产生的代表，其代表资格自罢免决议经原选区选民过半数通过时终止，罢免决议通过后，也应将其报送上一级人大常委会备案、公告。

> 配套

《中华人民共和国全国人民代表大会常务委员会议事规则》第45条；《中华人民共和国各级人民代表大会常务委员会监督法》第46条；《中华人民共和国地方各级人民代表大会和地方各级人民政府组织法》第50条

第五十四条　【被罢免代表有关职务相应撤销】 县级以上的各级人民代表大会常务委员会组成人员，县级以上的各级人民代表大会专门委员会成员的代表职务被罢免的，其常务委员会组成人员或者专门委员会成员的职务相应撤销，由主席团或者常务委员会予以公告。

乡、民族乡、镇的人民代表大会主席、副主席的代表职务被罢免的，其主席、副主席的职务相应撤销，由主席团予以公告。

> 配套

《中华人民共和国全国人民代表大会议事规则》第45条；本法第56条

第五十五条　【代表辞职】 全国人民代表大会代表，省、自治区、直辖市、设区的市、自治州的人民代表大会代表，可以向选举他的人民代表大会的常务委员会书面提出辞职。常务委员会接受辞职，须经常务委员会组成人员的过半数通过。接受辞职的决议，须报送上一级人民代表大会常务委员会备案、公告。

县级的人民代表大会代表可以向本级人民代表大会常务委员会书面提出辞职，乡级的人民代表大会代表可以向本级人民代表大会书面提出辞职。县级的人民代表大会常务委员会接受辞职，须经常务委员会组成人员的过半数通过。乡级的人民代表大会接受辞职，须经人民代表大会过半数的代表通过。接受辞职的，应当予以公告。

应用

66. 间接选举产生的代表辞职程序是如何规定的

关于间接选举产生的代表的辞职，2010年选举法修改增加了常务委员会接受辞职的规定。全国人民代表大会代表，省、自治区、直辖市、设区的市、自治州的人民代表大会代表，都是间接选举产生的，他们可以向选举他的人大常委会书面提出辞职。对于间接选举产生的代表，其辞职是向下一级的人大常委会提出，如全国人大代表是由省级的人民代表大会选举产生的，故其辞职就是向省级的人大常委会提出；同理，省、自治区、直辖市、设区的市、自治州的人民代表大会代表，其是从市级或县级人民代表大会选举出来的，其辞职就是向市级或县级的人大常委会提出。间接选举产生的代表当然也可以向选举他的人大书面提出辞职，只是人大会议每年一般只开一次，接受辞职在时间安排上不太方便。代表向常委会提出辞职，可以由常委会主任会议将其辞职请求提请常委会全体会议表决，决定是否接受其辞职。如果常务委员会全体会议过半数通过决定接受其辞职的，接受辞职的决议，须报送上一级人民代表大会常务委员会备案、公告。

67. 直接选举产生的代表的辞职有哪些程序规定

县级人大代表可以向本级人大常委会提出辞职，乡级人大代表可以向本级人大提出辞职。县级的人民代表大会常务委员会接受辞职，须经常务委员会组成人员的过半数通过；乡级的人民代表大会接受辞职，须经人民代表大会过半数的代表通过。接受辞职的，应当予以公告。因乡级人民代表大会不设常委会，而且其人数较少，代表居住比较临近，故可以由乡人大主席召集乡级人大代表，召开代表大会，进行讨论表决。

68. 人大代表的辞职何时生效

对代表提出辞职，是直接生效还是要经过接受程序后生效，选举法没有明确规定。代表法规定，辞职被接受的，其代表资格终止。据此，代表提出辞职并不直接生效，而要经过人大常委会或者乡镇人大决定接受辞职并通过接受辞职的决议后，方才生效。

配套

《中华人民共和国地方各级人民代表大会和地方各级人民政府组织法》

第32条;《中华人民共和国全国人民代表大会和地方各级人民代表大会代表法》第49条;《中华人民共和国全国人民代表大会议事规则》第43条

第五十六条 【代表辞职被接受有关职务相应终止】 县级以上的各级人民代表大会常务委员会组成人员,县级以上的各级人民代表大会的专门委员会成员,辞去代表职务的请求被接受的,其常务委员会组成人员、专门委员会成员的职务相应终止,由常务委员会予以公告。

乡、民族乡、镇的人民代表大会主席、副主席,辞去代表职务的请求被接受的,其主席、副主席的职务相应终止,由主席团予以公告。

注解

代表辞职后,其所任的与代表资格有关的职务也就失去了基础,其职务相应终止。本条的内容和第54条的规定除辞职与罢免性质不同外,其他基本相同。需要指出的是,这里的"职务相应终止"是指随着辞职请求被接受,所任上述职务自然终止,不必另行通过终止职务的决定,只需予以公告。代表辞职请求被接受之时即是其与代表资格密切关系的职务终止之时。

配套

本法第54条;《中华人民共和国全国人民代表大会和地方各级人民代表大会代表法》第49条

第五十七条 【代表出缺的补选】 代表在任期内,因故出缺,由原选区或者原选举单位补选。

地方各级人民代表大会代表在任期内调离或者迁出本行政区域的,其代表资格自行终止,缺额另行补选。

县级以上的地方各级人民代表大会闭会期间,可以由本级人民代表大会常务委员会补选上一级人民代表大会代表。

补选出缺的代表时,代表候选人的名额可以多于应选代表的名额，也可以同应选代表的名额相等。补选的具体办法，由省、自治区、直辖市的人民代表大会常务委员会规定。

对补选产生的代表，依照本法第四十七条的规定进行代表资格审查。

注解

本条是关于代表补选的规定。代表在任期内，有的会因为工作调动等原因，使得原选区或原选举单位代表出缺。代表出缺会带来一些弊端，如使得每一代表所代表的人口数出现差异，影响代表比例的合理构成，不利于发挥代表整体作用。因此，各地应对出缺的代表及时补选。

应用

69. 哪些情形应暂停执行代表职务

暂停执行代表职务是在代表资格有效的前提下，因代表人身自由受到限制导致的暂时无法执行代表职务的特殊情况，与代表资格终止不是一回事。代表有下列情形之一的，暂时停止执行代表职务：（1）因刑事案件被羁押正在受侦查、起诉、审判的；（2）被依法判处管制、拘役或者有期徒刑而没有附加剥夺政治权利，正在服刑的。前述所列情形在代表任期内消失的，恢复其执行代表职务，但代表资格终止者除外。

对于被判处拘役、3年以下有期徒刑，被宣告缓期执行的代表是否暂时停止代表职务的问题，法律没有规定。根据相关解释，对此种情况不应暂停执行代表职务，如果不宜继续担任代表职务，原选区或者选举单位可以罢免其代表职务或者劝其提出辞职。此外，代表被采取监视居住、取保候审、行政拘留、民事诉讼中的司法拘留等限制人身自由的措施的，也不宜暂时停止代表执行职务。如出现上述情况，可以酌情处理：不影响代表执行职务的，代表仍然可以参加代表大会或者闭会期间的活动，执行其代表职务；代表无法执行其职务的，可以向本级人大会议主席团或者人大常委会请假；如果不宜继续担任代表职务，可以根据情况由原选区或者选举单位罢免其代表职务或者劝其提出辞职。

配套

《中华人民共和国全国人民代表大会和地方各级人民代表大会代表法》第五章；《中华人民共和国地方各级人民代表大会和地方各级人民政府组织法》第56条

第十一章　对破坏选举的制裁

第五十八条　【对破坏选举的制裁】为保障选民和代表自由行使选举权和被选举权，对有下列行为之一，破坏选举，违反治安管理规定的，依法给予治安管理处罚；构成犯罪的，依法追究刑事责任：

（一）以金钱或者其他财物贿赂选民或者代表，妨害选民和代表自由行使选举权和被选举权的；

（二）以暴力、威胁、欺骗或者其他非法手段妨害选民和代表自由行使选举权和被选举权的；

（三）伪造选举文件、虚报选举票数或者有其他违法行为的；

（四）对于控告、检举选举中违法行为的人，或者对于提出要求罢免代表的人进行压制、报复的。

国家工作人员有前款所列行为的，还应当由监察机关给予政务处分或者由所在机关、单位给予处分。

以本条第一款所列违法行为当选的，其当选无效。

应用

70. 破坏选举的行为包括哪些

按照本条的规定，破坏选举的行为包括：

（1）以金钱或者其他财物贿赂选民或者代表，妨害选民和代表自由行使选举权和被选举权。"贿赂"是指用金钱、财物等诱惑负责选举工作的人员或选民和代表，企图改变选举结果。

（2）以暴力、威胁、欺骗或者其他非法手段妨害选民和代表自由行使选举权和被选举权。"暴力"是指对选民和代表实施殴打、伤害等肉体上的强制;"威胁"是指对选民和代表以杀害、殴打或者使其受到损害为手段,实施精神上的胁迫;"欺骗"是指不真实的介绍候选人的情况,或者提供其他虚假信息,企图骗取选民和代表的选票。

(3) 伪造选举文件、虚报选举票数或者其他违法行为。"伪造选举文件"是指假冒选举主持机关的名义,制造有关选举的文件,包括选民名单、选民证、代表候选人名单、当选证书和其他有关选举的文件。"虚报选举票数"是指不按照实际投票选举结果而为某种不正当的目的弄虚作假,向选举机关报告不真实的选票数。"其他行为"是指能够同样达到破坏选举目的的行为,包括砸毁票箱、扰乱选举会场等。

(4) 对于控告、检举选举中违法行为的人,或者对于提出要求罢免代表的人进行压制、报复。控告、检举选举中的违法行为是公民的重要权利,对自己选出的代表提出罢免要求,是选民和代表行使监督权的重要形式,这种权利受到法律保护。"控告人、检举人"是指向有关国家机关指控、告发或者揭发选举中的违法行为的人。"压制"是指有关国家机关工作人员或者其他人员利用权力或者势力给提出罢免代表要求的人在工作和生活中设置各种障碍的行为。"报复"是指有关国家机关工作人员或者其他人员有意打击提出罢免要求的人的行为。

71. 破坏选举的行为应负哪些法律责任

根据本条,破坏选举的行为应当受到相应的治安管理处罚;构成犯罪的,依法追究刑事责任。也就是说,破坏选举的,依情节轻重,应承担相应的行政责任或刑事责任。具体而言:

(1) 行政责任。破坏依法进行的选举秩序的,由公安机关处警告或200元以下罚款;情节较重的,处5日以上10日以下拘留,可以并处500元以下罚款。聚众实施破坏选举行为的,对首要分子处10日以上15日以下拘留,可以并处1000元以下罚款。关于破坏选举的行为的具体表现,选举法在本条作了规定。

(2) 刑事责任。在选举各级人民代表大会代表和国家机关领导人员时,以暴力、威胁、欺骗、贿赂、伪造选举文件、虚报选举票数等手段破坏选举或者妨害选民和代表自由行使选举权和被选举权,情节严重的,处3年以下有期徒刑、拘役或者剥夺政治权利。

配套

《中华人民共和国治安管理处罚法》第23条;《中华人民共和国刑法》第256条;《中华人民共和国公务员法》第61、62条;《中华人民共和国公职人员政务处分法》第7、8条

第五十九条 【对破坏选举的调查处理】主持选举的机构发现有破坏选举的行为或者收到对破坏选举行为的举报,应当及时依法调查处理;需要追究法律责任的,及时移送有关机关予以处理。

应用

72. 负责查处破坏选举行为的机构有哪些

按照本条的规定,查处破坏选举行为的负责机构是主持选举的机构,具体而言,就是指各级人大常委会以及选举委员会。依照法律规定,我国全国人大常委会主持全国人大代表的选举,省、自治区、直辖市、设区的市、自治州的人大常委会主持本级人大代表的选举,不设区的市、市辖区、县、自治县、乡、民族乡、镇设立选举委员会来主持本级人大代表的选举。可见,对选举过程中破坏选举行为的查处,由主持选举的人大常委会与选举委员会组织进行。在实践当中,选举结束后,对于破坏选举的举报的调查处理应当由哪个机构进行,法律没有明确规定。考虑到选举委员会一般只在换届选举期间临时设立,选举工作结束后,选举委员会一般就解散了,因此,在选举结束后,对破坏选举行为的查处,县级以上的应当由县级人大常委会组织进行,乡镇一级的应当由乡镇人大组织进行,乡镇人大力量不够的,可以请求县级人大常委会予以协助查处。

配套

本法第29、30、58条

第十二章 附 则

第六十条 【省级人大及其常委会可制定实施细则】省、自

治区、直辖市的人民代表大会及其常务委员会根据本法可以制定选举实施细则,报全国人民代表大会常务委员会备案。

配 套

本法第 15、57 条;《中华人民共和国立法法》第 83、85、98、109 条

中华人民共和国全国人民代表大会和地方各级人民代表大会代表法

（1992年4月3日第七届全国人民代表大会第五次会议通过　根据2009年8月27日第十一届全国人民代表大会常务委员会第十次会议《关于修改部分法律的决定》第一次修正　根据2010年10月28日第十一届全国人民代表大会常务委员会第十七次会议《关于修改〈中华人民共和国全国人民代表大会和地方各级人民代表大会代表法〉的决定》第二次修正　根据2015年8月29日第十二届全国人民代表大会常务委员会第十六次会议《关于修改〈中华人民共和国地方各级人民代表大会和地方各级人民政府组织法〉、〈中华人民共和国全国人民代表大会和地方各级人民代表大会选举法〉、〈中华人民共和国全国人民代表大会和地方各级人民代表大会代表法〉的决定》第三次修正）

第一章　总　　则

第一条　【立法目的】为保证全国人民代表大会和地方各级人民代表大会代表依法行使代表的职权，履行代表的义务，发挥代表作用，根据宪法，制定本法。

应用

1. 代表的职权有哪些

职权是因职务而产生的权力，它不同于权利，是不可放弃的，包含了责任和义务，可以说是权力、责任和义务的混合体。公民因为受到人民的信任被选为代表，从而享有与其代表职务相适应的权力。

根据宪法和全国人大组织法、地方组织法、代表法，代表的职权包括：(1) 出席会议，参加大会全体会议、代表团全体会议、小组会议。出席人大会议，既是人大代表的一项权利，又是一项义务。(2) 审议各项议案和报告。对列入大会议程的各项议案和报告进行讨论，表明赞成、反对或者修改完善的意见。(3) 联名提出议案。全国人大代表30人，县级以上地方人大代表10人，乡镇人大代表5人以上，可以联名提出属于本级人大职权范围内的议案。(4) 参加大会的各项选举。在选举中，对确定的候选人，可以投赞成票、反对票或者弃权票，也可以另选他人。地方人大代表还可以联名提出候选人。(5) 参加代表大会的各项表决。(6) 提出建议、批评和意见。从以上人大代表的职权来看，代表个人并不单独决定国家权力机关的事务。代表通过自己行使权力，启动国家权力机关的工作，如提出议案、罢免案，参与形成国家意志，如审议、表决等。国家权力机关通过的决议、决定，既不是某个代表的意见，但又有代表个人意见的成分，它体现的是全体代表的意见，是集体智慧的结晶。这体现了人大行使职权的特点，集体行使职权，集体讨论决定问题。代表因履行代表职务，产生特定义务。代表义务与代表职权有着密不可分的关系，有些义务本身就是职权的一部分。代表在行使代表职权，履行代表义务过程中，发挥代表所特有的作用。

2. 宪法中关于代表制度的规定有哪些

宪法对有关代表制度，主要是对全国人大代表的权力、义务作了直接规定，包括：(1) 全国人大代表有权依照法律规定的程序提出属于全国人大职权范围内的议案。(2) 全国人大代表在全国人大开会期间，有权依照法律规定的程序提出对国务院或者国务院各部、各委员会的质询案。受质询的机关必须负责答复。(3) 全国人大代表，非经全国人大会议主席团许可，在全国人大闭会期间非经全国人大常委会许可，不受逮捕或者刑事审判。(4) 全国人大代表在全国人大各种会议上的发言和表决，不受法律追究。(5) 全国人大代表必须模范地遵守宪法和法律，保守国家秘密，并且在自己参加的生产、工作和社会活动中，协助宪法和法律的实施。(6) 全国人大代表应当同原选举单位和人民保持密切的联系，听取和反映人民的意见和要求，努力为人民服务。(7) 全国人大代表受原选举单位的监督。原选举单位有权依照法律规定的程序罢免本单位选出的代表。这些都是代表法制定的直接依据。代表法总结代表履职和代表工作的实践经验，对代表制度进行发展完善，都须与宪法的规定相一致。

配 套

《中华人民共和国宪法》第 72—77、102 条

第二条 【代表产生、性质、地位和作用】 全国人民代表大会和地方各级人民代表大会代表依照法律规定选举产生。

全国人民代表大会代表是最高国家权力机关组成人员，地方各级人民代表大会代表是地方各级国家权力机关组成人员。

全国人民代表大会和地方各级人民代表大会代表，代表人民的利益和意志，依照宪法和法律赋予本级人民代表大会的各项职权，参加行使国家权力。

应 用

3. 代表的职责有哪些

代表的职责作用，概括地说，就是代表人民的利益和意志，依法参加人大会议行使国家权力。这里突出地表明了两点：一是人大代表应当代表人民的利益和意志。人大代表作为人民派往国家权力机关的光荣使者，在国家权力问题上，与人民形成特定的代表与被代表的关系，客观上要求人大代表以人民的利益和意志为活动准则。人大代表应当按照人民的利益和意志参与行使国家权力，从法律上明确解决了代表与选民或者选举单位的关系问题，亦即代表不仅仅是本选区或选举单位的代表，要反映选举他们的选民或者选举单位的意愿，而且还是全国人民或本行政区域全体公民的代表，还要反映全国人民或本行政区域内全体公民的利益。其核心是要处理好局部利益和整体

利益、眼前利益和长远利益、特殊群体利益和全体人民利益的关系问题。人大代表应当按照人民的利益和意志参加行使国家权力的要求，也为党员代表正确处理与党组织的关系提供了规范。二是参与行使国家权力，即参与行使宪法和法律赋予本级人大的各项职权。宪法和有关法律对全国人大和地方各级人大的职权作了明确规定。宪法规定了全国人大的16项职权，包括修改宪法，监督宪法的实施，制定和修改基本法律，选举最高人民法院和最高人民检察院的领导人，审查批准计划和预算等。地方组织法规定了县级以上地方各级人大的15项职权，包括选举产生本级行政机关、监察机关、审判机关和检察机关的领导人，审查批准本行政区域内的国民经济和社会发展规划纲要、计划和预算，讨论决定本行政区域内的重大事项和项目等，省、自治区、直辖市人大还有权制定地方性法规，在本行政区域内实施。地方组织法还规定了乡级人大的14项职权，包括选举产生乡镇领导人并监督他们的工作，决定经济、文化事业和公共事业的建设计划和项目等。

配套

《中华人民共和国宪法》第34、62、63条；《中华人民共和国地方各级人民代表大会和地方各级人民政府组织法》第11、12条

第三条　【代表的权利】代表享有下列权利：

（一）出席本级人民代表大会会议，参加审议各项议案、报告和其他议题，发表意见；

（二）依法联名提出议案、质询案、罢免案等；

（三）提出对各方面工作的建议、批评和意见；

（四）参加本级人民代表大会的各项选举；

（五）参加本级人民代表大会的各项表决；

（六）获得依法执行代表职务所需的信息和各项保障；

（七）法律规定的其他权利。

注解

本条是对代表权利的规定。为进一步明确代表的权利和义务，增强代表的责任感和使命感，2010年修改代表法时，根据宪法及有关法律的规定，结

合代表活动和代表工作的实践,对代表的权利和义务进行了归纳、梳理,并采取列举方式集中作出规定。

应用

4. 代表怎样行使提案权

法律、法规案的提出是立法程序中的重要环节。根据我国宪法和有关法律的规定,可以提出法律、法规案的主体包括两类,一是有关国家机关,二是代表团或者代表联名,或者是常委会组成人员。

宪法第72条规定:"全国人民代表大会代表和全国人民代表大会常务委员会组成人员,有权依照法律规定的程序分别提出属于全国人民代表大会和全国人民代表大会常务委员会职权范围内的议案。"

全国人大组织法第17条规定,1个代表团或者30名以上的代表联名,可以向全国人民代表大会提出属于全国人民代表大会职权范围内的议案。

地方组织法第22条规定,地方各级人民代表大会举行会议的时候,主席团、常务委员会、各专门委员会、本级人民政府,可以向本级人民代表大会提出属于本级人民代表大会职权范围内的议案,由主席团决定提交人民代表大会会议审议,或者并交有关的专门委员会审议、提出报告,再由主席团审议决定提交大会表决。县级以上的地方各级人民代表大会代表10人以上联名,乡、民族乡、镇的人民代表大会代表5人以上联名,可以向本级人民代表大会提出属于本级人民代表大会职权范围内的议案,由主席团决定是否列入大会议程,或者先交有关的专门委员会审议,提出是否列入大会议程的意见,再由主席团决定是否列入大会议程……

此外,我国宪法还对代表提议修改宪法作出规定,宪法第64条第1款规定,宪法的修改,由全国人民代表大会常务委员会或者1/5以上的全国人民代表大会代表提议,并由全国人民代表大会以全体代表的2/3以上的多数通过。

代表提出议案,当然也包括本级人民代表大会职权范围内的重大事项决定、监督等事项。

5. 代表怎样行使质询权

根据宪法、全国人大组织法、地方组织法、监督法和代表法等有关法律的规定,全国人民代表大会会议期间,1个代表团或者30名以上的代表联名，地方各级人民代表大会举行会议时，代表10人以上联名，可以书面提出对本级人民政府及其部门和监察委员会、人民法院、人民检察院的质询案。

6. 代表怎样行使罢免权

全国人大组织法第20条规定，全国人民代表大会主席团、3个以上的代表团或者1/10以上的代表，可以提出对全国人民代表大会常务委员会的组成人员，中华人民共和国主席、副主席，国务院和中央军事委员会的组成人员，国家监察委员会主任，最高人民法院院长和最高人民检察院检察长的罢免案，由主席团提请大会审议。

地方组织法第31条规定，县级以上的地方各级人民代表大会举行会议的时候，主席团、常务委员会或者1/10以上代表联名，可以提出对本级人民代表大会常务委员会组成人员、人民政府组成人员、监察委员会主任、人民法院院长、人民检察院检察长的罢免案，由主席团提请大会审议。乡、民族乡、镇的人民代表大会举行会议的时候，主席团或者1/5以上代表联名，可以提出对人民代表大会主席、副主席、乡长、副乡长、镇长、副镇长的罢免案，由主席团提请大会审议。

7. 代表执行职务的保障有哪些

人大代表要履行好法定职责，需要为其提供必要的保障和服务，以保证其不受非法干涉，方便、有效开展活动，履行职责。为此，宪法和有关法律专门作出规定，要求有关国家机关和社会组织对代表履行职责提供各项保障，主要包括：言论自由、特殊保护、人身特殊保护、执行职务的物质保障、执行职务的时间保障等。

其中知情权是代表执行职务的一项重要保障。它是指代表为依法执行代表职务，了解、获得、知悉国家和本地区经济社会运行、发展情况，有关的法律、政策信息，以及国家机关履行职责情况的权利。代表行使知情权的方式，包括听取"一府两院"工作报告和汇报，询问和质询，视察、调研和执法检查等形式；同时，有关国家机关和组织应当主动向人大代表提供有关情况，县级以上的各级人大常委会、各级人民政府和人民法院、人民检察院，应当及时向本级人大代表通报工作情况，提供信息资料，保障代表的知情权。

配套

《中华人民共和国宪法》第41、63、64、72条;《中华人民共和国全国人民代表大会组织法》第17、20条;《中华人民共和国全国人民代表大会议事规则》第23条;《中华人民共和国地方各级人民代表大会和地方各级人民政府组织法》第22、31条

第四条　【代表的义务】代表应当履行下列义务:

(一)模范地遵守宪法和法律,保守国家秘密,在自己参加的生产、工作和社会活动中,协助宪法和法律的实施;

(二)按时出席本级人民代表大会会议,认真审议各项议案、报告和其他议题,发表意见,做好会议期间的各项工作;

(三)积极参加统一组织的视察、专题调研、执法检查等履职活动;

(四)加强履职学习和调查研究,不断提高执行代表职务的能力;

(五)与原选区选民或者原选举单位和人民群众保持密切联系,听取和反映他们的意见和要求,努力为人民服务;

(六)自觉遵守社会公德,廉洁自律,公道正派,勤勉尽责;

(七)法律规定的其他义务。

应用

8. 代表未按时参加人大会议的法律责任有哪些

参加人民代表大会会议,参与审议各项议案和报告,是代表的神圣权利,也是代表的法定义务,不能无故缺席。本法第49条规定,未经批准两次不出席本级人民代表大会会议的,代表资格终止。同时,代表如果对人大审议的方案漠不关心,在选举和表决议案时不投票,也是失职行为。

第五条　【代表职务的界定和保障】代表依照本法的规定在本级人民代表大会会议期间的工作和在本级人民代表大会闭会期间的活动,都是执行代表职务。

国家和社会为代表执行代表职务提供保障。

代表不脱离各自的生产和工作。代表出席本级人民代表大会会议，参加闭会期间统一组织的履职活动，应当安排好本人的生产和工作，优先执行代表职务。

应用

9. 国家和社会为代表执行代表职务提供了哪些保障

为了保证人大代表执行代表职务，履行代表职责，需要为其提供必要的保障和服务。宪法、代表法和有关法律专门作了规定。

一是言论免责。言论自由是我国宪法规定的公民的基本权利之一，即公民有通过语言文字等方式，表达思想和意志的自由。为保障人大代表参加行使国家权力，除享有宪法规定的公民言论自由基本权利外，还对其言论自由给予特殊保护，即代表在人民代表大会会议上的各种发言和表决，不受法律追究，确保人大代表能畅所欲言，真正反映人民的心声。

二是人身特殊保护。在法治社会，公民的人身自由都受法律保护，非因法定事由，非经法定程序，并由法定机关执行，不受逮捕和拘留。为保障人大代表依法执行职务，对县级以上的人大代表的人身自由保护，又强化了一道法律程序，即在代表大会期间，非经主席团许可，在闭会期间，非经本级人大常委会许可，不受逮捕或者刑事审判。对乡、镇人大代表，采取限制人身自由的措施，则需立即报告。

三是物质保障。国家为代表执行代表职务，提供物质上的保障。主要是各级财政承担本级人大代表履职的各种费用，如交通费、食宿费、误工补贴费以及会议经费。代表经费列入财政预算，专款专用，严格管理。

四是时间与待遇保障。代表出席本级人大会议和参加闭会期间统一组织的视察和调研等履职活动，代表所在单位要为代表履职提供时间保障，准予请假，并保障其享受正常出勤的待遇。

五是组织服务保障。县级以上各级人大常委会要为本级代表执行职务提供服务和必要的条件。主要是：县级以上各级人大常委会采取多种方式同本级人大代表保持联系，扩大代表对本级人大常委会活动的参与，向代表提供履职所需的信息，保障其知情知政，为代表参加会议、审议议案和报告提供服务；对代表提出议案或者建议、批评和意见，给予引导、支持和帮助；根据实际需要，设立代表执行代表职务的集体服务机构等。

配套

《中华人民共和国宪法》第74、75条；《中华人民共和国全国人民代表大会组织法》第48、49条；《中华人民共和国地方各级人民代表大会和地方各级人民政府组织法》第39-41条

第六条 【代表接受监督】代表受原选区选民或者原选举单位的监督。

第二章 代表在本级人民代表大会会议期间的工作

第七条 【代表出席本级人大会议】代表应当按时出席本级人民代表大会会议。代表因健康等特殊原因不能出席会议的，应当按照规定请假。

代表在出席本级人民代表大会会议前，应当听取人民群众的意见和建议，为会议期间执行代表职务做好准备。

第八条 【代表审议】代表参加大会全体会议、代表团全体会议、小组会议，审议列入会议议程的各项议案和报告。

代表可以被推选或者受邀请列席主席团会议、专门委员会会议，发表意见。

代表应当围绕会议议题发表意见，遵守议事规则。

注解

本条是关于代表审议的规定。所谓审议，即审查讨论，就是对列入大会议程的各项议案和报告进行讨论，发表意见和看法，表明意愿和态度。审议权是代表的一项重要权利。按照宪法和有关法律的规定，所有要由人民代表大会作出决定的问题和事项，都要经过代表的充分审议，这是一道必经的法

定程序，权力机关能否有效地行使职权，在很大程度上取决于审议的质量。而代表是国家权力机关的组成人员，代表着人民的意志和利益，代表对审议权行使的程度，是人民参与管理国家事务程度的一个重要标志。

> 应用

10. 关于代表审议形式是怎样规定的

根据本条的规定，代表审议议案和报告的形式是参加本级人民代表大会全体会议、代表团全体会议、小组会议，以及被推选或者受邀请列席主席团会议、专门委员会会议。

> 配套

《中华人民共和国宪法》第62条；《中华人民共和国全国人民代表大会组织法》第10条；《中华人民共和国全国人民代表大会议事规则》第12—14、17、18、28、57、58条；《中华人民共和国地方各级人民代表大会和地方各级人民政府组织法》第11、12条

第九条　【议案的提出和撤回】 代表有权依照法律规定的程序向本级人民代表大会提出属于本级人民代表大会职权范围内的议案。议案应当有案由、案据和方案。

代表依法提出的议案，由本级人民代表大会主席团决定是否列入会议议程，或者先交有关的专门委员会审议、提出是否列入会议议程的意见，再决定是否列入会议议程。

列入会议议程的议案，在交付大会表决前，提出议案的代表要求撤回的，经主席团同意，会议对该项议案的审议即行终止。

> 注解

本条是关于代表提出议案和撤回议案的规定。议案是指法定主体依法向国家权力机关提出，并要求对有关事项和问题予以审议作出决定的议事原案。广义的议案，包括法律案、法规案、决定案、决议案、人事任免案、罢免案、提议组织特定问题调查委员会案等；狭义的议案，仅指法律案、法规案、决定案、决议案等。本条所讲议案是指狭义的议案。

应用

11. 代表提出议案的法定条件有哪些

根据有关法律的规定，代表议案应当符合三个条件：

第一，从提出议案的主体来说，要符合法定人数。在全国人民代表大会会议上，代表提出议案可以分为两种形式，一是代表联名提出，二是代表团提出。代表联名的人数为30名以上，以代表团名义提出议案，应当由代表团全体代表的过半数通过。在地方各级人民代表大会会议上，县以上各级人大代表联名人数为10名以上、乡级人大代表联名人数为5名以上。

第二，从议案的内容来说，所提议案的内容必须是属于本级人民代表大会职权范围内的事项。宪法和有关法律明确规定了各级人民代表大会的职权范围，提出议案的内容不能超出宪法和法律规定的本级人民代表大会的职权范围。

第三，必须是要求列入本级人大及其常委会会议议程进行审议的事项。

12. 对代表提出的议案如何处理

对代表提出的议案的处理，实际上包括会议期间的处理和闭会期间的处理两个方面。

在代表大会会议期间，各代表团负责将代表提出的议案送交大会秘书处。对符合议案基本要求的，大会秘书处及时分送有关专门委员会征求意见，有关专门委员会向大会主席团提出议案处理意见的报告。大会主席团根据大会秘书处的报告，对代表提出的议案可以有三种处理办法：第一种是决定列入会议议程；第二种是决定不列入会议议程；第三种是决定交有关专门委员会审议，由有关专门委员会提出是否列入会议议程的建议，主席团根据专门委员会的建议决定列入会议议程或者不列入会议议程。县、乡两级人大不设专门委员会，所以只有前两种处理办法。主席团决定列入大会议程的议案，可以决定列入本次会议议程，也可以决定列入下次或者以后的某次会议议程。主席团决定不列入大会议程的议案，一般要对不列入议程的理由作出说明。大会主席团决定列入本次会议议程的代表议案，应交由各代表团进行审议，并同时交有关专门委员会进行审议、提出报告，再由主席团审议决定是否提请大会全体会议表决。代表提出的议案不在本次会议审议的，主席团可以交有关专门委员会在闭会期间进行审议，提出是否列入人大或者人大常委会会议议程的意见,由人大常委会审议决定。

在闭会期间,有关专门委员会根据大会主席团的决定,对大会主席团交付审议的代表议案进行审议。要对代表提出的议案进行研究分析,提出代表议案审议工作的安排建议。需要先征求有关机关、组织意见的,在大会闭会后将代表议案交由有关机关、组织研究,有关机关、组织应当在规定时间内提出意见。

无论是大会会议期间,还是闭会期间的代表议案处理工作,都要加强与提出议案代表的联系和沟通,听取、采纳代表的合理意见。这样做既是对代表权利和意见的尊重,也有利于更好地发挥代表议案的作用,促进有关机关改进工作。

13. 代表提出的议案能否撤回

根据有关法律的规定,提案人撤回议案要受到两个约束:一是必须在议案交付表决前撤回,一旦议案交付表决,会议对议案作出了决定,提案人就无权改变会议的决定;二是提案人要求撤回议案后,必须经主席团同意,会议对该议案的审议也即行终止。因为议案一经列入会议审议,提案人就不能随意打乱会议议程,不能随意否定代表的审议意见。

配 套

《中华人民共和国宪法》第62、72条;《中华人民共和国全国人民代表大会组织法》第17条;《中华人民共和国全国人民代表大会议事规则》;《中华人民共和国地方各级人民代表大会和地方各级人民政府组织法》第11、12、22条

第十条 【代表提出宪法修正案】全国人民代表大会代表,有权依照宪法规定的程序向全国人民代表大会提出修改宪法的议案。

应 用

14. 宪法中关于宪法的修改的程序是怎样规定的

宪法第64条对宪法的修改作了专门规定:第一,关于提出修改宪法的主体。宪法修改的议案,由全国人大常委会或者1/5以上的全国人大代表联名提出。全国人大代表提出修改宪法的议案,在人数上比提出其他议案要

求更高,不足1/5的全国人大代表联名,不能提出修改宪法的议案。第二,关于表决方式。宪法修正案的表决必须采用投票方式。第三,关于表决的人数。宪法的修改,由全国人民代表大会以全体代表的2/3以上的多数通过。

配套

《中华人民共和国宪法》第64条;《中华人民共和国全国人民代表大会议事规则》第59、60条

第十一条 【选举权】代表参加本级人民代表大会的各项选举。

全国人民代表大会代表有权对主席团提名的全国人民代表大会常务委员会组成人员的人选,中华人民共和国主席、副主席的人选,中央军事委员会主席的人选,最高人民法院院长和最高人民检察院检察长的人选,全国人民代表大会各专门委员会的人选,提出意见。

县级以上的地方各级人民代表大会代表有权依照法律规定的程序提出本级人民代表大会常务委员会的组成人员,人民政府领导人员,人民法院院长,人民检察院检察长以及上一级人民代表大会代表的人选,并有权对本级人民代表大会主席团和代表依法提出的上述人员的人选提出意见。

乡、民族乡、镇的人民代表大会代表有权依照法律规定的程序提出本级人民代表大会主席、副主席和人民政府领导人员的人选,并有权对本级人民代表大会主席团和代表依法提出的上述人员的人选提出意见。

各级人民代表大会代表有权对本级人民代表大会主席团的人选,提出意见。

代表对确定的候选人,可以投赞成票,可以投反对票,可以另选他人,也可以弃权。

注解

本条是关于代表参加本级人民代表大会各项选举的规定。选举国家机关领导人员,是我国人民代表大会制度的一项重要内容,是人民当家作主、管理国家事务的重要体现。人大代表作为人民选出的行使国家权力的代表,有权参加本级人大的各项选举,代表应当以高度的责任感,极为慎重地行使选举权,投出神圣的一票。

应用

15. 选举国家机关领导人员的范围

根据宪法和全国人大组织法,全国人大选举国家主席、副主席;全国人大常委会委员长、副委员长、秘书长和委员;中央军事委员会主席;国家监察委员会主任;最高人民法院院长;最高人民检察院检察长。

根据宪法和地方组织法,县级以上的地方各级人大选举本级人大常委会组成人员(即人大常委会主任、副主任、秘书长和委员,县级人大不设秘书长一职);本级人民政府正副职领导人,即省长、副省长,自治区主席、副主席,市长、副市长;州长、副州长,县长、副县长,区长、副区长;监察委员会主任;人民法院院长;人民检察院检察长,选出的检察长须报上一级检察院检察长提请该级人大常委会批准。

乡、民族乡、镇的人大选举乡镇人大主席、副主席;乡长、副乡长,镇长、副镇长。

16. 选举国家机关领导人员的程序是怎样的

根据宪法和有关法律的规定,选举国家机关领导人员的程序,包括推荐候选人、讨论确定正式候选人、投票选举等几个步骤。

(1)提名推荐候选人。根据宪法和有关法律的规定,全国人大进行选举时,由大会主席团提名推荐候选人,代表不进行联名推荐候选人。

根据地方组织法的规定,地方人大进行选举时,候选人的提名有两种方式。一是大会主席团提名。大会主席团提出候选人,一般先由中共同级党组织提出建议名单,经主席团会议通过后提交全体代表酝酿讨论;二是代表联合提名。省级30名以上代表、设区的市和自治州20名以上代表、县和乡两级10名以上代表联名,可以提出候选人。

地方各级人大代表联合提名,应按照德才兼备、以德为先的原则,根据

87

关于领导班子配备的原则、结构比例的要求，提出所推荐职务的候选人；认真填写代表联合提名候选人登记表，并在规定的截止时间内提出；代表联合提名候选人前，既可以征求被提名人的意见，也可以不征求被提名人的意见；代表联合提名候选人后，因为发现自己提名的人选作为正式候选人不够合适，或者被提名人不接受提名的，代表可以要求撤回提名。

（2）酝酿、讨论候选人。不论是主席团提名的候选人，还是代表联合提名的候选人，都是初步候选人，不能直接成为正式候选人。为了使代表对候选人有较充分的了解，避免投票的盲目性，保证选举的民主性，初步候选人名单必须提交全体代表进行讨论、酝酿。代表讨论、酝酿通常采取代表小组会议或者代表团全体会议的形式，大会主席团应做好候选人的介绍工作。根据地方组织法的规定，县级以上地方各级人大换届选举本级国家机关领导人员时，至少应有两天时间提名、酝酿候选人。

（3）确定正式候选人名单。根据地方组织法的规定，地方人大进行选举时，初步候选人名单经过代表讨论、酝酿后，确定正式候选人名单有两种办法：一是如果主席团和代表联合提名推荐的候选人人数符合法定的差额数，由主席团将所有候选人列入正式候选人名单；二是如果主席团和代表联合提名推荐的候选人人数超过法定的差额数，由主席团提交代表酝酿、讨论后，进行预选，根据在预选中得票多少的顺序，按照选举办法规定的差额数，确定正式候选人名单。全国人大进行选举时，初步候选人名单经代表讨论、酝酿后，由主席团将全部候选人直接列入正式候选人名单。

关于正式候选人的差额比例，对正职领导人员的差额选举，地方组织法规定，地方人大选举人大常委会主任、秘书长、乡、镇人大主席，政府正职领导人员，监察委员会主任，法院院长和检察院检察长时，候选人人数一般应多1人，进行差额选举；如果提名的候选人只有1人，也可以等额选举。关于其他领导人员的差额选举，地方组织法规定，地方人大选举人大常委会副主任，乡、镇人大副主席，政府副职领导人员时，候选人人数应比应选人数多1人至3人；选举人大常委会委员时，候选人人数应比应选人数多1/10至1/5。具体差额数，由本级人大根据应选人数在选举办法中作出规定。

（4）投票选举。正式候选人名单确定后，由主席团提交代表投票选举。投票选举采取召开全体会议的形式进行。在召开大会全体会议进行投票选举前，需推选产生总监票人、监票人和计票人。选举一律采用无记名投票方式。代表投票选举时，对正式候选人名单上的候选人，可以投赞成票，可以投反对票，可以另选他人，也可以弃权。根据法律规定，各级人大选举，候选人均需获得全体代表过半数选票始得当选。大会的选举结果，由大会主席团以代表大会公告的形式向社会公布。

配 套

《中华人民共和国宪法》第62条；《中华人民共和国全国人民代表大会议事规则》第38-41条；《中华人民共和国地方各级人民代表大会和地方各级人民政府组织法》第25-30条；《中华人民共和国全国人民代表大会和地方各级人民代表大会选举法》第3、30-46条

第十二条 【决定和表决通过有关人选权】全国人民代表大会代表参加决定国务院组成人员和中央军事委员会副主席、委员的人选。

县级以上的各级人民代表大会代表参加表决通过本级人民代表大会各专门委员会组成人员的人选。

注 解

本条是关于县级以上的人大代表参加决定和表决通过有关人选的规定。与本法第11条规定的选举权不同，代表参加决定和表决通过本条规定的人选，不享有提名权，本条对这些人选的范围作出了规定。

应 用

17. 对决定任命的国家机关领导人员如何进行表决

根据我国宪法的规定，全国人大根据国家主席的提名，决定国务院总理的人选；根据国务院总理的提名，决定国务院副总理、国务委员、各部部长、各委员会主任、审计长、秘书长的人选；根据中央军事委员会主席的提名，决定中央军事委员会副主席和委员的人选。

决定任命同选举有所不同。决定任命的提名权属于国家主席、国务院总理或者中央军事委员会主席等特定主体，而不是由大会主席团或者代表联名提出。对于决定任命的人选，代表可以投赞成票，也可以投反对票或弃权票，但是不能另选他人。在其他程序上，两者基本相同，被提请任命的人员

获得超过全体代表过半数的赞成,始得当选。

国务院组成人员的人选经全国人大决定后,由国家主席以主席令的形式任命公布。中央军委除主席以外的其他组成人员的人选,经全国人大决定后,由大会主席团以全国人大公告的形式公布。

18. 专门委员会组成人员的任命如何进行表决

专门委员会由主任、副主任和委员组成。其人选由大会主席团在本级人民代表大会代表中提名,全体人大代表表决通过。

大会在表决人大各专门委员会组成人员的人选时,从全国人大的做法来看,通常采取合并表决的办法,即以每一个专门委员会的全体组成人员为表决对象,而不是逐人进行表决,表决方式采用举手表决或其他形式,具体的表决方法,由大会决定。目前全国人大一般采用无记名按表决器的方式。代表对本级人大各专门委员会组成人员的人选,可以投赞成票,也可以投反对票或者弃权票,不能另选他人。本级人大各专门委员会组成人员的人选经大会表决通过后,由大会主席团以人民代表大会公告的形式公布。

配套

《中华人民共和国宪法》第62、80条;《中华人民共和国全国人民代表大会组织法》第18、19、34条;《中华人民共和国全国人民代表大会议事规则》第38-41条

第十三条 【询问权】代表在审议议案和报告时,可以向本级有关国家机关提出询问。有关国家机关应当派负责人或者负责人员回答询问。

第十四条 【质询权】全国人民代表大会会议期间,一个代表团或者三十名以上的代表联名,有权书面提出对国务院和国务院各部、各委员会,最高人民法院,最高人民检察院的质询案。

县级以上的地方各级人民代表大会代表有权依照法律规定的程序提出对本级人民政府及其所属各部门,人民法院,人民检察院的质询案。

乡、民族乡、镇的人民代表大会代表有权依照法律规定的程序提出对本级人民政府的质询案。

质询案应当写明质询对象、质询的问题和内容。

质询案按照主席团的决定由受质询机关答复。提出质询案的代表半数以上对答复不满意的，可以要求受质询机关再作答复。

注解

质询是国家权力机关或者立法机关对行政机关等国家机关实行监督的一种重要形式，是指代表或者议员向行政机关等国家机关提出质问，由行政机关等国家机关的有关负责人依照法定程序作出公开的答复、答辩或者说明。

应用

19. 提出质询案的主体有哪些

根据本条第1款的规定，全国人大代表提出质询案，须1个代表团或者30名以上的代表联名。这样规定主要考虑：一是全国人大会议除了大会的全体会议之外，都是以代表团为基本单位开展各项工作的；二是有的省（自治区、直辖市）代表团的代表人数不足30名，如果只规定30名以上的代表联名才能提出质询案，会对一些代表的质询权构成限制。根据地方组织法第24条的规定，地方各级人民代表大会举行会议的时候，代表10人以上联名，可以提出质询案。

20. 对质询案的内容和形式有什么要求

质询案应当写明质询对象、质询的问题和内容，并以书面的形式提出。人大代表向政府和监察委员会、法院、检察院提出质询案，是一件严肃的事情，一经提出，就会有相应的法律后果产生。相关的文件要经过报送和转递，并在质询程序终结后存入档案，因此，要求以书面形式提出是完全必要的。至于质询的问题和内容，主要包括质询对象的哪些行为不当，理由是什么，要求受质询对象答复什么，等等。

关于提出质询案的具体范围，法律未作明确规定。原则上，质询案的内容应当同人大的法定职责和任务相一致。根据我国宪法及相关法律的规定，全国人大和地方人大的主要任务，是审议和决定国家或者本行政区域内的根本的、长远的和重大的问题。所以，人大的法律监督和工作监督，应当避免对监察委员会、法院和检察院职权范围内工作的不恰当干预，也不应拘泥于具体的、细枝末节的问题。

21. 对质询进行答复应注意哪些问题

一是关于质询的答复场合。代表提出的质询案,按照主席团的决定由受质询机关的负责人在主席团会议、有关的专门委员会会议或者有关的代表团会议上口头答复,或者由受质询机关书面答复。对代表依法提出的质询案,主席团应当决定由受质询的机关予以答复,但是,对答复的具体形式和场合,是书面答复还是口头答复,是在主席团会议上答复还是在有关的专门委员会会议或者代表团会议上答复,主席团可以根据质询的内容和会议的具体情况作出决定。

二是关于质询的答复形式。质询案以口头答复的,应当由受质询机关的负责人到会答复;质询案以书面答复的,应当由受质询机关的负责人签署,由主席团印发会议或者印发提质询案的代表。

三是关于再作答复,提出质询案的代表半数以上对答复不满意的,可以要求受质询机关再作答复。

配 套

《中华人民共和国宪法》第73条;《中华人民共和国全国人民代表大会组织法》第21、25、37条;《中华人民共和国全国人民代表大会议事规则》第48-50条;《中华人民共和国地方各级人民代表大会和地方各级人民政府组织法》第24条

第十五条　【罢免权】全国人民代表大会代表有权依照法律规定的程序提出对全国人民代表大会常务委员会组成人员,中华人民共和国主席、副主席,国务院组成人员,中央军事委员会组成人员,最高人民法院院长,最高人民检察院检察长的罢免案。

县级以上的地方各级人民代表大会代表有权依照法律规定的程序提出对本级人民代表大会常务委员会组成人员,人民政府组成人员,人民法院院长,人民检察院检察长的罢免案。

乡、民族乡、镇的人民代表大会代表有权依照法律规定的程序提出对本级人民代表大会主席、副主席和人民政府领导人员的罢免案。

罢免案应当写明罢免的理由。

注解

本条是关于代表提出罢免案的规定。罢免是指通过选举和任命产生的国家机关工作人员在其任期届满以前,由原选举或者决定任命他的机关依法定程序解除其职务。人大罢免国家机关的领导人员,是我国人民代表大会制度的一项重要内容。

应用

22. 提出罢免案的主体有哪些

根据本条第 1 款、第 2 款和第 3 款的规定,各级人大代表均有提出罢免案的权利。根据全国人大议事规则和地方组织法的相关规定,全国人大代表需 3 个以上的代表团或者 1/10 以上的代表联名,县级人大代表需 1/10 以上的代表联名,乡镇人大代表需 1/5 以上的代表联名,方可提出罢免案。之所以对县级以上人大代表和乡镇人大代表提出罢免案的联名人数作了不同比例的规定,主要是考虑到乡镇人大代表名额相对要少,将联名人数的比例规定得高一些,才能使提出罢免案的代表人数达到一定要求,从而体现罢免的严肃性。

由于罢免是重大的事项,对于罢免的提出主体的法定要求,显然较议案和质询案的提出而言,更为严格。以全国人大代表行使罢免权为例,根据相关法律的规定,1 个代表团或者 30 名以上的代表联名就可以提出议案或者质询案,但是只有 3 个以上的代表团或者 1/10 以上的代表联名,才可以提出罢免案。

23. 罢免的对象有哪些

根据本条第 1 款、第 2 款和第 3 款的规定,各级人大代表提出罢免案的对象,是由本级人大选举和任命的国家机关领导人员。

根据宪法以及本条第 1 款的规定,全国人大代表有权提出罢免案的对象,包括全国人大常委会组成人员、国家主席及副主席、国务院组成人员、中央军事委员会组成人员、国家监察委员会主任、最高人民法院院长和最高人民检察院检察长。根据宪法以及本条第 2 款的规定,县级以上的地方各级人大代表有权提出罢免案的对象,包括本级人大常委会组成人员、人民政府组成人员、监察委员会主任、人民法院院长和人民检察院检察长。根据本条第 3 款的规定,乡镇人大代表有权提出罢免案的对象,包括本级人大主席、副主席和人民政府领导人员。乡镇人大不设常委会，乡镇一级也不设法院和检察院，因此乡镇人大提出罢免案的对象与其选举和任命对象的范围是一致的，不包括人大常委会和法院、检察院。

24. 对罢免案如何进行处理

根据全国人大议事规则第44条和地方组织法第31条的规定，向县级以上的地方各级人民代表大会提出的罢免案，由主席团交会议审议后，提请全体会议表决；或者由主席团提议，经全体会议决定，组织调查委员会，由本级人民代表大会下次会议根据调查委员会的报告审议决定。根据上述规定，对县级以上各级代表提出的罢免案，法定的处理方式有两种，一种是直接由主席团交由会议审议后，提请全体大会代表表决；另一种是由主席团提议，经大会全体会议决定，组织调查委员会，由下次会议根据调查委员会的报告审议决定。后一种组织调查委员会的处理方式，主要适用于情况比较复杂，事实不清楚的罢免案，其目的是慎重行使罢免权，使罢免具有客观的事实基础。

根据全国人大议事规则第44条第3款和地方组织法第31条第4款的规定，罢免案提请大会全体会议表决前，被提出罢免的人员有权在主席团会议和大会全体会议上提出申辩意见，或者书面提出申辩意见，由主席团印发会议。给予被提出罢免案的人申辩的权利，是为了保证罢免的严肃性和客观性，体现公正和公平。

罢免案的表决，一般应采取无记名投票的方式，以全体代表的过半数通过，罢免案通过以后，被罢免的人员即被免除职务，罢免结果由大会主席团以大会公告的形式公布。

配 套

《中华人民共和国全国人民代表大会议事规则》第44条；《中华人民共和国地方各级人民代表大会和地方各级人民政府组织法》第31条

第十六条 【特定问题调查委员会】县级以上的各级人民代表大会代表有权依法提议组织关于特定问题的调查委员会。

应 用

25. 提议组织特定问题调查委员会的主体有哪些

根据本条的规定，县级以上地方各级人大代表可以提议组织特定问题的调查委员会。在人大会议期间，县级以上地方各级人大代表，可以针对大会难以及时作出决定的特定问题，提出组织关于该问题的调查委员会，通过调查研究，了解情况，向大会提供有关的报告，目的在于为大会就该问题作出决定服务。

全国人大议事规则第52条规定，全国人大代表提议组织特定问题调查委员会，须有3个以上的代表团或1/10以上代表联名，由主席团提请大会全体会议决定。地方组织法第36条规定，县级以上地方各级人大代表提议组织特定问题调查委员会，须有全体代表的1/10以上代表联名提议，并经主席团提请全体会议决定才能成立。县级以上地方各级人大代表联名提出组织关于特定问题的调查委员会，应当以书面的形式向本级人大提出。

26. 特定问题调查委员会的组成人员及职责有哪些

根据全国人大议事规则和地方组织法的相关规定，调查委员会由主任委员、副主任委员和委员组成，实行委员会制。调查委员会组成人员的人选由主席团在代表中提名，提请大会全体会议通过。调查委员会还可以聘请专家参加调查工作。

根据全国人大议事规则和地方组织法的相关规定，调查委员会在进行相关的调查研究后，应当就调研情况向本级人大提出调查报告。提出调查报告的目的是便于本级人大作出相应的决议。同级人大根据调查委员会报告说明的具体情况，应当就调查的相关问题作出决议，也可以授权它的常委会听取调查委员会的调查报告，常委会可以作出相应的决议，报人大下次会议备案。调查报告必须是书面形式的。调查报告的内容必须真实、可靠、公正、合法，不仅要有对相关情况的客观介绍，而且要有结论性意见。

根据宪法第71条第2款和全国人大议事规则第41条的规定，调查委员会进行调查的时候，一切有关的国家机关、社会团体和公民都有义务向它如实提供必要的材料。因此，在调查工作中，调查委员会有权向一切与调查的问题有关的国家机关、社会团体和公民个人进行调查，被调查者要承担如实提供必要材料的义务，不得拒绝，不得伪造、篡改、毁灭应提供的证据材料，并对提供的材料负相应的责任。提供材料的公民如要求调查委员会对材料来源保密，调查委员会应当予以保密，以保证被调查者能够大胆提供真实情况。调查委员会在调查过程中，可以不公布调查的情况和材料。

需要注意的是，特定问题调查委员会作为一种监督手段，不能包办甚至取代其他国家机关的职权。代表提出组成关于特定问题调查委员会的议案的，应在议案中明确调查问题的对象、事项以及调查的必要性、法律依据等。

配套

《中华人民共和国宪法》第71条；《中华人民共和国全国人民代表大会议事规则》第51-54条；《中华人民共和国地方各级人民代表大会和地方各级人民政府组织法》第36条

第十七条　【大会表决投票方式】代表参加本级人民代表大会表决，可以投赞成票，可以投反对票，也可以弃权。

应用

27. 表决的内容有哪些

根据本条规定，各级人大代表作为本级人大的组成人员，有权参加本级人大的各项表决，以参与本级人大的各项权力的行使。因此，各级人大代表的表决权和各级人大的职责是紧密联系的。一是表决立法案，全国人大代表有权参加宪法修正案和法律案、法律修正案的表决，地方各级人大代表有权参加制定和修改地方性法规的表决。二是表决人事任免案，全国人大代表根据国家主席的提名，表决决定国务院总理的人选；根据国务院总理的提名，表决决定国务院副总理、国务委员、各部部长、各委员会主任、审计长、秘书长的人选；根据中央军事委员会主席的提名，表决决定中央军事委员会其他组成人员的人选。地方各级人大代表可以参与表决选举和罢免本级国家机关的领导人员，包括常委会主任、副主任、秘书长、委员，乡镇人大主席、副主席，省长、副省长，自治区主席、副主席，市长、副市长，州长、副州长，县长、副县长，区长、副区长，乡长、副乡长，镇长、副镇长，监察委员会主任，人民法院院长，人民检察院检察长。三是表决本级国家机关的报告，全国和地方各级人大代表有权参加表决人大常委会、本级政府及其有关部门的报告、人民法院的工作报告、人民检察院的工作报告。四是表决重大问题的决定案，各级人大代表均有权决定本行政区域内的重大问题。

28. 表决的程序是如何规定的

具体来说，表决程序包括以下几个环节：一是由大会主席团决定表决采用的方式。大会主席团在表决前应当依法选择和决定表决方式，可供选择的法定表决方式包括投票方式、举手方式、按电子表决器等方式。二是对于法律规定或者主席团决定以投票方式表决的，应当采取秘密无记名投票的表决方式，如表决选举案、罢免案等。表决票的内容，应当具有区分明确的赞成、反对、弃权三种选择。

29. 通过表决的法定票数有什么要求

在人民代表大会的表决制度中，全体代表的过半数通过原则是各级人民代表大会行使职权、决定问题的一个原则。我国的宪法和相关法律规定了这一原则。

根据我国宪法第64条第2款的规定，法律和其他议案由全国人民代表大会以全体代表的过半数通过。根据全国人大议事规则第59条第1款的规定，全国人民代表大会表决议案，由全体代表的过半数通过。在全国人民代表大会，只有两种例外情况不适用过半数通过的原则，一是根据我国宪法第64条第1款的规定，宪法的修改，由全国人民代表大会以全体代表的2/3以上多数通过。二是根据宪法第60条的规定，全国人民代表大会的任期届满时，如果遇到不能进行选举的非常情况，由全国人大常委会以全体组成人员的2/3以上的多数通过，可以推迟选举，延长本届全国人民代表大会的任期。根据地方组织法第25条的规定，地方各级人大进行选举和通过决议，以全体代表的过半数通过。

配 套

《中华人民共和国宪法》第60、62、64条；《中华人民共和国全国人民代表大会议事规则》第59条；《中华人民共和国地方各级人民代表大会和地方各级人民政府组织法》第25、28条；《中华人民共和国全国人民代表大会和地方各级人民代表大会选举法》第52、53、55条

第十八条 【提出建议、批评和意见权】 代表有权向本级人民代表大会提出对各方面工作的建议、批评和意见。建议、批评和意见应当明确具体，注重反映实际情况和问题。

应用

30. 代表提出建议、批评和意见的内容包括哪些

关于代表提出的建议、批评和意见的具体内容，法律没有明确规定。从实践中看，代表的建议、批评和意见范围很广，主要包括以下几个方面：一是法律规定属于人民代表大会职权范围内的问题，包括立法问题，如建议尽快制定或修改某项法律或者地方性法规；监督问题，如对"一府两院"的执法情况提出批评和意见；以及对全国或者本行政区域内带有根本性、长远性和重大性的问题的决策提出建议、批评和意见。二是关于人大会议中的各项工作，如在审议议案和报告中发现的问题，以及常委会的其他各项工作问题。三是关于发展和完善人民代表大会制度的重大问题。四是涉及国家方针政策的一些问题。五是关于政府职权范围内工作的问题和有关国家机关工作人员的失职行为。六是人民群众关心的其他"热点"问题。七是代表在执行代表职务过程中发现的问题，等等。

配套

《中华人民共和国全国人民代表大会组织法》第46条；《中华人民共和国全国人民代表大会议事规则》第32条；《中华人民共和国地方各级人民代表大会和地方各级人民政府组织法》第42条；《全国人民代表大会建议、批评和意见处理办法》第4-9条

第三章　代表在本级人民代表大会闭会期间的活动

第十九条　【闭会期间代表活动组织主体】县级以上的各级人民代表大会常务委员会组织本级人民代表大会代表开展闭会期间的活动。

县级以上的地方各级人民代表大会常务委员会受上一级人民代表大会常务委员会的委托，组织本级人民代表大会选举产生的上一级人民代表大会代表开展闭会期间的活动。

乡、民族乡、镇的人民代表大会主席、副主席根据主席团的安排，组织本级人民代表大会代表开展闭会期间的活动。

应 用

31. 代表在闭会期间的活动主要有哪些

闭会期间的活动主要有六大类：组织代表小组活动，进行视察和专题调研，参加常委会的执法检查，列席本级和下级人大的有关会议，向人大常委会提出议案和建议、批评和意见，以及采取多种方式听取人民群众意见等。

配 套

《中华人民共和国地方各级人民代表大会和地方各级人民政府组织法》第18条；本法第20条

第二十条 【闭会期间活动形式】代表在闭会期间的活动以集体活动为主，以代表小组活动为基本形式。代表可以通过多种方式听取、反映原选区选民或者原选举单位的意见和要求。

应 用

32. 代表闭会期间活动的形式有哪些

宪法、全国人大组织法、地方组织法和代表法对代表闭会期间的活动的具体内容和形式作出了规定，包括：统一视察、持证视察、专题调研、列席常委会会议和专门委员会会议、参加常委会组织的执法检查和其他活动，列席原选举单位的代表大会会议或者应邀列席其常委会会议、联系原选区选民或者原选举单位等。这些活动大多是采取集体活动的方式，有组织地进行。

本条还规定，代表可以通过多种方式听取、反映原选区选民或者原选举单位的意见和要求。代表在闭会期间的活动，以集体活动为主，以代表小组活动为基本形式，但不限于集体活动和代表小组活动，代表个人也可以依法开展活动。实践证明，走访、座谈、持代表证就地进行视察、设立代表信箱或者电子信箱等方式是行之有效的，既能取得听取意见的实效，又符合代表兼职的特点。实践中，代表密切与原选区选民或者原选举单位和人民群众的联系，各地还有一些其他的尝试，应当进一步总结提高，不断增强活动的实效。代表在闭会期间无论采取什么方式活动，其目的都在于听取、反映原选区选民或者原选举单位的意见和要求，应讲求实效、求真务实，不搞形式主义，不追求轰动效应。代表在了解到人民群众的有关意见后，应当负责向当地人大常委会或者有关部门反映，并主动出主意、提建议。对于一些不正确的意见和要求，或者不了解的问题，代表应当做好宣传解释工作。

配 套

《中华人民共和国地方各级人民代表大会和地方各级人民政府组织法》第43条

第二十一条 【代表小组】县级以上的各级人民代表大会代表，在本级或者下级人民代表大会常务委员会协助下，可以按照便于组织和开展活动的原则组成代表小组。

县级以上的各级人民代表大会代表，可以参加下级人民代表大会代表的代表小组活动。

第二十二条 【代表视察】县级以上的各级人民代表大会代表根据本级人民代表大会常务委员会的安排，对本级或者下级国家机关和有关单位的工作进行视察。乡、民族乡、镇的人民代表大会代表根据本级人民代表大会主席团的安排，对本级人民政府和有关单位的工作进行视察。

代表按前款规定进行视察，可以提出约见本级或者下级有关国家机关负责人。被约见的有关国家机关负责人或者由他委托的负责人员应当听取代表的建议、批评和意见。

代表可以持代表证就地进行视察。县级以上的地方各级人民代表大会常务委员会或者乡、民族乡、镇的人民代表大会主席团根据代表的要求，联系安排本级或者上级的代表持代表证就地进行视察。

代表视察时，可以向被视察单位提出建议、批评和意见，但不直接处理问题。

> 应用

33. 代表是否可以就视察中出现的问题直接处理

代表在进行视察时，如遇到具体问题，可以向被视察单位提出建议、批评和意见，但不直接处理问题。代表进行视察，特别是进行人大常委会统一安排的视察，其目的是了解视察单位的基本情况，通过被视察单位的典型例子，进一步对全面情况加以了解，而不在于当场解决被视察单位存在的具体问题。

有一种看法认为，人大代表视察，也是代表行使监督权的一种方式。这种看法是不够确切的。按照宪法和法律的规定，人民代表大会是国家权力机关，国家的行政机关、监察机关、审判机关和检察机关都由人民代表大会产生，对它负责，受它监督。监督权是全体人大代表组成的人民代表大会集体行使的，大会闭会期间，是由代表大会的常设机关人大常委会来行使的，这就是"集体行使职权"原则的具体体现，这是由我国人民代表大会制度的性质所决定的。在实际工作中，许多国家机关重视代表视察，主动检查工作中的不足，认真改进工作，代表视察起到了推动有关部门工作的作用。但是这与人大行使监督权在性质上是有所不同的。解决视察中发现的问题属于被视察单位或者其主管部门的职权，人大及其常委会有权监督有关单位的工作和执行宪法和法律、法规的情况，但代表个人并没有这种职权，更不能越权去直接解决问题。代表法将人大代表在视察中不直接处理问题作为法律条文加以确定，应当说不仅人大代表在视察中要这样做，在其他场合也是如此。也就是说，国家权力不可由个人行使，即使是代表也只能依法行使属于代表的各项权利，但代表个人不能行使国家权力。

所以代表法从我国国家权力机关的性质特点和组织原则出发，总结人大代表工作的实践，明确规定代表在视察中不直接处理问题。但在视察过程中，可以向被视察单位提出建议、批评和意见，由被视察单位作出答复。对于各级人大常委会来说，在代表视察结束后，应抓好对代表视察中提出的建议的办理，做到规范化、制度化，这是增强视察实效的重要一环。

> 配套

《中华人民共和国全国人民代表大会和地方各级人民代表大会代表法》第24、42条；《中华人民共和国各级人民代表大会常务委员会监督法》第10条

第二十三条 【专题调研】代表根据安排,围绕经济社会发展和关系人民群众切身利益、社会普遍关注的重大问题,开展专题调研。

配套

《中华人民共和国各级人民代表大会常务委员会监督法》第10条

第二十四条 【代表视察、专题调研报告的处理】代表参加视察、专题调研活动形成的报告,由本级人民代表大会常务委员会办事机构或者乡、民族乡、镇的人民代表大会主席团转交有关机关、组织。对报告中提出的意见和建议的研究处理情况应当向代表反馈。

第二十五条 【提议临时召集会议权】代表有权依照法律规定的程序提议临时召集本级人民代表大会会议。

注解

按照代表法的有关规定,人大代表在本级人民代表大会闭会期间,如果认为存在非常紧急而又必须由人民代表大会作出决定的问题,就可以临时召集本级人民代表大会会议。

应用

34. 对代表提议临时召集人大会议的人数有何要求

代表提议临时召集本级人大会议,不是任何一个代表一经提议就可召集。宪法第61条规定,如果"有五分之一以上的全国人民代表大会代表提议,可以临时召集全国人民代表大会会议"。地方组织法第14条规定,地方各级人民代表大会经过五分之一以上代表提议,可以临时召集本级人民代表大会会议。宪法和法律之所以对提议临时召集大会会议的法定人数作出严格要求,是因为全国人大作为最高国家权力机关,地方各级人大作为地方各级国家权力机关,其会议的召开是全国或者本行政区内人民政治生活中的大事,会引起各方面的关注,其作出的决定往往会影响到人民群众切身利益,因此需要特别慎重。

> 配 套

《中华人民共和国宪法》第61条；《中华人民共和国地方各级人民代表大会和地方各级人民政府组织法》第14条

第二十六条　【列席常委会会议及参加常委会活动】县级以上的各级人民代表大会代表可以应邀列席本级人民代表大会常务委员会会议、本级人民代表大会各专门委员会会议，参加本级人民代表大会常务委员会组织的执法检查和其他活动。乡、民族乡、镇的人民代表大会代表参加本级人民代表大会主席团组织的执法检查和其他活动。

> 配 套

《中华人民共和国全国人民代表大会常务委员会议事规则》第11、43、44条；《中华人民共和国各级人民代表大会常务委员会监督法》第24条

第二十七条　【列席原选举单位会议】全国人民代表大会代表，省、自治区、直辖市、自治州、设区的市的人民代表大会代表可以列席原选举单位的人民代表大会会议，并可以应邀列席原选举单位的人民代表大会常务委员会会议。

> 注 解

本条是关于全国人大代表，省级和自治州、设区的市的人大代表列席原选举单位人大及其常委会会议的规定。本条规定中所涉及的这几级人大代表，除解放军代表和全国人大代表中的香港、澳门和台湾代表外，都是通过间接选举由各选举单位选举产生的。因此他们有与原选举单位保持联系，接受原选举单位监督的责任。同时原选举单位的人大常委会是其常设机关，在本级大会闭会期间，有权对本行政区范围内的重大问题作出决议或决定。因此代表法规定，全国人大代表，省级和自治州、设区的市的人大代表可以列席原选举单位人大或者应邀列席其常委会会议。

> **配套**

《中华人民共和国全国人民代表大会组织法》第44条；《中华人民共和国地方各级人民代表大会和地方各级人民政府组织法》第43条

第二十八条 【闭会期间参加特定问题调查委员会】县级以上的各级人民代表大会代表根据本级人民代表大会或者本级人民代表大会常务委员会的决定，参加关于特定问题的调查委员会。

> **注解**

本条是对代表在本级人大闭会期间参加关于特定问题的调查委员会的规定。特定问题调查权是国家权力机关的一项重要职权。我国宪法、全国人大组织法、全国人大议事规则、全国人大常委会议事规则、地方组织法、监督法等法律都对关于特定问题的调查委员会作了规定，本法第16条对县级以上的各级人大代表有权依法提议组织关于特定问题的调查委员会作了规定，本条则对代表在闭会期间参加关于特定问题的调查委员会作了规定。

> **配套**

《中华人民共和国宪法》第71条；《中华人民共和国地方各级人民代表大会和地方各级人民政府组织法》第36、37条；《中华人民共和国各级人民代表大会常务委员会监督法》第39-43条；《中华人民共和国全国人民代表大会议事规则》第51-54条；《中华人民共和国全国人民代表大会组织法》第41条；《中华人民共和国全国人民代表大会常务委员会议事规则》第32条

第二十九条 【闭会期间提出建议、批评和意见】代表在本级人民代表大会闭会期间，有权向本级人民代表大会常务委员会或者乡、民族乡、镇的人民代表大会主席团提出对各方面工作的建议、批评和意见。建议、批评和意见应当明确具体，注重反映实际情况和问题。

配套

《中华人民共和国全国人民代表大会组织法》第46条；《中华人民共和国地方各级人民代表大会和地方各级人民政府组织法》第42条；《全国人民代表大会建议、批评和意见处理办法》第2、4、7、9条

第三十条 【乡级人大代表闭会期间活动】乡、民族乡、镇的人民代表大会代表在本级人民代表大会闭会期间，根据统一安排，开展调研等活动；组成代表小组，分工联系选民，反映人民群众的意见和要求。

注解

本条是对乡级人大代表在本级人大闭会期间进行活动的规定。人大代表参加行使国家权力，最基本的就是在本级人大会议上依法行使职权。除此之外，人大代表还应在闭会期间积极开展代表活动。由于人大及其常委会全体会议每年召开的次数和会期都有限，在闭会期间的大量时间内，代表活动成为代表行使权利、履行义务、执行代表职务、进一步发挥代表作用的重要内容。2010年修改代表法，不仅增加了关于县级以上各级人大代表在闭会期间活动的内容，对乡级人大代表在闭会期间的活动也作了补充和完善。

应用

35. 乡级人大代表组成代表小组有哪些规定

本法第20条规定："代表在闭会期间的活动以集体活动为主，以代表小组活动为基本形式。"代表小组是代表在闭会期间履行代表职责、执行代表职务的重要形式。地方组织法第43条第3款规定，县、自治县、不设区的市、市辖区、乡、民族乡、镇的人民代表大会代表分工联系选民，有代表3人以上的居民地区或者生产单位可以组织代表小组。

乡级人大不设常委会，根据本法第19条第3款的规定，乡、民族乡、镇的人民代表大会主席、副主席根据主席团的安排，组织本级人民代表大会代表开展闭会期间的活动，因此，组成代表小组应当由乡级人大进行指导，具体由乡级人大主席、副主席负责组织，当然，县级人大及其常委会也可以给予一定的指导和帮助。在组建代表小组时，要尊重代表的意愿，让代表自

105

愿组成代表小组，以便发挥代表的积极性；要坚持便于组织、便于活动的原则，组成代表小组要以方便开展代表活动为前提，坚持小型、多样、灵活、就地的原则；要设立召集人，负责召集、组织、协调本组的工作。

配套

本法第 19、20 条；《中华人民共和国地方各级人民代表大会和地方各级人民政府组织法》第 43 条

第四章　代表执行职务的保障

第三十一条　【代表言论免责权】 代表在人民代表大会各种会议上的发言和表决，不受法律追究。

注解

本条是关于人大代表言论免责权的规定。言论免责权，又称言论自由特殊保护，是指人大代表在人大会议中的一切言论和表决不受任何其他机关的法律追究，这是人大代表履行职责的一项重要法律保障。

配套

《中华人民共和国宪法》第 75 条；《中华人民共和国全国人民代表大会组织法》第 48 条；《中华人民共和国地方各级人民代表大会和地方各级人民政府组织法》第 39 条

第三十二条　【代表人身自由特殊法律保护】 县级以上的各级人民代表大会代表，非经本级人民代表大会主席团许可，在本级人民代表大会闭会期间，非经本级人民代表大会常务委员会许可，不受逮捕或者刑事审判。如果因为是现行犯被拘留，执行拘留的机关应当立即向该级人民代表大会主席团或者人民代表大会常务委员会报告。

对县级以上的各级人民代表大会代表，如果采取法律规定的其他限制人身自由的措施，应当经该级人民代表大会主席团或者

人民代表大会常务委员会许可。

人民代表大会主席团或者常务委员会受理有关机关依照本条规定提请许可的申请,应当审查是否存在对代表在人民代表大会各种会议上的发言和表决进行法律追究,或者对代表提出建议、批评和意见等其他执行职务行为打击报复的情形,并据此作出决定。

乡、民族乡、镇的人民代表大会代表,如果被逮捕、受刑事审判、或者被采取法律规定的其他限制人身自由的措施,执行机关应当立即报告乡、民族乡、镇的人民代表大会。

应用

36. 人大代表人身自由特殊法律保护的具体程序是怎样规定的

本条对人大代表人身自由特殊法律保护的具体程序作了详细规定,主要是:

第一,县级以上的各级人大代表如果涉嫌犯罪,需要予以逮捕或者刑事审判,在人大会议期间,必须事先报经大会主席团许可;在大会闭会期间,必须事先报经人大常委会许可。大会主席团或者常委会不同意逮捕或者刑事审判的,有关机关不能对该代表进行逮捕和刑事审判。

对于现行犯,采取事后报告的制度。因为现行犯是正在预备犯罪、实施犯罪或在犯罪后即时被发现的犯罪嫌疑人,需要立即予以拘留。如果因为代表是现行犯被拘留,来不及报请许可的,执行拘留的机关应当立即向该级人大会议主席团或者常委会报告。大会主席团或者常委会认为拘留不当或者影响国家权力机关正常运转的,执行拘留的机关应当立即予以释放。

第二,有关机关如果对县级以上的各级人大代表采取除逮捕和刑事审判以外、法律规定的其他限制人身自由的措施,如行政拘留、监视居住、取保候审、司法拘留等,也应经过该级人民代表大会主席团或者常委会的许可。因为这些措施与逮捕、刑事审判一样,同样会影响到代表执行代表职务。

第三,关于许可审查的标准。考虑到赋予代表人身自由特殊法律保护权的初衷,是防止有关机关和个人对代表的发言和表决进行法律追究,或者对代表执行职务的其他行为打击报复,因此,人大主席团或者常委会受理有关机关提请许可的申请后,应当审查是否存在对代表在人民代表大会各种会议上的发言和表决进行法律追究,或者对代表提出建议、批评和意见等其他执行职务行为打击报复的情形，并据此作出决定。明确审查许可申请的标准，有利于进一步保障代表依法行权履职，保证国家权力机关正常运转，维护国家权力机关的权威。

第四，乡级人大代表与县级以上各级人大代表的人身自由特殊法律保护的规定有所不同，即乡级人大代表如果被逮捕、受刑事审判，或者被采取法律规定的其他限制人身自由的措施，执行机关应当立即报告乡级人大，但不必经其批准或者许可。这里采取的是事后通报制，而不是事前许可制。

宪法和法律规定人大代表享有人身自由特殊法律保护的权利，其目的在于保证人大代表依法执行代表职务，防止对代表进行打击报复。这是我国根本政治制度在代表地位上的具体体现，有关机关应当认真保护这一权利，严格按照法律的规定提请许可或者及时报告。人大代表享有人身自由特殊法律保护权，但并不意味着代表是特殊公民，有超越法律之外的特权。代表如果有违法犯罪行为，同样要受到法律的制裁。

配 套

《中华人民共和国宪法》第74条；《中华人民共和国全国人民代表大会组织法》第49条；《中华人民共和国地方各级人民代表大会和地方各级人民政府组织法》第40条

第三十三条 【执行代表职务的时间保障】 代表在本级人民代表大会闭会期间，参加由本级人民代表大会常务委员会或者乡、民族乡、镇的人民代表大会主席团安排的代表活动，代表所在单位必须给予时间保障。

配 套

本法第34条

第三十四条 【执行代表职务的物质保障】 代表按照本法第三十三条的规定执行代表职务，其所在单位按正常出勤对待，享受所在单位的工资和其他待遇。

无固定工资收入的代表执行代表职务，根据实际情况由本级财政给予适当补贴。

> 配套

《中华人民共和国全国人民代表大会组织法》第47条；《中华人民共和国地方各级人民代表大会和地方各级人民政府组织法》第41条

第三十五条 【代表活动经费保障】代表的活动经费，应当列入本级财政预算予以保障，专款专用。

第三十六条 【人大常委会与本级代表保持联系】县级以上的各级人民代表大会常务委员会应当采取多种方式同本级人民代表大会代表保持联系，扩大代表对本级人民代表大会常务委员会活动的参与。

> 应用

37. 各级人大常委会同本级人大代表保持联系的方式有哪些

全国和地方各级人大常委会不断探索、总结联系代表工作的经验和方法，扩大代表对常委会活动的参与，形成了一套行之有效的制度和办法。主要有如下几种方式：

第一，邀请代表列席常委会会议。常委会召开会议时，邀请对会议议题比较熟悉的部分代表列席会议，参加讨论，直接听取代表的意见。

第二，常委会在审议重要议案以及作出重大决议、决定之前，根据需要，将草案印发代表征求意见。

第三，举行代表座谈会。常委会组成人员以及各专门委员会、办事机构的工作人员在调查研究时，同当地的代表座谈或走访代表，向他们介绍常委会的工作情况，听取他们对各方面工作的建议和意见，并及时向常委会汇报。

第四，组织代表进行集中视察，办理人大代表提出的建议、批评和意见，接受和处理代表的来信来访。

第五，吸收代表参加专题调研、执法检查。常委会或者人大各专门委员会围绕经济社会发展，就关系改革发展稳定大局和群众切身利益、社会普遍关注的重大问题开展专题调研或者执法检查，可以吸收有关代表参加。

第六，代表参加视察、专题调研形成的报告，由本级人大常委会办事机构转交有关机关、组织研究处理。研究处理的情况要向代表反馈。

第七，及时将常委会通过的法律、法规和决议、决定印发给代表；定期给代表寄送公报、期刊等参考资料，让代表了解常委会工作和有关方面的情况。

第八，常委会听取的专项工作报告、国民经济和社会发展计划执行情况报告、预算执行情况报告和审计工作报告及其审议意见，人民政府、人民法院或者人民检察院对审议意见研究处理情况或者执行决议情况的报告，向本级人大代表通报并向社会公布。

配套

《中华人民共和国各级人民代表大会常务委员会监督法》第14条第2款、第20条第2款、第24条、第27条第2款

第三十七条 【代表执行职务的组织保障】 县级以上的地方各级人民代表大会常务委员会，应当为本行政区域内的代表执行代表职务提供必要的条件。

应用

38. 各级人大常委会为本级人大代表在大会期间执行职务提供哪些条件

各级人大常委会为本级人大代表在大会期间执行职务提供条件，最主要的就是做好会议的组织和准备工作。会议前的准备工作包括：提出会议议程草案；提出主席团和秘书长名单草案；决定会议列席人员名单；在会议召开前将开会日期和建议会议讨论的主要事项通知代表；其他准备事项等。另外，还要召开好预备会议，选举大会主席团和秘书长，通过会议议程和其他事项等，使大会有条不紊，井然有序地进行，从而做到既发扬民主，又提高议事效率。

39. 各级人大常委会为本级人大代表在大会闭会期间执行职务提供哪些条件

闭会期间，县级以上的地方各级人大常委会负责组织本级人大代表开展活动，还要为代表执行代表职务提供必要条件，主要包括：第一，联系安排代表进行统一视察或者持代表证就地进行视察，并解决有关交通、食宿、接待等问题；第二，人大代表在视察中提出约见本级或者下级有关国家机关负责人时，联系安排约见；第三，协助代表按照便于组织和开展活动的原则成立代表小组，帮助拟定活动计划，安排必要的活动场所；第四，为代表密切联系人民群众，通过多种方式听取、反映原选区选民或者原选举单位的意见

和要求提供必要的帮助；第五，为由选民直接选举的代表以多种形式向原选区选民报告履职情况提供必要的帮助；第六，及时将常委会通过的法律法规、决议和决定印发给代表，定期给代表寄送公报、期刊等参考资料，让代表了解常委会工作和有关方面的情况。

配套

本法第19-23、45条

第三十八条　【代表知情权的保障】 县级以上的各级人民代表大会常务委员会，各级人民政府和人民法院、人民检察院，应当及时向本级人民代表大会代表通报工作情况，提供信息资料，保障代表的知情权。

第三十九条　【代表履职学习】 县级以上的各级人民代表大会常务委员会应当有计划地组织代表参加履职学习，协助代表全面熟悉人民代表大会制度、掌握履行代表职务所需的法律知识和其他专业知识。

乡、民族乡、镇的人民代表大会代表可以参加上级人民代表大会常务委员会组织的代表履职学习。

第四十条　【各级常委会为代表集体提供服务】 县级以上的各级人民代表大会常务委员会的办事机构和工作机构是代表执行代表职务的集体服务机构，为代表执行代表职务提供服务保障。

配套

本法第36-38、42、43条

第四十一条　【代表证的制发】 为了便于代表执行代表职务，各级人民代表大会可以为本级人民代表大会代表制发代表证。

第四十二条　【代表建议、批评和意见的办理】 有关机关、组织应当认真研究办理代表建议、批评和意见，并自交办之日起三个月内答复。涉及面广、处理难度大的建议、批评和意见，应当自交办之日起六个月内答复。

有关机关、组织在研究办理代表建议、批评和意见的过程中，应当与代表联系沟通，充分听取意见。

代表建议、批评和意见的办理情况，应当向本级人民代表大会常务委员会或者乡、民族乡、镇的人民代表大会主席团报告，并印发下一次人民代表大会会议。代表建议、批评和意见办理情况的报告，应当予以公开。

注解

本条是关于代表建议、批评和意见办理的规定。根据宪法的规定，我国公民对于任何国家机关和国家工作人员，具有提出意见、批评和建议的权利。但是，作为人大代表，在享有普通公民所具有的这项权利的同时，还享有与普通公民不同的作为国家权力机关组成人员所特有的建议、批评和意见的权利。人大代表享有的这项权利，是基于人大代表这一特殊身份而产生的，即人大代表提出建议、批评和意见，是在行使代表职权。因此，对人大代表提出的建议、批评和意见，有关机关和组织必须认真研究和办理，并负责答复人大代表本人。人大代表提出建议、批评和意见，反映人民群众的意见和要求，本质上是代表人民参与管理国家事务。正因如此，不仅要用法律的形式保障人大代表提出的建议、批评和意见，而且要用法律的形式对人大代表提出的建议、批评和意见的研究办理加以规定，使人大代表提出的建议、批评和意见能够得到认真的办理和答复，使人民群众的意见和要求能够得到有关机关、组织的回应。

应用

40. 对有关机关、组织研究办理代表建议、批评和意见的时限有什么规定

按照法律的规定，有关机关、组织应当认真研究办理代表建议、批评和意见，并自交办之日起3个月内答复。涉及面广、处理难度大的建议、批评和意见，应当自交办之日起6个月内答复。这个规定包含了研究办理代表建议、批评和意见的办理时限及其时间起算。

按照代表法的规定，研究办理代表建议、批评和意见，是自交办之日起算。实践当中，人大代表提出建议、批评和意见，一般都是由各级人大常委

会的办事机构交给有关的机关、组织。这就要求常委会办事机构及时将代表的建议、批评和意见送交有关机关、组织。

配套

《中华人民共和国宪法》第27、41条；《中华人民共和国地方各级人民代表大会和地方各级人民政府组织法》第22、42条

第四十三条 【对少数民族代表执行职务的帮助和照顾】少数民族代表执行代表职务时，有关部门应当在语言文字、生活习惯等方面给予必要的帮助和照顾。

第四十四条 【组织和个人支持代表执行职务的义务】 一切组织和个人都必须尊重代表的权利，支持代表执行代表职务。

有义务协助代表执行代表职务而拒绝履行义务的，有关单位应当予以批评教育，直至给予行政处分。

阻碍代表依法执行代表职务的，根据情节，由所在单位或者上级机关给予行政处分，或者适用《中华人民共和国治安管理处罚法》第五十条的处罚规定；以暴力、威胁方法阻碍代表依法执行代表职务的，依照刑法有关规定追究刑事责任。

对代表依法执行代表职务进行打击报复的，由所在单位或者上级机关责令改正或者给予行政处分；国家工作人员进行打击报复构成犯罪的，依照刑法有关规定追究刑事责任。

第五章 对代表的监督

第四十五条 【代表接受原选区选民或者原选举单位的监督】代表应当采取多种方式经常听取人民群众对代表履职的意见，回答原选区选民或者原选举单位对代表工作和代表活动的询问，接受监督。

由选民直接选举的代表应当以多种方式向原选区选民报告履

职情况。县级人民代表大会常务委员会和乡、民族乡、镇的人民代表大会主席团应当定期组织本级人民代表大会代表向原选区选民报告履职情况。

应用

41. 代表接受监督的途径有哪些

（1）代表应当采取多种方式经常听取人民群众对代表履职的意见。代表应当加强与人民群众的联系，通过多种方式、多种渠道听取人民群众对自己履行代表职责的意见，自觉接受监督。实践中，代表采取座谈、走访以及利用人大代表电子信箱、人大网站、热线电话等多种方式收集意见，密切与原选区选民或者原选举单位的联系，听取人民群众对自己履职的意见和建议。

（2）代表应当回答原选区选民或者原选举单位对代表工作和代表活动的询问。间接选举的人大代表应当回答原选举单位对代表工作和代表活动的询问；由选民直接选举的人大代表应当回答原选区选民对代表工作和代表活动的询问。回答询问，是原选区选民或者原选举单位了解代表工作情况的一条重要途径，也是加强代表监督的有效方式。询问的内容应当是代表工作和代表活动情况，代表回答既可以采取口头方式，也可以采取书面方式。

（3）由选民直接选举的代表应当以多种方式向原选区选民报告履职情况。直接选举产生的代表，即不设区的市、市辖区、县、自治县、乡、民族乡、镇的人大代表，应当向选举产生他的选区的选民报告执行代表职务、开展代表活动的情况。

代表的各项法定职权的行使情况和各项法定义务的履行情况，都是选民和选举单位监督的内容。即看代表是否模范地遵守宪法和法律，保守国家秘密；是否在自己参加的生产、工作和社会活动中，协助宪法和法律的实施；是否与原选举单位或选民保持密切联系，听取和反映人民群众的意见和要求，回答他们的询问，努力为人民服务；是否忠实履行代表职责，认真负责地行使代表权利。

配套

《中华人民共和国宪法》第 102 条；《中华人民共和国全国人民代表大会和地方各级人民代表大会选举法》第 36 条

第四十六条 【个人职业活动与执行代表职务关系处理】 代表应当正确处理从事个人职业活动与执行代表职务的关系,不得利用执行代表职务干涉具体司法案件或者招标投标等经济活动牟取个人利益。

第四十七条 【选民或者原选举单位罢免代表】 选民或者选举单位有权依法罢免自己选出的代表。被提出罢免的代表有权出席罢免该代表的会议提出申辩意见,或者书面提出申辩意见。

应 用

42. 罢免代表的理由主要有哪些

我国法律对罢免的理由没有具体明确的规定。在实践当中,罢免的理由可以分为以下四种:(1)违法犯罪,如违反治安管理处罚法、触犯刑法、违反保守国家秘密法等。(2)违反纪律,如违反党纪、各种工作纪律、代表纪律等。(3)道德上有瑕疵,如生活作风不正、损人利己、缺乏社会公德、捐款承诺不兑现等。(4)工作不称职,既可以是本职工作,也可以是代表工作。我国的代表一般是兼职代表,代表不能本职工作长期平平,甚至不符合一般标准,没有起到模范带头作用,或者代表没有积极执行代表职务,不能充分反映原选区选民或者原选举单位的意见和要求,丧失代表作用等。罢免代表,应提出罢免的理由。

43. 罢免代表的程序是怎样的

代表法对罢免代表的程序未作规定,选举法第十章"对代表的监督和罢免、辞职、补选"中对此作了具体的规定。根据选举法的规定,对于县级的人大代表,原选区选民50人以上联名,对于乡级的人大代表,原选区选民30人以上联名,可以向县级人大常委会书面提出罢免要求。县级以上的地方各级人民代表大会举行会议的时候,主席团或者1/10以上代表联名,可以提出对由该级人民代表大会选出的上一级人大代表的罢免案。在人民代表大会闭会期间,县级以上的地方各级人大常委会主任会议或者常委会1/5以上组成人员联名,可以向常委会提出对由该级人民代表大会选出的上一级人大代表的罢免案。罢免代表采用无记名的表决方式。罢免县级和乡级的人大代表,须经原选区过半数的选民通过。罢免由县级以上的地方各级人民代表大

115

会选出的代表,须经各该级人民代表大会过半数的代表通过;在代表大会闭会期间,须经常委会组成人员的过半数通过。罢免的决议,须报送上一级人大常委会备案、公告。人民解放军选出的全国和县级以上地方各级人大的代表,受选民和原选举单位的监督。对于县级人大代表,原选区选民 10 人以上联名,可以向旅、团级选举委员会书面提出罢免要求,由原选区过半数的选民通过。对于由军人代表大会选举产生的人大代表,团级以上单位的选举委员会可以提出对由该级军人代表大会选出的人大代表的罢免案,由该级军人代表大会全体代表的过半数通过。被提出罢免的代表可以出席上述会议提出申辩意见或者书面提出申辩意见。罢免的决议须报同级人大常委会和军队上一级选举委员会备案、公告。

配 套

《中华人民共和国宪法》第 77 条;《中华人民共和国全国人民代表大会和地方各级人民代表大会选举法》第 49-54 条

第四十八条 【代表暂停执行职务的情形】代表有下列情形之一的,暂时停止执行代表职务,由代表资格审查委员会向本级人民代表大会常务委员会或者乡、民族乡、镇的人民代表大会报告:

(一)因刑事案件被羁押正在受侦查、起诉、审判的;

(二)被依法判处管制、拘役或者有期徒刑而没有附加剥夺政治权利,正在服刑的。

前款所列情形在代表任期内消失后,恢复其执行代表职务,但代表资格终止者除外。

注 解

本条是关于代表暂时停止执行代表职务的规定。根据本法的规定,如果代表因犯罪被法院判决剥夺政治权利,随着判决的生效,该代表的代表资格即行终止。如果代表的罪比较轻,法院判决处以有期徒刑、拘役或者管制,而没有附加剥夺政治权利,该代表仍然保留着代表资格。原选区选民或者原选举单位认为该代表不适合继续担任代表职务,可以依照法律规定的程序罢免该代表。原选区选民或者原选举单位如果未罢免该代表，就会出现一方面该代表被依法剥夺或者限制人身自由，另一方面作为人大代表又应当履行代表职责、执行代表职务的矛盾。如果这样的代表参加人民代表大会或者在闭会期间执行代表职务，既有损法律和司法机关的权威性，也有损国家权力机关的形象。为避免这种情况的发生，本法作出了代表暂停执行代表职务的规定。

应 用

44. 代表暂时停止执行职务的情形有哪些

根据本条的规定，代表暂时停止执行代表职务有两种情形：（1）因刑事案件被羁押正在受侦查、起诉、审判的。如果代表被指控犯有刑事犯罪，依据刑事诉讼法的规定被拘留、逮捕正在受侦查、起诉、审判，由于其被羁押丧失人身自由，失去了继续执行代表职务的条件，因而在被羁押期间暂时停止执行代表职务。例如，代表在代表大会期间因刑事案件被羁押的，在被羁押期间不能继续参加代表大会的审议和其他各项活动。（2）被依法判处管制、拘役或者有期徒刑而没有附加剥夺政治权利，正在服刑的。如果代表所犯罪行较轻，被依法判处管制、拘役或者有期徒刑而没有附加剥夺政治权利，在没有其他限制条件的情况下，代表资格仍然有效，代表仍然可以执行代表职务。但由于被判处管制、拘役或者有期徒刑后，代表的人身自由已经丧失，执行代表职务的条件也不复存在，因而法律规定代表在服刑期间，暂时停止执行代表职务。

配 套

本法第32、49条

第四十九条　【代表资格终止的情形】代表有下列情形之一的，其代表资格终止：

（一）地方各级人民代表大会代表迁出或者调离本行政区域的；

（二）辞职被接受的；

（三）未经批准两次不出席本级人民代表大会会议的；

（四）被罢免的；

（五）丧失中华人民共和国国籍的；

（六）依照法律被剥夺政治权利的；

（七）丧失行为能力的。

应用

45. 怎样理解本条规定的代表资格终止的几种情形

（1）地方各级人民代表大会代表迁出或者调离本行政区域的。选举法第57条第2款规定，地方各级人民代表大会代表在任期内调离或迁出本行政区域的，其代表资格自行终止，缺额另行补选。"迁出"是指代表的住所迁出本行政区域，如某省人大代表从甲省迁到乙省居住。一般来说，调离和迁出是一致的，工作单位调离本行政区域时，其住所也迁出该行政区域。但有时两者并不是一致的，工作单位调离本行政区域，其住所并不迁出该行政区域；住所迁出本行政区域，但工作单位仍在该行政区域内。这种情况在大中城市的区县比较普遍。这种情况是否认定代表资格自行终止，要具体分析。代表短期外出（包括出国）学习、考察、接受培训、工作，也不能按调离或者迁出处理。代表在任期内调离或者迁出本行政区域，代表资格自行终止，仅适用于地方各级人大代表，不适用于全国人大代表。"调离"是指代表因工作单位变动而调离本行政区域，如某省人大代表从甲省调入乙省工作。下面几种情况不属于调离：①原工作单位归本行政区领导，工作单位变动后，新的工作单位不属于本行政区领导，但新的工作单位的住所仍然在本行政区域内的。如某市人大代表调到省里工作，省里的工作单位仍然在该市。②因工作单位变动而调离原选区或原选举单位，但新的工作单位仍然在本行政区域内的。如某省代表由甲县选举产生，现从本省的甲县调到乙县工作，其代表资格仍然有效。又如由中国人民解放军选举出席省人大代表，转业、复员后，工作单位仍然在该省的。③其他在本行政区域内变动工作单位的情况。

（2）辞职被接受的。选举法第55条规定，全国人民代表大会代表，省、自治区、直辖市、设区的市、自治州的人民代表大会代表，可以向选举他的人民代表大会的常务委员会书面提出辞职。常务委员会接受辞职，须经常务委员会组成人员的过半数通过。接受辞职的决议，须报送上一级人民代表大会常务委员会备案、公告。县级的人民代表大会代表可以向本级人民代表大会常务委员会书面提出辞职，乡级的人民代表大会代表可以向本级人民代表大会书面提出辞职。接受辞职的，应当予以公告。代表辞职是代表在其任期内主动请求终止自己代表职务的行为。代表提出辞职并不直接生效，而要经过人大常委会或者乡镇人大决定接受辞职并通过接受辞职的决议后，方才生效，并在公告后其代表资格终止。

（3）未经批准两次不出席本级人民代表大会会议的。人大代表通过参加会议，发表意见，也是行使人民委托的权力，体现选民的利益和意志的主要形式。如果代表无故不参加人民代表大会会议，则无法实现人民委托行使的权力，是一种失职行为。因此，本条规定，代表未经批准两次不出席本次人民代表大会会议的，代表资格终止。

（4）被罢免的。本法第47条规定，选民或者选举单位有权依法罢免自己选出的代表。人大代表如果被罢免，说明其已经失去了原选区选民或者原选举单位的信任，说明原选区选民或者原选举单位已不再认为该代表能够代表人民的利益和意志，参加行使国家权力了。这种情况下，代表法规定被罢免的代表资格终止是对人民选择的一种法律确认。

（5）丧失中华人民共和国国籍的。丧失中国国籍，不再是中华人民共和国公民，也就不享有选举权和被选举权，其担任人大代表的前提条件已经不复存在。因此，本法规定，丧失中华人民共和国国籍的，其代表资格终止。

（6）依照法律被剥夺政治权利的。根据刑法的有关规定，对于被判处死刑、无期徒刑的犯罪分子，应当附加剥夺政治权利终身；对于危害国家安全的犯罪分子应当附加剥夺政治权利；对于故意杀人、强奸、放火、爆炸、投毒、抢劫等严重破坏社会秩序的犯罪分子，可以附加剥夺政治权利。剥夺政治权利意味着选举权和被选举权、担任国家机关职务的权利都将被剥夺。代表是以享有选举权和被选举权为前提的，同时代表属于国家职务，因而被剥夺政治权利，代表资格自然终止。

（7）丧失行为能力的。人大代表代表人民的意志和利益，受人民委托行使国家权力，参加人民代表大会会议期间和闭会期间的各项活动。如果代表丧失行为能力，则无法正常执行代表职务，更无法代表人民的意志和利益行使国家权力。因此，2010年代表法修改增加规定，代表丧失行为能力的，代表资格终止。

> 配套

《中华人民共和国宪法》第33、34条；《中华人民共和国全国人民代表大会和地方各级人民代表大会选举法》第57条第2款、第55条；《中华人民共和国刑法》第54、56、57条

第五十条　【代表资格终止的程序】县级以上的各级人民代表大会代表资格的终止，由代表资格审查委员会报本级人民代表大会常务委员会，由本级人民代表大会常务委员会予以公告。

乡、民族乡、镇的人民代表大会代表资格的终止，由代表资格审查委员会报本级人民代表大会，由本级人民代表大会予以公告。

> 配套

《中华人民共和国全国人民代表大会组织法》第3条；《中华人民共和国地方各级人民代表大会和地方各级人民政府组织法》第37、56、57条

第六章　附　　则

第五十一条　【制定实施办法授权】省、自治区、直辖市的人民代表大会及其常务委员会可以根据本法和本行政区域的实际情况，制定实施办法。

第五十二条　【施行时间】本法自公布之日起施行。

配套法规

中华人民共和国宪法

（1982年12月4日第五届全国人民代表大会第五次会议通过 1982年12月4日全国人民代表大会公告公布施行 根据1988年4月12日第七届全国人民代表大会第一次会议通过的《中华人民共和国宪法修正案》、1993年3月29日第八届全国人民代表大会第一次会议通过的《中华人民共和国宪法修正案》、1999年3月15日第九届全国人民代表大会第二次会议通过的《中华人民共和国宪法修正案》、2004年3月14日第十届全国人民代表大会第二次会议通过的《中华人民共和国宪法修正案》和2018年3月11日第十三届全国人民代表大会第一次会议通过的《中华人民共和国宪法修正案》修正）

目 录

序言
第一章 总 纲
第二章 公民的基本权利和义务
第三章 国家机构
　第一节 全国人民代表大会
　第二节 中华人民共和国主席
　第三节 国务院
　第四节 中央军事委员会

第五节　地方各级人民代表大会和地方各级人民政府
第六节　民族自治地方的自治机关
第七节　监察委员会
第八节　人民法院和人民检察院
第四章　国旗、国歌、国徽、首都

序　　言

中国是世界上历史最悠久的国家之一。中国各族人民共同创造了光辉灿烂的文化，具有光荣的革命传统。

一八四〇年以后，封建的中国逐渐变成半殖民地、半封建的国家。中国人民为国家独立、民族解放和民主自由进行了前仆后继的英勇奋斗。

二十世纪，中国发生了翻天覆地的伟大历史变革。

一九一一年孙中山先生领导的辛亥革命，废除了封建帝制，创立了中华民国。但是，中国人民反对帝国主义和封建主义的历史任务还没有完成。

一九四九年，以毛泽东主席为领袖的中国共产党领导中国各族人民，在经历了长期的艰难曲折的武装斗争和其他形式的斗争以后，终于推翻了帝国主义、封建主义和官僚资本主义的统治，取得了新民主主义革命的伟大胜利，建立了中华人民共和国。从此，中国人民掌握了国家的权力，成为国家的主人。

中华人民共和国成立以后，我国社会逐步实现了由新民主主义到社会主义的过渡。生产资料私有制的社会主义改造已经完成，人剥削人的制度已经消灭，社会主义制度已经确立。工人阶级领导的、以工农联盟为基础的人民民主专政，实质上即无产阶级专政，得到巩固和发展。中国人民和中国人民解放军战胜了帝国主义、霸权主义的侵略、破坏和武装挑衅，维护了国家的独立和安全，增强了国防。经济建设取得了重大的成就，独立的、比较完整的社会主义工业体系已经基本形成，农业生产显著提高。教育、科学、文化等事业有了很大的发展，社会主义思想教育取得了明显的成效。广大人民的生活有了较大的改善。

中国新民主主义革命的胜利和社会主义事业的成就，是中国共产党领导中国各族人民，在马克思列宁主义、毛泽东思想的指引下，坚持真理，修正错误，战胜许多艰难险阻而取得的。我国将长期处于社会主义初级阶段。国家的根本任务是，沿着中国特色社会主义道路，集中力量进行社会主义现代化建设。中国各族人民将继续在中国共产党领导下，在马克思列宁主义、毛泽东思想、邓小平理论、"三个代表"重要思想、科学发展观、习近平新时代中国特色社会主义思想指引下，坚持人民民主专政，坚持社会主义道路，坚持改革开放，不断完善社会主义的各项制度，发展社会主义市场经济，发展社会主义民主，健全社会主义法治，贯彻新发展理念，自力更生，艰苦奋斗，逐步实现工业、农业、国防和科学技术的现代化，推动物质文明、政治文明、精神文明、社会文明、生态文明协调发展，把我国建设成为富强民主文明和谐美丽的社会主义现代化强国，实现中华民族伟大复兴。

在我国，剥削阶级作为阶级已经消灭，但是阶级斗争还将在一定范围内长期存在。中国人民对敌视和破坏我国社会主义制度的国内外的敌对势力和敌对分子，必须进行斗争。

台湾是中华人民共和国的神圣领土的一部分。完成统一祖国的大业是包括台湾同胞在内的全中国人民的神圣职责。

社会主义的建设事业必须依靠工人、农民和知识分子，团结一切可以团结的力量。在长期的革命、建设、改革过程中，已经结成由中国共产党领导的，有各民主党派和各人民团体参加的，包括全体社会主义劳动者、社会主义事业的建设者、拥护社会主义的爱国者、拥护祖国统一和致力于中华民族伟大复兴的爱国者的广泛的爱国统一战线，这个统一战线将继续巩固和发展。中国人民政治协商会议是有广泛代表性的统一战线组织，过去发挥了重要的历史作用，今后在国家政治生活、社会生活和对外友好活动中，在进行社会主义现代化建设、维护国家的统一和团结的斗争中，将进一步发挥它的重要作用。中国共产党领导的多党合作和政治协商制度将长期存在和发展。

中华人民共和国是全国各族人民共同缔造的统一的多民族国家。平等团结互助和谐的社会主义民族关系已经确立，并将继续加强。在维护民族团结的斗争中，要反对大民族主义，主要是大汉族主义，也要反对地方民族主义。国家尽一切努力，促进全国各民族的共同繁荣。

中国革命、建设、改革的成就是同世界人民的支持分不开的。中国的前途是同世界的前途紧密地联系在一起的。中国坚持独立自主的对外政策，坚持互相尊重主权和领土完整、互不侵犯、互不干涉内政、平等互利、和平共处的五项原则，坚持和平发展道路，坚持互利共赢开放战略，发展同各国的外交关系和经济、文化交流，推动构建人类命运共同体；坚持反对帝国主义、霸权主义、殖民主义，加强同世界各国人民的团结，支持被压迫民族和发展中国家争取和维护民族独立、发展民族经济的正义斗争，为维护世界和平和促进人类进步事业而努力。

本宪法以法律的形式确认了中国各族人民奋斗的成果，规定了国家的根本制度和根本任务，是国家的根本法，具有最高的法律效力。全国各族人民、一切国家机关和武装力量、各政党和各社会团体、各企业事业组织，都必须以宪法为根本的活动准则，并且负有维护宪法尊严、保证宪法实施的职责。

第一章 总　　纲

第一条　【国体】中华人民共和国是工人阶级领导的、以工农联盟为基础的人民民主专政的社会主义国家。

社会主义制度是中华人民共和国的根本制度。中国共产党领导是中国特色社会主义最本质的特征。禁止任何组织或者个人破坏社会主义制度。

第二条　【政体】中华人民共和国的一切权力属于人民。

人民行使国家权力的机关是全国人民代表大会和地方各级人民代表大会。

人民依照法律规定，通过各种途径和形式，管理国家事务，管理经济和文化事业，管理社会事务。

第三条 【民主集中制原则】中华人民共和国的国家机构实行民主集中制的原则。

全国人民代表大会和地方各级人民代表大会都由民主选举产生，对人民负责，受人民监督。

国家行政机关、监察机关、审判机关、检察机关都由人民代表大会产生，对它负责，受它监督。

中央和地方的国家机构职权的划分，遵循在中央的统一领导下，充分发挥地方的主动性、积极性的原则。

第四条 【民族政策】中华人民共和国各民族一律平等。国家保障各少数民族的合法的权利和利益，维护和发展各民族的平等团结互助和谐关系。禁止对任何民族的歧视和压迫，禁止破坏民族团结和制造民族分裂的行为。

国家根据各少数民族的特点和需要，帮助各少数民族地区加速经济和文化的发展。

各少数民族聚居的地方实行区域自治，设立自治机关，行使自治权。各民族自治地方都是中华人民共和国不可分离的部分。

各民族都有使用和发展自己的语言文字的自由，都有保持或者改革自己的风俗习惯的自由。

第五条 【法治原则】中华人民共和国实行依法治国，建设社会主义法治国家。

国家维护社会主义法制的统一和尊严。

一切法律、行政法规和地方性法规都不得同宪法相抵触。

一切国家机关和武装力量、各政党和各社会团体、各企业事业组织都必须遵守宪法和法律。一切违反宪法和法律的行为，必须予以追究。

任何组织或者个人都不得有超越宪法和法律的特权。

第六条 【经济制度与分配制度】中华人民共和国的社会主义经济制度的基础是生产资料的社会主义公有制，即全民所有制和劳动群众集体所有制。社会主义公有制消灭人剥削人的制度，实行各尽所能、按劳分配的原则。

国家在社会主义初级阶段，坚持公有制为主体、多种所有制经济共同发展的基本经济制度，坚持按劳分配为主体、多种分配方式并存的分配制度。

第七条　【国有经济】国有经济，即社会主义全民所有制经济，是国民经济中的主导力量。国家保障国有经济的巩固和发展。

第八条　【集体经济】农村集体经济组织实行家庭承包经营为基础、统分结合的双层经营体制。农村中的生产、供销、信用、消费等各种形式的合作经济，是社会主义劳动群众集体所有制经济。参加农村集体经济组织的劳动者，有权在法律规定的范围内经营自留地、自留山、家庭副业和饲养自留畜。

城镇中的手工业、工业、建筑业、运输业、商业、服务业等行业的各种形式的合作经济，都是社会主义劳动群众集体所有制经济。

国家保护城乡集体经济组织的合法的权利和利益，鼓励、指导和帮助集体经济的发展。

第九条　【自然资源】矿藏、水流、森林、山岭、草原、荒地、滩涂等自然资源，都属于国家所有，即全民所有；由法律规定属于集体所有的森林和山岭、草原、荒地、滩涂除外。

国家保障自然资源的合理利用，保护珍贵的动物和植物。禁止任何组织或者个人用任何手段侵占或者破坏自然资源。

第十条　【土地制度】城市的土地属于国家所有。

农村和城市郊区的土地，除由法律规定属于国家所有的以外，属于集体所有；宅基地和自留地、自留山，也属于集体所有。

国家为了公共利益的需要，可以依照法律规定对土地实行征收或者征用并给予补偿。

任何组织或者个人不得侵占、买卖或者以其他形式非法转让土地。土地的使用权可以依照法律的规定转让。

一切使用土地的组织和个人必须合理地利用土地。

第十一条　【非公有制经济】在法律规定范围内的个体经济、私营经济等非公有制经济，是社会主义市场经济的重要组成部分。

国家保护个体经济、私营经济等非公有制经济的合法的权利和利益。

国家鼓励、支持和引导非公有制经济的发展，并对非公有制经济依法实行监督和管理。

第十二条 【公共财产不可侵犯】社会主义的公共财产神圣不可侵犯。

国家保护社会主义的公共财产。禁止任何组织或者个人用任何手段侵占或者破坏国家的和集体的财产。

第十三条 【保护私有财产】公民的合法的私有财产不受侵犯。

国家依照法律规定保护公民的私有财产权和继承权。

国家为了公共利益的需要，可以依照法律规定对公民的私有财产实行征收或者征用并给予补偿。

第十四条 【发展生产与社会保障】国家通过提高劳动者的积极性和技术水平，推广先进的科学技术，完善经济管理体制和企业经营管理制度，实行各种形式的社会主义责任制，改进劳动组织，以不断提高劳动生产率和经济效益，发展社会生产力。

国家厉行节约，反对浪费。

国家合理安排积累和消费，兼顾国家、集体和个人的利益，在发展生产的基础上，逐步改善人民的物质生活和文化生活。

国家建立健全同经济发展水平相适应的社会保障制度。

第十五条 【市场经济】国家实行社会主义市场经济。

国家加强经济立法，完善宏观调控。

国家依法禁止任何组织或者个人扰乱社会经济秩序。

第十六条 【国有企业】国有企业在法律规定的范围内有权自主经营。

国有企业依照法律规定，通过职工代表大会和其他形式，实行民主管理。

第十七条 【集体经济组织】集体经济组织在遵守有关法律的前提下，有独立进行经济活动的自主权。

集体经济组织实行民主管理，依照法律规定选举和罢免管理人员，决定经营管理的重大问题。

第十八条 【外资经济】中华人民共和国允许外国的企业和其他经

济组织或者个人依照中华人民共和国法律的规定在中国投资，同中国的企业或者其他经济组织进行各种形式的经济合作。

在中国境内的外国企业和其他外国经济组织以及中外合资经营的企业，都必须遵守中华人民共和国的法律。它们的合法的权利和利益受中华人民共和国法律的保护。

第十九条　【教育事业】 国家发展社会主义的教育事业，提高全国人民的科学文化水平。

国家举办各种学校，普及初等义务教育，发展中等教育、职业教育和高等教育，并且发展学前教育。

国家发展各种教育设施，扫除文盲，对工人、农民、国家工作人员和其他劳动者进行政治、文化、科学、技术、业务的教育，鼓励自学成才。

国家鼓励集体经济组织、国家企业事业组织和其他社会力量依照法律规定举办各种教育事业。

国家推广全国通用的普通话。

第二十条　【科技事业】 国家发展自然科学和社会科学事业，普及科学和技术知识，奖励科学研究成果和技术发明创造。

第二十一条　【医疗、卫生与体育事业】 国家发展医疗卫生事业，发展现代医药和我国传统医药，鼓励和支持农村集体经济组织、国家企业事业组织和街道组织举办各种医疗卫生设施，开展群众性的卫生活动，保护人民健康。

国家发展体育事业，开展群众性的体育活动，增强人民体质。

第二十二条　【文化事业】 国家发展为人民服务、为社会主义服务的文学艺术事业、新闻广播电视事业、出版发行事业、图书馆博物馆文化馆和其他文化事业，开展群众性的文化活动。

国家保护名胜古迹、珍贵文物和其他重要历史文化遗产。

第二十三条　【人才培养】 国家培养为社会主义服务的各种专业人才，扩大知识分子的队伍，创造条件，充分发挥他们在社会主义现代化建设中的作用。

第二十四条　【精神文明建设】 国家通过普及理想教育、道德教育、文化教育、纪律和法制教育，通过在城乡不同范围的群众中制定和执行各种守则、公约，加强社会主义精神文明的建设。

国家倡导社会主义核心价值观，提倡爱祖国、爱人民、爱劳动、爱科学、爱社会主义的公德，在人民中进行爱国主义、集体主义和国际主义、共产主义的教育，进行辩证唯物主义和历史唯物主义的教育，反对资本主义的、封建主义的和其他的腐朽思想。

第二十五条　【计划生育】国家推行计划生育，使人口的增长同经济和社会发展计划相适应。

第二十六条　【环境保护】国家保护和改善生活环境和生态环境，防治污染和其他公害。

国家组织和鼓励植树造林，保护林木。

第二十七条　【国家机关工作原则】一切国家机关实行精简的原则，实行工作责任制，实行工作人员的培训和考核制度，不断提高工作质量和工作效率，反对官僚主义。

一切国家机关和国家工作人员必须依靠人民的支持，经常保持同人民的密切联系，倾听人民的意见和建议，接受人民的监督，努力为人民服务。

国家工作人员就职时应当依照法律规定公开进行宪法宣誓。

第二十八条　【维护社会秩序】国家维护社会秩序，镇压叛国和其他危害国家安全的犯罪活动，制裁危害社会治安、破坏社会主义经济和其他犯罪的活动，惩办和改造犯罪分子。

第二十九条　【武装力量】中华人民共和国的武装力量属于人民。它的任务是巩固国防，抵抗侵略，保卫祖国，保卫人民的和平劳动，参加国家建设事业，努力为人民服务。

国家加强武装力量的革命化、现代化、正规化的建设，增强国防力量。

第三十条　【行政区划】中华人民共和国的行政区域划分如下：

（一）全国分为省、自治区、直辖市；

（二）省、自治区分为自治州、县、自治县、市；

（三）县、自治县分为乡、民族乡、镇。

直辖市和较大的市分为区、县。自治州分为县、自治县、市。

自治区、自治州、自治县都是民族自治地方。

第三十一条　【特别行政区】国家在必要时得设立特别行政区。在特别行政区内实行的制度按照具体情况由全国人民代表大会以法律规定。

第三十二条　【对外国人的保护】中华人民共和国保护在中国境内的外国人的合法权利和利益，在中国境内的外国人必须遵守中华人民共和国的法律。

中华人民共和国对于因为政治原因要求避难的外国人，可以给予受庇护的权利。

第二章　公民的基本权利和义务

第三十三条　【公民权】凡具有中华人民共和国国籍的人都是中华人民共和国公民。

中华人民共和国公民在法律面前一律平等。

国家尊重和保障人权。

任何公民享有宪法和法律规定的权利，同时必须履行宪法和法律规定的义务。

第三十四条　【选举权和被选举权】中华人民共和国年满十八周岁的公民，不分民族、种族、性别、职业、家庭出身、宗教信仰、教育程度、财产状况、居住期限，都有选举权和被选举权；但是依照法律被剥夺政治权利的人除外。

第三十五条　【基本政治自由】中华人民共和国公民有言论、出版、集会、结社、游行、示威的自由。

第三十六条　【信仰自由】中华人民共和国公民有宗教信仰自由。

任何国家机关、社会团体和个人不得强制公民信仰宗教或者不信仰宗教，不得歧视信仰宗教的公民和不信仰宗教的公民。

国家保护正常的宗教活动。任何人不得利用宗教进行破坏社会秩序、损害公民身体健康、妨碍国家教育制度的活动。

宗教团体和宗教事务不受外国势力的支配。

第三十七条 【人身自由】中华人民共和国公民的人身自由不受侵犯。

任何公民,非经人民检察院批准或者决定或者人民法院决定,并由公安机关执行,不受逮捕。

禁止非法拘禁和以其他方法非法剥夺或者限制公民的人身自由,禁止非法搜查公民的身体。

第三十八条 【人格尊严及保护】中华人民共和国公民的人格尊严不受侵犯。禁止用任何方法对公民进行侮辱、诽谤和诬告陷害。

第三十九条 【住宅权】中华人民共和国公民的住宅不受侵犯。禁止非法搜查或者非法侵入公民的住宅。

第四十条 【通信自由和秘密权】中华人民共和国公民的通信自由和通信秘密受法律的保护。除因国家安全或者追查刑事犯罪的需要,由公安机关或者检察机关依照法律规定的程序对通信进行检查外,任何组织或者个人不得以任何理由侵犯公民的通信自由和通信秘密。

第四十一条 【公民的监督权和取得赔偿权】中华人民共和国公民对于任何国家机关和国家工作人员,有提出批评和建议的权利;对于任何国家机关和国家工作人员的违法失职行为,有向有关国家机关提出申诉、控告或者检举的权利,但是不得捏造或者歪曲事实进行诬告陷害。

对于公民的申诉、控告或者检举,有关国家机关必须查清事实,负责处理。任何人不得压制和打击报复。

由于国家机关和国家工作人员侵犯公民权利而受到损失的人,有依照法律规定取得赔偿的权利。

第四十二条 【劳动权利和义务】中华人民共和国公民有劳动的权利和义务。

国家通过各种途径,创造劳动就业条件,加强劳动保护,改善劳动条件,并在发展生产的基础上,提高劳动报酬和福利待遇。

劳动是一切有劳动能力的公民的光荣职责。国有企业和城乡集体经济组织的劳动者都应当以国家主人翁的态度对待自己的劳动。国家提倡社会主义劳动竞赛，奖励劳动模范和先进工作者。国家提倡公民从事义务劳动。

国家对就业前的公民进行必要的劳动就业训练。

第四十三条　【劳动者的休息权】中华人民共和国劳动者有休息的权利。

国家发展劳动者休息和休养的设施，规定职工的工作时间和休假制度。

第四十四条　【退休制度】国家依照法律规定实行企业事业组织的职工和国家机关工作人员的退休制度。退休人员的生活受到国家和社会的保障。

第四十五条　【获得救济的权利】中华人民共和国公民在年老、疾病或者丧失劳动能力的情况下，有从国家和社会获得物质帮助的权利。国家发展为公民享受这些权利所需要的社会保险、社会救济和医疗卫生事业。

国家和社会保障残废军人的生活，抚恤烈士家属，优待军人家属。

国家和社会帮助安排盲、聋、哑和其他有残疾的公民的劳动、生活和教育。

第四十六条　【受教育的权利和义务】中华人民共和国公民有受教育的权利和义务。

国家培养青年、少年、儿童在品德、智力、体质等方面全面发展。

第四十七条　【文化活动自由】中华人民共和国公民有进行科学研究、文学艺术创作和其他文化活动的自由。国家对于从事教育、科学、技术、文学、艺术和其他文化事业的公民的有益于人民的创造性工作，给以鼓励和帮助。

第四十八条　【男女平等】中华人民共和国妇女在政治的、经济的、文化的、社会的和家庭的生活等各方面享有同男子平等的权利。

国家保护妇女的权利和利益，实行男女同工同酬，培养和选拔妇女干部。

第四十九条　【婚姻家庭制度】婚姻、家庭、母亲和儿童受国家的保护。

夫妻双方有实行计划生育的义务。

父母有抚养教育未成年子女的义务，成年子女有赡养扶助父母的义务。

禁止破坏婚姻自由，禁止虐待老人、妇女和儿童。

第五十条 【华侨、归侨的权益保障】中华人民共和国保护华侨的正当的权利和利益，保护归侨和侨眷的合法的权利和利益。

第五十一条 【公民自由和权利的限度】中华人民共和国公民在行使自由和权利的时候，不得损害国家的、社会的、集体的利益和其他公民的合法的自由和权利。

第五十二条 【维护国家统一和民族团结的义务】中华人民共和国公民有维护国家统一和全国各民族团结的义务。

第五十三条 【遵纪守法的义务】中华人民共和国公民必须遵守宪法和法律，保守国家秘密，爱护公共财产，遵守劳动纪律，遵守公共秩序，尊重社会公德。

第五十四条 【维护祖国的安全、荣誉和利益的义务】中华人民共和国公民有维护祖国的安全、荣誉和利益的义务，不得有危害祖国的安全、荣誉和利益的行为。

第五十五条 【保卫国家和服兵役的义务】保卫祖国、抵抗侵略是中华人民共和国每一个公民的神圣职责。

依照法律服兵役和参加民兵组织是中华人民共和国公民的光荣义务。

第五十六条 【纳税的义务】中华人民共和国公民有依照法律纳税的义务。

第三章 国家机构

第一节 全国人民代表大会

第五十七条 【全国人大的性质及常设机关】中华人民共和国全国人民代表大会是最高国家权力机关。它的常设机关是全国人民代表大会常务委员会。

第五十八条　【国家立法权的行使主体】全国人民代表大会和全国人民代表大会常务委员会行使国家立法权。

第五十九条　【全国人大的组成及选举】全国人民代表大会由省、自治区、直辖市、特别行政区和军队选出的代表组成。各少数民族都应当有适当名额的代表。

全国人民代表大会代表的选举由全国人民代表大会常务委员会主持。

全国人民代表大会代表名额和代表产生办法由法律规定。

第六十条　【全国人大的任期】全国人民代表大会每届任期五年。

全国人民代表大会任期届满的两个月以前，全国人民代表大会常务委员会必须完成下届全国人民代表大会代表的选举。如果遇到不能进行选举的非常情况，由全国人民代表大会常务委员会以全体组成人员的三分之二以上的多数通过，可以推迟选举，延长本届全国人民代表大会的任期。在非常情况结束后一年内，必须完成下届全国人民代表大会代表的选举。

第六十一条　【全国人大的会议制度】全国人民代表大会会议每年举行一次，由全国人民代表大会常务委员会召集。如果全国人民代表大会常务委员会认为必要，或者有五分之一以上的全国人民代表大会代表提议，可以临时召集全国人民代表大会会议。

全国人民代表大会举行会议的时候，选举主席团主持会议。

第六十二条　【全国人大的职权】全国人民代表大会行使下列职权：

（一）修改宪法；

（二）监督宪法的实施；

（三）制定和修改刑事、民事、国家机构的和其他的基本法律；

（四）选举中华人民共和国主席、副主席；

（五）根据中华人民共和国主席的提名，决定国务院总理的人选；根据国务院总理的提名，决定国务院副总理、国务委员、各部部长、各委员会主任、审计长、秘书长的人选；

（六）选举中央军事委员会主席；根据中央军事委员会主席的提名，

决定中央军事委员会其他组成人员的人选；

（七）选举国家监察委员会主任；

（八）选举最高人民法院院长；

（九）选举最高人民检察院检察长；

（十）审查和批准国民经济和社会发展计划和计划执行情况的报告；

（十一）审查和批准国家的预算和预算执行情况的报告；

（十二）改变或者撤销全国人民代表大会常务委员会不适当的决定；

（十三）批准省、自治区和直辖市的建置；

（十四）决定特别行政区的设立及其制度；

（十五）决定战争和和平的问题；

（十六）应当由最高国家权力机关行使的其他职权。

第六十三条 【全国人大的罢免权】全国人民代表大会有权罢免下列人员：

（一）中华人民共和国主席、副主席；

（二）国务院总理、副总理、国务委员、各部部长、各委员会主任、审计长、秘书长；

（三）中央军事委员会主席和中央军事委员会其他组成人员；

（四）国家监察委员会主任；

（五）最高人民法院院长；

（六）最高人民检察院检察长。

第六十四条 【宪法的修改及法律案的通过】宪法的修改，由全国人民代表大会常务委员会或者五分之一以上的全国人民代表大会代表提议，并由全国人民代表大会以全体代表的三分之二以上的多数通过。

法律和其他议案由全国人民代表大会以全体代表的过半数通过。

第六十五条 【全国人大常委会的组成及选举】全国人民代表大会常务委员会由下列人员组成：

委员长，

副委员长若干人，

秘书长，

委员若干人。

全国人民代表大会常务委员会组成人员中,应当有适当名额的少数民族代表。

全国人民代表大会选举并有权罢免全国人民代表大会常务委员会的组成人员。

全国人民代表大会常务委员会的组成人员不得担任国家行政机关、监察机关、审判机关和检察机关的职务。

第六十六条　【全国人大常委会的任期】全国人民代表大会常务委员会每届任期同全国人民代表大会每届任期相同,它行使职权到下届全国人民代表大会选出新的常务委员会为止。

委员长、副委员长连续任职不得超过两届。

第六十七条　【全国人大常委会的职权】全国人民代表大会常务委员会行使下列职权:

(一)解释宪法,监督宪法的实施;

(二)制定和修改除应当由全国人民代表大会制定的法律以外的其他法律;

(三)在全国人民代表大会闭会期间,对全国人民代表大会制定的法律进行部分补充和修改,但是不得同该法律的基本原则相抵触;

(四)解释法律;

(五)在全国人民代表大会闭会期间,审查和批准国民经济和社会发展计划、国家预算在执行过程中所必须作的部分调整方案;

(六)监督国务院、中央军事委员会、国家监察委员会、最高人民法院和最高人民检察院的工作;

(七)撤销国务院制定的同宪法、法律相抵触的行政法规、决定和命令;

(八)撤销省、自治区、直辖市国家权力机关制定的同宪法、法律和行政法规相抵触的地方性法规和决议;

(九)在全国人民代表大会闭会期间,根据国务院总理的提名,决定部长、委员会主任、审计长、秘书长的人选;

(十)在全国人民代表大会闭会期间,根据中央军事委员会主席的提名,决定中央军事委员会其他组成人员的人选;

（十一）根据国家监察委员会主任的提请，任免国家监察委员会副主任、委员；

（十二）根据最高人民法院院长的提请，任免最高人民法院副院长、审判员、审判委员会委员和军事法院院长；

（十三）根据最高人民检察院检察长的提请，任免最高人民检察院副检察长、检察员、检察委员会委员和军事检察院检察长，并且批准省、自治区、直辖市的人民检察院检察长的任免；

（十四）决定驻外全权代表的任免；

（十五）决定同外国缔结的条约和重要协定的批准和废除；

（十六）规定军人和外交人员的衔级制度和其他专门衔级制度；

（十七）规定和决定授予国家的勋章和荣誉称号；

（十八）决定特赦；

（十九）在全国人民代表大会闭会期间，如果遇到国家遭受武装侵犯或者必须履行国际间共同防止侵略的条约的情况，决定战争状态的宣布；

（二十）决定全国总动员或者局部动员；

（二十一）决定全国或者个别省、自治区、直辖市进入紧急状态；

（二十二）全国人民代表大会授予的其他职权。

第六十八条 【全国人大常委会的工作分工】全国人民代表大会常务委员会委员长主持全国人民代表大会常务委员会的工作，召集全国人民代表大会常务委员会会议。副委员长、秘书长协助委员长工作。

委员长、副委员长、秘书长组成委员长会议，处理全国人民代表大会常务委员会的重要日常工作。

第六十九条 【全国人大与其常委会的关系】全国人民代表大会常务委员会对全国人民代表大会负责并报告工作。

第七十条 【全国人大的专门委员会及其职责】全国人民代表大会设立民族委员会、宪法和法律委员会、财政经济委员会、教育科学文化卫生委员会、外事委员会、华侨委员会和其他需要设立的专门委员会。在全国人民代表大会闭会期间，各专门委员会受全国人民代表大会常务委员会的领导。

各专门委员会在全国人民代表大会和全国人民代表大会常务委员会领导下,研究、审议和拟订有关议案。

第七十一条 【特定问题的调查委员会】全国人民代表大会和全国人民代表大会常务委员会认为必要的时候,可以组织关于特定问题的调查委员会,并且根据调查委员会的报告,作出相应的决议。

调查委员会进行调查的时候,一切有关的国家机关、社会团体和公民都有义务向它提供必要的材料。

第七十二条 【提案权】全国人民代表大会代表和全国人民代表大会常务委员会组成人员,有权依照法律规定的程序分别提出属于全国人民代表大会和全国人民代表大会常务委员会职权范围内的议案。

第七十三条 【质询权】全国人民代表大会代表在全国人民代表大会开会期间,全国人民代表大会常务委员会组成人员在常务委员会开会期间,有权依照法律规定的程序提出对国务院或者国务院各部、各委员会的质询案。受质询的机关必须负责答复。

第七十四条 【司法豁免权】全国人民代表大会代表,非经全国人民代表大会会议主席团许可,在全国人民代表大会闭会期间非经全国人民代表大会常务委员会许可,不受逮捕或者刑事审判。

第七十五条 【言论、表决豁免权】全国人民代表大会代表在全国人民代表大会各种会议上的发言和表决,不受法律追究。

第七十六条 【全国人大代表的义务】全国人民代表大会代表必须模范地遵守宪法和法律,保守国家秘密,并且在自己参加的生产、工作和社会活动中,协助宪法和法律的实施。

全国人民代表大会代表应当同原选举单位和人民保持密切的联系,听取和反映人民的意见和要求,努力为人民服务。

第七十七条 【对全国人大代表的监督和罢免】全国人民代表大会代表受原选举单位的监督。原选举单位有权依照法律规定的程序罢免本单位选出的代表。

第七十八条 【全国人大及其常委会的组织和工作程序】全国人民代表大会和全国人民代表大会常务委员会的组织和工作程序由法律规定。

第二节　中华人民共和国主席

第七十九条　【主席、副主席的选举及任职】中华人民共和国主席、副主席由全国人民代表大会选举。

有选举权和被选举权的年满四十五周岁的中华人民共和国公民可以被选为中华人民共和国主席、副主席。

中华人民共和国主席、副主席每届任期同全国人民代表大会每届任期相同。

第八十条　【主席的职权】中华人民共和国主席根据全国人民代表大会的决定和全国人民代表大会常务委员会的决定，公布法律，任免国务院总理、副总理、国务委员、各部部长、各委员会主任、审计长、秘书长，授予国家的勋章和荣誉称号，发布特赦令，宣布进入紧急状态，宣布战争状态，发布动员令。

第八十一条　【主席的外交职权】中华人民共和国主席代表中华人民共和国，进行国事活动，接受外国使节；根据全国人民代表大会常务委员会的决定，派遣和召回驻外全权代表，批准和废除同外国缔结的条约和重要协定。

第八十二条　【副主席的职权】中华人民共和国副主席协助主席工作。

中华人民共和国副主席受主席的委托，可以代行主席的部分职权。

第八十三条　【主席、副主席的行使职权期止】中华人民共和国主席、副主席行使职权到下届全国人民代表大会选出的主席、副主席就职为止。

第八十四条　【主席、副主席的缺位处理】中华人民共和国主席缺位的时候，由副主席继任主席的职位。

中华人民共和国副主席缺位的时候，由全国人民代表大会补选。

中华人民共和国主席、副主席都缺位的时候，由全国人民代表大会补选；在补选以前，由全国人民代表大会常务委员会委员长暂时代理主席职位。

第三节 国 务 院

第八十五条 【国务院的性质、地位】中华人民共和国国务院,即中央人民政府,是最高国家权力机关的执行机关,是最高国家行政机关。

第八十六条 【国务院的组织】国务院由下列人员组成:

总理,

副总理若干人,

国务委员若干人,

各部部长,

各委员会主任,

审计长,

秘书长。

国务院实行总理负责制。各部、各委员会实行部长、主任负责制。

国务院的组织由法律规定。

第八十七条 【国务院的任期】国务院每届任期同全国人民代表大会每届任期相同。

总理、副总理、国务委员连续任职不得超过两届。

第八十八条 【国务院的工作分工】总理领导国务院的工作。副总理、国务委员协助总理工作。

总理、副总理、国务委员、秘书长组成国务院常务会议。

总理召集和主持国务院常务会议和国务院全体会议。

第八十九条 【国务院的职权】国务院行使下列职权:

(一)根据宪法和法律,规定行政措施,制定行政法规,发布决定和命令;

(二)向全国人民代表大会或者全国人民代表大会常务委员会提出议案;

(三)规定各部和各委员会的任务和职责,统一领导各部和各委员会的工作,并且领导不属于各部和各委员会的全国性的行政工作;

(四)统一领导全国地方各级国家行政机关的工作,规定中央和省、自治区、直辖市的国家行政机关的职权的具体划分；

（五）编制和执行国民经济和社会发展计划和国家预算；

（六）领导和管理经济工作和城乡建设、生态文明建设；

（七）领导和管理教育、科学、文化、卫生、体育和计划生育工作；

（八）领导和管理民政、公安、司法行政等工作；

（九）管理对外事务，同外国缔结条约和协定；

（十）领导和管理国防建设事业；

（十一）领导和管理民族事务，保障少数民族的平等权利和民族自治地方的自治权利；

（十二）保护华侨的正当的权利和利益，保护归侨和侨眷的合法的权利和利益；

（十三）改变或者撤销各部、各委员会发布的不适当的命令、指示和规章；

（十四）改变或者撤销地方各级国家行政机关的不适当的决定和命令；

（十五）批准省、自治区、直辖市的区域划分，批准自治州、县、自治县、市的建置和区域划分；

（十六）依照法律规定决定省、自治区、直辖市的范围内部分地区进入紧急状态；

（十七）审定行政机构的编制，依照法律规定任免、培训、考核和奖惩行政人员；

（十八）全国人民代表大会和全国人民代表大会常务委员会授予的其他职权。

第九十条 【各部、委首长负责制】国务院各部部长、各委员会主任负责本部门的工作；召集和主持部务会议或者委员会会议、委务会议，讨论决定本部门工作的重大问题。

各部、各委员会根据法律和国务院的行政法规、决定、命令，在本部门的权限内，发布命令、指示和规章。

第九十一条 【审计机关及其职权】国务院设立审计机关，对国务院各部门和地方各级政府的财政收支，对国家的财政金融机构和企业事业组织的财务收支，进行审计监督。

审计机关在国务院总理领导下，依照法律规定独立行使审计监督权，不受其他行政机关、社会团体和个人的干涉。

第九十二条 【国务院与全国人大及其常委会的关系】国务院对全国人民代表大会负责并报告工作；在全国人民代表大会闭会期间，对全国人民代表大会常务委员会负责并报告工作。

第四节　中央军事委员会

第九十三条 【中央军委的组成、职责与任期】中华人民共和国中央军事委员会领导全国武装力量。

中央军事委员会由下列人员组成：

主席，

副主席若干人，

委员若干人。

中央军事委员会实行主席负责制。

中央军事委员会每届任期同全国人民代表大会每届任期相同。

第九十四条 【中央军委向全国人大及其常委会负责】中央军事委员会主席对全国人民代表大会和全国人民代表大会常务委员会负责。

第五节　地方各级人民代表大会和地方各级人民政府

第九十五条 【地方人大及政府的设置和组织】省、直辖市、县、市、市辖区、乡、民族乡、镇设立人民代表大会和人民政府。

地方各级人民代表大会和地方各级人民政府的组织由法律规定。

自治区、自治州、自治县设立自治机关。自治机关的组织和工作根据宪法第三章第五节、第六节规定的基本原则由法律规定。

第九十六条 【地方人大的性质及常委会的设置】地方各级人民代表大会是地方国家权力机关。

县级以上的地方各级人民代表大会设立常务委员会。

第九十七条 【地方人大代表的选举】省、直辖市、设区的市的人民代表大会代表由下一级的人民代表大会选举；县、不设区的市、市辖区、乡、民族乡、镇的人民代表大会代表由选民直接选举。

地方各级人民代表大会代表名额和代表产生办法由法律规定。

第九十八条 【地方人大的任期】地方各级人民代表大会每届任期五年。

第九十九条 【地方人大的职权】地方各级人民代表大会在本行政区域内，保证宪法、法律、行政法规的遵守和执行；依照法律规定的权限，通过和发布决议，审查和决定地方的经济建设、文化建设和公共事业建设的计划。

县级以上的地方各级人民代表大会审查和批准本行政区域内的国民经济和社会发展计划、预算以及它们的执行情况的报告；有权改变或者撤销本级人民代表大会常务委员会不适当的决定。

民族乡的人民代表大会可以依照法律规定的权限采取适合民族特点的具体措施。

第一百条 【地方性法规的制定】省、直辖市的人民代表大会和它们的常务委员会，在不同宪法、法律、行政法规相抵触的前提下，可以制定地方性法规，报全国人民代表大会常务委员会备案。

设区的市的人民代表大会和它们的常务委员会，在不同宪法、法律、行政法规和本省、自治区的地方性法规相抵触的前提下，可以依照法律规定制定地方性法规，报本省、自治区人民代表大会常务委员会批准后施行。

第一百零一条 【地方人大的选举权】地方各级人民代表大会分别选举并且有权罢免本级人民政府的省长和副省长、市长和副市长、县长和副县长、区长和副区长、乡长和副乡长、镇长和副镇长。

县级以上的地方各级人民代表大会选举并且有权罢免本级监察委员会主任、本级人民法院院长和本级人民检察院检察长。选出或者罢免人民检察院检察长，须报上级人民检察院检察长提请该级人民代表大会常务委员会批准。

第一百零二条 【对地方人大代表的监督和罢免】省、直辖市、设区的市的人民代表大会代表受原选举单位的监督；县、不设区的市、市

143

辖区、乡、民族乡、镇的人民代表大会代表受选民的监督。

地方各级人民代表大会代表的选举单位和选民有权依照法律规定的程序罢免由他们选出的代表。

第一百零三条 【地方人大常委会的组成、地位及产生】县级以上的地方各级人民代表大会常务委员会由主任、副主任若干人和委员若干人组成，对本级人民代表大会负责并报告工作。

县级以上的地方各级人民代表大会选举并有权罢免本级人民代表大会常务委员会的组成人员。

县级以上的地方各级人民代表大会常务委员会的组成人员不得担任国家行政机关、监察机关、审判机关和检察机关的职务。

第一百零四条 【地方人大常委会的职权】县级以上的地方各级人民代表大会常务委员会讨论、决定本行政区域内各方面工作的重大事项；监督本级人民政府、监察委员会、人民法院和人民检察院的工作；撤销本级人民政府的不适当的决定和命令；撤销下一级人民代表大会的不适当的决议；依照法律规定的权限决定国家机关工作人员的任免；在本级人民代表大会闭会期间，罢免和补选上一级人民代表大会的个别代表。

第一百零五条 【地方政府的性质、地位及行政首长负责制】地方各级人民政府是地方各级国家权力机关的执行机关，是地方各级国家行政机关。

地方各级人民政府实行省长、市长、县长、区长、乡长、镇长负责制。

第一百零六条 【地方政府的任期】地方各级人民政府每届任期同本级人民代表大会每届任期相同。

第一百零七条 【地方政府的职权】县级以上地方各级人民政府依照法律规定的权限，管理本行政区域内的经济、教育、科学、文化、卫生、体育事业、城乡建设事业和财政、民政、公安、民族事务、司法行政、计划生育等行政工作，发布决定和命令，任免、培训、考核和奖惩行政工作人员。

乡、民族乡、镇的人民政府执行本级人民代表大会的决议和上级国家行政机关的决定和命令，管理本行政区域内的行政工作。

省、直辖市的人民政府决定乡、民族乡、镇的建置和区域划分。

第一百零八条　【地方政府内部及各级政府之间的关系】县级以上的地方各级人民政府领导所属各工作部门和下级人民政府的工作，有权改变或者撤销所属各工作部门和下级人民政府的不适当的决定。

第一百零九条　【地方政府审计机关的地位和职权】县级以上的地方各级人民政府设立审计机关。地方各级审计机关依照法律规定独立行使审计监督权，对本级人民政府和上一级审计机关负责。

第一百一十条　【地方政府与同级人大、上级政府的关系】地方各级人民政府对本级人民代表大会负责并报告工作。县级以上的地方各级人民政府在本级人民代表大会闭会期间，对本级人民代表大会常务委员会负责并报告工作。

地方各级人民政府对上一级国家行政机关负责并报告工作。全国地方各级人民政府都是国务院统一领导下的国家行政机关，都服从国务院。

第一百一十一条　【居民委员会和村民委员会】城市和农村按居民居住地区设立的居民委员会或者村民委员会是基层群众性自治组织。居民委员会、村民委员会的主任、副主任和委员由居民选举。居民委员会、村民委员会同基层政权的相互关系由法律规定。

居民委员会、村民委员会设人民调解、治安保卫、公共卫生等委员会，办理本居住地区的公共事务和公益事业，调解民间纠纷，协助维护社会治安，并且向人民政府反映群众的意见、要求和提出建议。

第六节　民族自治地方的自治机关

第一百一十二条　【民族自治机关】民族自治地方的自治机关是自治区、自治州、自治县的人民代表大会和人民政府。

第一百一十三条　【自治地方的人大及其常委会的组成】自治区、自治州、自治县的人民代表大会中，除实行区域自治的民族的代表外，其他居住在本行政区域内的民族也应当有适当名额的代表。

自治区、自治州、自治县的人民代表大会常务委员会中应当有实行区域自治的民族的公民担任主任或者副主任。

第一百一十四条　【自治地方政府首长的人选】自治区主席、自治州州长、自治县县长由实行区域自治的民族的公民担任。

第一百一十五条　【民族自治地方的自治权】自治区、自治州、自治县的自治机关行使宪法第三章第五节规定的地方国家机关的职权，同时依照宪法、民族区域自治法和其他法律规定的权限行使自治权，根据本地方实际情况贯彻执行国家的法律、政策。

第一百一十六条　【自治条例和单行条例】民族自治地方的人民代表大会有权依照当地民族的政治、经济和文化的特点，制定自治条例和单行条例。自治区的自治条例和单行条例，报全国人民代表大会常务委员会批准后生效。自治州、自治县的自治条例和单行条例，报省或者自治区的人民代表大会常务委员会批准后生效，并报全国人民代表大会常务委员会备案。

第一百一十七条　【财政自治权】民族自治地方的自治机关有管理地方财政的自治权。凡是依照国家财政体制属于民族自治地方的财政收入，都应当由民族自治地方的自治机关自主地安排使用。

第一百一十八条　【地方性经济的自主权】民族自治地方的自治机关在国家计划的指导下，自主地安排和管理地方性的经济建设事业。

国家在民族自治地方开发资源、建设企业的时候，应当照顾民族自治地方的利益。

第一百一十九条　【地方文化事业的自主权】民族自治地方的自治机关自主地管理本地方的教育、科学、文化、卫生、体育事业，保护和整理民族的文化遗产，发展和繁荣民族文化。

第一百二十条　【民族自治地方的公安部队】民族自治地方的自治机关依照国家的军事制度和当地的实际需要，经国务院批准，可以组织本地方维护社会治安的公安部队。

第一百二十一条　【自治机关的公务语言】民族自治地方的自治机关在执行职务的时候，依照本民族自治地方自治条例的规定，使用当地通用的一种或者几种语言文字。

第一百二十二条 【国家对民族自治地方的帮助、扶持】国家从财政、物资、技术等方面帮助各少数民族加速发展经济建设和文化建设事业。

国家帮助民族自治地方从当地民族中大量培养各级干部、各种专业人才和技术工人。

第七节 监察委员会

第一百二十三条 【监察机关】中华人民共和国各级监察委员会是国家的监察机关。

第一百二十四条 【监察委员会】中华人民共和国设立国家监察委员会和地方各级监察委员会。

监察委员会由下列人员组成：

主任，

副主任若干人，

委员若干人。

监察委员会主任每届任期同本级人民代表大会每届任期相同。国家监察委员会主任连续任职不得超过两届。

监察委员会的组织和职权由法律规定。

第一百二十五条 【各级监察委员会间的关系】中华人民共和国国家监察委员会是最高监察机关。

国家监察委员会领导地方各级监察委员会的工作，上级监察委员会领导下级监察委员会的工作。

第一百二十六条 【对监察委员会的监督】国家监察委员会对全国人民代表大会和全国人民代表大会常务委员会负责。地方各级监察委员会对产生它的国家权力机关和上一级监察委员会负责。

第一百二十七条 【监察权的行使】监察委员会依照法律规定独立行使监察权，不受行政机关、社会团体和个人的干涉。

监察机关办理职务违法和职务犯罪案件，应当与审判机关、检察机关、执法部门互相配合，互相制约。

第八节　人民法院和人民检察院

第一百二十八条　【审判机关】中华人民共和国人民法院是国家的审判机关。

第一百二十九条　【人民法院的级别、组织和任期】中华人民共和国设立最高人民法院、地方各级人民法院和军事法院等专门人民法院。

最高人民法院院长每届任期同全国人民代表大会每届任期相同，连续任职不得超过两届。

人民法院的组织由法律规定。

第一百三十条　【审判公开原则和辩护原则】人民法院审理案件，除法律规定的特别情况外，一律公开进行。被告人有权获得辩护。

第一百三十一条　【独立行使审判权】人民法院依照法律规定独立行使审判权，不受行政机关、社会团体和个人的干涉。

第一百三十二条　【各级审判机关间的关系】最高人民法院是最高审判机关。

最高人民法院监督地方各级人民法院和专门人民法院的审判工作，上级人民法院监督下级人民法院的审判工作。

第一百三十三条　【法院与人大的关系】最高人民法院对全国人民代表大会和全国人民代表大会常务委员会负责。地方各级人民法院对产生它的国家权力机关负责。

第一百三十四条　【人民检察院的性质】中华人民共和国人民检察院是国家的法律监督机关。

第一百三十五条　【检察院的级别、组织和任期】中华人民共和国设立最高人民检察院、地方各级人民检察院和军事检察院等专门人民检察院。

最高人民检察院检察长每届任期同全国人民代表大会每届任期相同，连续任职不得超过两届。

人民检察院的组织由法律规定。

第一百三十六条　【独立行使检察权】人民检察院依照法律规定独

立行使检察权，不受行政机关、社会团体和个人的干涉。

第一百三十七条 【检察机关间的关系】最高人民检察院是最高检察机关。

最高人民检察院领导地方各级人民检察院和专门人民检察院的工作，上级人民检察院领导下级人民检察院的工作。

第一百三十八条 【检察院与人大的关系】最高人民检察院对全国人民代表大会和全国人民代表大会常务委员会负责。地方各级人民检察院对产生它的国家权力机关和上级人民检察院负责。

第一百三十九条 【诉讼语言】各民族公民都有用本民族语言文字进行诉讼的权利。人民法院和人民检察院对于不通晓当地通用的语言文字的诉讼参与人，应当为他们翻译。

在少数民族聚居或者多民族共同居住的地区，应当用当地通用的语言进行审理；起诉书、判决书、布告和其他文书应当根据实际需要使用当地通用的一种或者几种文字。

第一百四十条 【司法机关间的分工与制衡原则】人民法院、人民检察院和公安机关办理刑事案件，应当分工负责，互相配合，互相制约，以保证准确有效地执行法律。

第四章 国旗、国歌、国徽、首都

第一百四十一条 【国旗、国歌】中华人民共和国国旗是五星红旗。中华人民共和国国歌是《义勇军进行曲》。

第一百四十二条 【国徽】中华人民共和国国徽，中间是五星照耀下的天安门，周围是谷穗和齿轮。

第一百四十三条 【首都】中华人民共和国首都是北京。

中华人民共和国全国人民代表大会组织法

（1982年12月10日第五届全国人民代表大会第五次会议通过 1982年12月10日全国人民代表大会公告公布施行 根据2021年3月11日第十三届全国人民代表大会第四次会议《关于修改〈中华人民共和国全国人民代表大会组织法〉的决定》修正）

目 录

第一章 总 则
第二章 全国人民代表大会会议
第三章 全国人民代表大会常务委员会
第四章 全国人民代表大会各委员会
第五章 全国人民代表大会代表

第一章 总 则

第一条 为了健全全国人民代表大会及其常务委员会的组织和工作制度，保障和规范其行使职权，坚持和完善人民代表大会制度，保证人民当家作主，根据宪法，制定本法。

第二条 全国人民代表大会是最高国家权力机关，其常设机关是全国人民代表大会常务委员会。

第三条 全国人民代表大会及其常务委员会坚持中国共产党的领导，坚持以马克思列宁主义、毛泽东思想、邓小平理论、"三个代表"重要思想、科学发展观、习近平新时代中国特色社会主义思想为指导，依照宪法和法律规定行使职权。

第四条 全国人民代表大会由民主选举产生，对人民负责，受人民监督。

全国人民代表大会及其常务委员会坚持全过程民主，始终同人民保持密切联系，倾听人民的意见和建议，体现人民意志，保障人民权益。

第五条 全国人民代表大会及其常务委员会行使国家立法权，决定重大事项，监督宪法和法律的实施，维护社会主义法制的统一、尊严、权威，建设社会主义法治国家。

第六条 全国人民代表大会及其常务委员会实行民主集中制原则，充分发扬民主，集体行使职权。

第七条 全国人民代表大会及其常务委员会积极开展对外交往，加强同各国议会、国际和地区议会组织的交流与合作。

第二章　全国人民代表大会会议

第八条 全国人民代表大会每届任期五年。

全国人民代表大会会议每年举行一次，由全国人民代表大会常务委员会召集。全国人民代表大会常务委员会认为必要，或者有五分之一以上的全国人民代表大会代表提议，可以临时召集全国人民代表大会会议。

第九条 全国人民代表大会代表选出后，由全国人民代表大会常务委员会代表资格审查委员会进行审查。

全国人民代表大会常务委员会根据代表资格审查委员会提出的报告，确认代表的资格或者确定个别代表的当选无效，在每届全国人民代表大会第一次会议前公布代表名单。

对补选的全国人民代表大会代表，依照前款规定进行代表资格审查。

第十条 全国人民代表大会代表按照选举单位组成代表团。各代表团分别推选代表团团长、副团长。

代表团在每次全国人民代表大会会议举行前，讨论全国人民代表大会常务委员会提出的关于会议的准备事项；在会议期间，对全国人民代表大会的各项议案进行审议，并可以由代表团团长或者由代表团推派的代表，在主席团会议上或者大会全体会议上，代表代表团对审议的议案发表意见。

第十一条　全国人民代表大会每次会议举行预备会议，选举本次会议的主席团和秘书长，通过本次会议的议程和其他准备事项的决定。

主席团和秘书长的名单草案，由全国人民代表大会常务委员会委员长会议提出，经常务委员会会议审议通过后，提交预备会议。

第十二条　主席团主持全国人民代表大会会议。

主席团推选常务主席若干人，召集并主持主席团会议。

主席团推选主席团成员若干人分别担任每次大会全体会议的执行主席，并指定其中一人担任全体会议主持人。

第十三条　全国人民代表大会会议设立秘书处。秘书处由秘书长和副秘书长若干人组成。副秘书长的人选由主席团决定。

秘书处在秘书长领导下，办理主席团交付的事项，处理会议日常事务工作。副秘书长协助秘书长工作。

第十四条　主席团处理下列事项：

（一）根据会议议程决定会议日程；

（二）决定会议期间代表提出议案的截止时间；

（三）听取和审议关于议案处理意见的报告，决定会议期间提出的议案是否列入会议议程；

（四）听取和审议秘书处和有关专门委员会关于各项议案和报告审议、审查情况的报告，决定是否将议案和决定草案、决议草案提请会议表决；

（五）听取主席团常务主席关于国家机构组成人员人选名单的说明，提名由会议选举的国家机构组成人员的人选，依照法定程序确定正式候选人名单；

（六）提出会议选举和决定任命的办法草案；

（七）组织由会议选举或者决定任命的国家机构组成人员的宪法宣誓；

（八）其他应当由主席团处理的事项。

第十五条　主席团常务主席就拟提请主席团审议事项，听取秘书处和有关专门委员会的报告，向主席团提出建议。

主席团常务主席可以对会议日程作必要的调整。

第十六条　全国人民代表大会主席团，全国人民代表大会常务委员会，全国人民代表大会各专门委员会，国务院，中央军事委员会，国家监察委员会，最高人民法院，最高人民检察院，可以向全国人民代表大会提出属于全国人民代表大会职权范围内的议案。

第十七条　一个代表团或者三十名以上的代表联名，可以向全国人民代表大会提出属于全国人民代表大会职权范围内的议案。

第十八条　全国人民代表大会常务委员会委员长、副委员长、秘书长、委员的人选，中华人民共和国主席、副主席的人选，中央军事委员会主席的人选，国家监察委员会主任的人选，最高人民法院院长和最高人民检察院检察长的人选，由主席团提名，经各代表团酝酿协商后，再由主席团根据多数代表的意见确定正式候选人名单。

第十九条　国务院总理和国务院其他组成人员的人选、中央军事委员会除主席以外的其他组成人员的人选，依照宪法的有关规定提名。

第二十条　全国人民代表大会主席团、三个以上的代表团或者十分之一以上的代表，可以提出对全国人民代表大会常务委员会的组成人员，中华人民共和国主席、副主席，国务院和中央军事委员会的组成人员，国家监察委员会主任，最高人民法院院长和最高人民检察院检察长的罢免案，由主席团提请大会审议。

第二十一条　全国人民代表大会会议期间，一个代表团或者三十名以上的代表联名，可以书面提出对国务院以及国务院各部门、国家监察委员会、最高人民法院、最高人民检察院的质询案。

第三章　全国人民代表大会常务委员会

第二十二条　全国人民代表大会常务委员会对全国人民代表大会负责并报告工作。

全国人民代表大会常务委员会每届任期同全国人民代表大会每届任期相同,行使职权到下届全国人民代表大会选出新的常务委员会为止。

第二十三条 全国人民代表大会常务委员会由下列人员组成:

委员长,

副委员长若干人,

秘书长,

委员若干人。

常务委员会的组成人员由全国人民代表大会从代表中选出。

常务委员会的组成人员不得担任国家行政机关、监察机关、审判机关和检察机关的职务;如果担任上述职务,应当向常务委员会辞去常务委员会的职务。

第二十四条 常务委员会委员长主持常务委员会会议和常务委员会的工作。副委员长、秘书长协助委员长工作。副委员长受委员长的委托,可以代行委员长的部分职权。

委员长因为健康情况不能工作或者缺位的时候,由常务委员会在副委员长中推选一人代理委员长的职务,直到委员长恢复健康或者全国人民代表大会选出新的委员长为止。

第二十五条 常务委员会的委员长、副委员长、秘书长组成委员长会议,处理常务委员会的重要日常工作:

(一)决定常务委员会每次会议的会期,拟订会议议程草案,必要时提出调整会议议程的建议;

(二)对向常务委员会提出的议案和质询案,决定交由有关的专门委员会审议或者提请常务委员会全体会议审议;

(三)决定是否将议案和决定草案、决议草案提请常务委员会全体会议表决,对暂不交付表决的,提出下一步处理意见;

(四)通过常务委员会年度工作要点、立法工作计划、监督工作计划、代表工作计划、专项工作规划和工作规范性文件等;

(五)指导和协调各专门委员会的日常工作;

(六)处理常务委员会其他重要日常工作。

第二十六条　常务委员会设立代表资格审查委员会。

代表资格审查委员会的主任委员、副主任委员和委员的人选,由委员长会议在常务委员会组成人员中提名,常务委员会任免。

第二十七条　常务委员会设立办公厅,在秘书长领导下工作。

常务委员会设副秘书长若干人,由委员长提请常务委员会任免。

第二十八条　常务委员会设立法制工作委员会、预算工作委员会和其他需要设立的工作委员会。

工作委员会的主任、副主任和委员由委员长提请常务委员会任免。

香港特别行政区基本法委员会、澳门特别行政区基本法委员会的设立、职责和组成人员任免,依照有关法律和全国人民代表大会有关决定的规定。

第二十九条　委员长会议,全国人民代表大会各专门委员会,国务院,中央军事委员会,国家监察委员会,最高人民法院,最高人民检察院,常务委员会组成人员十人以上联名,可以向常务委员会提出属于常务委员会职权范围内的议案。

第三十条　常务委员会会议期间,常务委员会组成人员十人以上联名,可以向常务委员会书面提出对国务院以及国务院各部门、国家监察委员会、最高人民法院、最高人民检察院的质询案。

第三十一条　常务委员会在全国人民代表大会闭会期间,根据国务院总理的提名,可以决定国务院其他组成人员的任免;根据中央军事委员会主席的提名,可以决定中央军事委员会其他组成人员的任免。

第二十二条　常务委员会在全国人民代表大会闭会期间,根据委员长会议、国务院总理的提请,可以决定撤销国务院其他个别组成人员的职务;根据中央军事委员会主席的提请,可以决定撤销中央军事委员会其他个别组成人员的职务。

第三十三条　常务委员会在全国人民代表大会每次会议举行的时候,必须向全国人民代表大会提出工作报告。

第四章　全国人民代表大会各委员会

第三十四条　全国人民代表大会设立民族委员会、宪法和法律委员会、监察和司法委员会、财政经济委员会、教育科学文化卫生委员会、外事委员会、华侨委员会、环境与资源保护委员会、农业与农村委员会、社会建设委员会和全国人民代表大会认为需要设立的其他专门委员会。各专门委员会受全国人民代表大会领导；在全国人民代表大会闭会期间，受全国人民代表大会常务委员会领导。

各专门委员会由主任委员、副主任委员若干人和委员若干人组成。

各专门委员会的主任委员、副主任委员和委员的人选由主席团在代表中提名，全国人民代表大会会议表决通过。在大会闭会期间，全国人民代表大会常务委员会可以任免专门委员会的副主任委员和委员，由委员长会议提名，常务委员会会议表决通过。

第三十五条　各专门委员会每届任期同全国人民代表大会每届任期相同，履行职责到下届全国人民代表大会产生新的专门委员会为止。

第三十六条　各专门委员会主任委员主持委员会会议和委员会的工作。副主任委员协助主任委员工作。

各专门委员会可以根据工作需要，任命专家若干人为顾问；顾问可以列席专门委员会会议，发表意见。

顾问由全国人民代表大会常务委员会任免。

第三十七条　各专门委员会的工作如下：

（一）审议全国人民代表大会主席团或者全国人民代表大会常务委员会交付的议案；

（二）向全国人民代表大会主席团或者全国人民代表大会常务委员会提出属于全国人民代表大会或者全国人民代表大会常务委员会职权范围内同本委员会有关的议案，组织起草法律草案和其他议案草案；

（三）承担全国人民代表大会常务委员会听取和审议专项工作报告有关具体工作；

（四）承担全国人民代表大会常务委员会执法检查的具体组织实施工作；

（五）承担全国人民代表大会常务委员会专题询问有关具体工作；

（六）按照全国人民代表大会常务委员会工作安排，听取国务院有关部门和国家监察委员会、最高人民法院、最高人民检察院的专题汇报，提出建议；

（七）对属于全国人民代表大会或者全国人民代表大会常务委员会职权范围内同本委员会有关的问题，进行调查研究，提出建议；

（八）审议全国人民代表大会常务委员会交付的被认为同宪法、法律相抵触的国务院的行政法规、决定和命令，国务院各部门的命令、指示和规章，国家监察委员会的监察法规，省、自治区、直辖市和设区的市、自治州的人民代表大会及其常务委员会的地方性法规和决定、决议，省、自治区、直辖市和设区的市、自治州的人民政府的决定、命令和规章，民族自治地方的自治条例和单行条例，经济特区法规，以及最高人民法院、最高人民检察院具体应用法律问题的解释，提出意见；

（九）审议全国人民代表大会主席团或者全国人民代表大会常务委员会交付的质询案，听取受质询机关对质询案的答复，必要的时候向全国人民代表大会主席团或者全国人民代表大会常务委员会提出报告；

（十）研究办理代表建议、批评和意见，负责有关建议、批评和意见的督促办理工作；

（十一）按照全国人民代表大会常务委员会的安排开展对外交往；

（十二）全国人民代表大会及其常务委员会交办的其他工作。

第三十八条　民族委员会可以对加强民族团结问题进行调查研究，提出建议；审议自治区报请全国人民代表大会常务委员会批准的自治区的自治条例和单行条例，向全国人民代表大会常务委员会提出报告。

第三十九条　宪法和法律委员会承担推动宪法实施、开展宪法解释、推进合宪性审查、加强宪法监督、配合宪法宣传等工作职责。

宪法和法律委员会统一审议向全国人民代表大会或者全国人民代表大会常务委员会提出的法律草案和有关法律问题的决定草案；其他专门委员会就有关草案向宪法和法律委员会提出意见。

第四十条　财政经济委员会对国务院提出的国民经济和社会发展计划草案、规划纲要草案、中央和地方预算草案、中央决算草案以及相关报告和调整方案进行审查，提出初步审查意见、审查结果报告；其他专门委员会可以就有关草案和报告向财政经济委员会提出意见。

第四十一条　全国人民代表大会或者全国人民代表大会常务委员会可以组织对于特定问题的调查委员会。调查委员会的组织和工作，由全国人民代表大会或者全国人民代表大会常务委员会决定。

第五章　全国人民代表大会代表

第四十二条　全国人民代表大会代表每届任期五年，从每届全国人民代表大会举行第一次会议开始，到下届全国人民代表大会举行第一次会议为止。

第四十三条　全国人民代表大会代表必须模范地遵守宪法和法律，保守国家秘密，并且在自己参加的生产、工作和社会活动中，协助宪法和法律的实施。

第四十四条　全国人民代表大会代表应当同原选举单位和人民保持密切联系，可以列席原选举单位的人民代表大会会议，通过多种方式听取和反映人民的意见和要求，努力为人民服务，充分发挥在全过程民主中的作用。

第四十五条　全国人民代表大会常务委员会和各专门委员会、工作委员会应当同代表保持密切联系，听取代表的意见和建议，支持和保障代表依法履职，扩大代表对各项工作的参与，充分发挥代表作用。

全国人民代表大会常务委员会建立健全常务委员会组成人员和各专门委员会、工作委员会联系代表的工作机制。

全国人民代表大会常务委员会办事机构和工作机构为代表履行职责提供服务保障。

第四十六条 全国人民代表大会代表向全国人民代表大会或者全国人民代表大会常务委员会提出的对各方面工作的建议、批评和意见，由全国人民代表大会常务委员会办事机构交由有关机关、组织研究办理并负责答复。

对全国人民代表大会代表提出的建议、批评和意见，有关机关、组织应当与代表联系沟通，充分听取意见，介绍有关情况，认真研究办理，及时予以答复。

全国人民代表大会有关专门委员会和常务委员会办事机构应当加强对办理工作的督促检查。常务委员会办事机构每年向常务委员会报告代表建议、批评和意见的办理情况，并予以公开。

第四十七条 全国人民代表大会代表在出席全国人民代表大会会议和执行其他属于代表的职务的时候，国家根据实际需要给予适当的补贴和物质上的便利。

第四十八条 全国人民代表大会代表、全国人民代表大会常务委员会的组成人员，在全国人民代表大会和全国人民代表大会常务委员会各种会议上的发言和表决，不受法律追究。

第四十九条 全国人民代表大会代表非经全国人民代表大会主席团许可，在全国人民代表大会闭会期间非经全国人民代表大会常务委员会许可，不受逮捕或者刑事审判。

全国人民代表大会代表如果因为是现行犯被拘留，执行拘留的公安机关应当立即向全国人民代表大会主席团或者全国人民代表大会常务委员会报告。

中华人民共和国地方各级人民代表大会和地方各级人民政府组织法

（1979年7月1日第五届全国人民代表大会第二次会议通过 1979年7月4日公布 自1980年1月1日起施行 根据1982年12月10日第五届全国人民代表大会第五次会议《关于修改〈中华人民共和国地方各级人民代表大会和地方各级人民政府组织法〉的若干规定的决议》第一次修正 根据1986年12月2日第六届全国人民代表大会常务委员会第十八次会议《关于修改〈中华人民共和国地方各级人民代表大会和地方各级人民政府组织法〉的决定》第二次修正 根据1995年2月28日第八届全国人民代表大会常务委员会第十二次会议《关于修改〈中华人民共和国地方各级人民代表大会和地方各级人民政府组织法〉的决定》第三次修正 根据2004年10月27日第十届全国人民代表大会常务委员会第十二次会议《关于修改〈中华人民共和国地方各级人民代表大会和地方各级人民政府组织法〉的决定》第四次修正 根据2015年8月29日第十二届全国人民代表大会常务委员会第十六次会议《关于修改〈中华人民共和国地方各级人民代表大会和地方各级人民政府组织法〉、〈中华人民共和国全国人民代表大会和地方各级人民代表大会选举法〉、〈中华人民共和国全国人民代表大会和地方各级人民代表大会代表法〉的决定》第五次修正 根据2022年3月11日第十三届全国人民代表大会第五次会议《关于修改〈中华人民共和国地方各级人民代表大会和地方各级人民政府组织法〉的决定》第六次修正）

目 录

第一章 总 则

第二章　地方各级人民代表大会

　第一节　地方各级人民代表大会的组成和任期

　第二节　地方各级人民代表大会的职权

　第三节　地方各级人民代表大会会议的举行

　第四节　地方国家机关组成人员的选举、罢免和辞职

　第五节　地方各级人民代表大会各委员会

　第六节　地方各级人民代表大会代表

第三章　县级以上的地方各级人民代表大会常务委员会

　第一节　常务委员会的组成和任期

　第二节　常务委员会的职权

　第三节　常务委员会会议的举行

　第四节　常务委员会各委员会和工作机构

第四章　地方各级人民政府

　第一节　一般规定

　第二节　地方各级人民政府的组成和任期

　第三节　地方各级人民政府的职权

　第四节　地方各级人民政府的机构设置

第五章　附　　则

第一章　总　　则

第一条　为了健全地方各级人民代表大会和地方各级人民政府的组织和工作制度，保障和规范其行使职权，坚持和完善人民代表大会制度，保证人民当家作主，根据宪法，制定本法。

第二条　地方各级人民代表大会是地方国家权力机关。

县级以上的地方各级人民代表大会常务委员会是本级人民代表大会的常设机关。

地方各级人民政府是地方各级国家权力机关的执行机关，是地方各级国家行政机关。

第三条 地方各级人民代表大会、县级以上的地方各级人民代表大会常务委员会和地方各级人民政府坚持中国共产党的领导，坚持以马克思列宁主义、毛泽东思想、邓小平理论、"三个代表"重要思想、科学发展观、习近平新时代中国特色社会主义思想为指导，依照宪法和法律规定行使职权。

第四条 地方各级人民代表大会、县级以上的地方各级人民代表大会常务委员会和地方各级人民政府坚持以人民为中心，坚持和发展全过程人民民主，始终同人民保持密切联系，倾听人民的意见和建议，为人民服务，对人民负责，受人民监督。

第五条 地方各级人民代表大会、县级以上的地方各级人民代表大会常务委员会和地方各级人民政府遵循在中央的统一领导下、充分发挥地方的主动性积极性的原则，保证宪法、法律和行政法规在本行政区域的实施。

第六条 地方各级人民代表大会、县级以上的地方各级人民代表大会常务委员会和地方各级人民政府实行民主集中制原则。

地方各级人民代表大会和县级以上的地方各级人民代表大会常务委员会应当充分发扬民主，集体行使职权。

地方各级人民政府实行首长负责制。政府工作中的重大事项应当经集体讨论决定。

第二章 地方各级人民代表大会

第一节 地方各级人民代表大会的组成和任期

第七条 省、自治区、直辖市、自治州、县、自治县、市、市辖区、乡、民族乡、镇设立人民代表大会。

第八条 省、自治区、直辖市、自治州、设区的市的人民代表大会代表由下一级的人民代表大会选举；县、自治县、不设区的市、市辖区、乡、民族乡、镇的人民代表大会代表由选民直接选举。

地方各级人民代表大会代表名额和代表产生办法由选举法规定。各行政区域内的少数民族应当有适当的代表名额。

第九条 地方各级人民代表大会每届任期五年。

第二节 地方各级人民代表大会的职权

第十条 省、自治区、直辖市的人民代表大会根据本行政区域的具体情况和实际需要，在不同宪法、法律、行政法规相抵触的前提下，可以制定和颁布地方性法规，报全国人民代表大会常务委员会和国务院备案。

设区的市、自治州的人民代表大会根据本行政区域的具体情况和实际需要，在不同宪法、法律、行政法规和本省、自治区的地方性法规相抵触的前提下，可以依照法律规定的权限制定地方性法规，报省、自治区的人民代表大会常务委员会批准后施行，并由省、自治区的人民代表大会常务委员会报全国人民代表大会常务委员会和国务院备案。

省、自治区、直辖市以及设区的市、自治州的人民代表大会根据区域协调发展的需要，可以开展协同立法。

第十一条 县级以上的地方各级人民代表大会行使下列职权：

（一）在本行政区域内，保证宪法、法律、行政法规和上级人民代表大会及其常务委员会决议的遵守和执行，保证国家计划和国家预算的执行；

（二）审查和批准本行政区域内的国民经济和社会发展规划纲要、计划和预算及其执行情况的报告，审查监督政府债务，监督本级人民政府对国有资产的管理；

（三）讨论、决定本行政区域内的政治、经济、教育、科学、文化、卫生、生态环境保护、自然资源、城乡建设、民政、社会保障、民族等工作的重大事项和项目；

（四）选举本级人民代表大会常务委员会的组成人员；

（五）选举省长、副省长，自治区主席、副主席，市长、副市长，州长、副州长，县长、副县长，区长、副区长；

（六）选举本级监察委员会主任、人民法院院长和人民检察院检察长；选出的人民检察院检察长，须报经上一级人民检察院检察长提请该级人民代表大会常务委员会批准；

（七）选举上一级人民代表大会代表；

（八）听取和审议本级人民代表大会常务委员会的工作报告；

（九）听取和审议本级人民政府和人民法院、人民检察院的工作报告；

（十）改变或者撤销本级人民代表大会常务委员会的不适当的决议；

（十一）撤销本级人民政府的不适当的决定和命令；

（十二）保护社会主义的全民所有的财产和劳动群众集体所有的财产，保护公民私人所有的合法财产，维护社会秩序，保障公民的人身权利、民主权利和其他权利；

（十三）保护各种经济组织的合法权益；

（十四）铸牢中华民族共同体意识，促进各民族广泛交往交流交融，保障少数民族的合法权利和利益；

（十五）保障宪法和法律赋予妇女的男女平等、同工同酬和婚姻自由等各项权利。

第十二条　乡、民族乡、镇的人民代表大会行使下列职权：

（一）在本行政区域内，保证宪法、法律、行政法规和上级人民代表大会及其常务委员会决议的遵守和执行；

（二）在职权范围内通过和发布决议；

（三）根据国家计划，决定本行政区域内的经济、文化事业和公共事业的建设计划和项目；

（四）审查和批准本行政区域内的预算和预算执行情况的报告，监督本级预算的执行，审查和批准本级预算的调整方案，审查和批准本级决算；

（五）决定本行政区域内的民政工作的实施计划；

（六）选举本级人民代表大会主席、副主席；

（七）选举乡长、副乡长、镇长、副镇长；

（八）听取和审议乡、民族乡、镇的人民政府的工作报告；

（九）听取和审议乡、民族乡、镇的人民代表大会主席团的工作报告；

（十）撤销乡、民族乡、镇的人民政府的不适当的决定和命令；

（十一）保护社会主义的全民所有的财产和劳动群众集体所有的财产，保护公民私人所有的合法财产，维护社会秩序，保障公民的人身权利、民主权利和其他权利；

（十二）保护各种经济组织的合法权益；

（十三）铸牢中华民族共同体意识，促进各民族广泛交往交流交融，保障少数民族的合法权利和利益；

（十四）保障宪法和法律赋予妇女的男女平等、同工同酬和婚姻自由等各项权利。

少数民族聚居的乡、民族乡、镇的人民代表大会在行使职权的时候，可以依照法律规定的权限采取适合民族特点的具体措施。

第十三条 地方各级人民代表大会有权罢免本级人民政府的组成人员。县级以上的地方各级人民代表大会有权罢免本级人民代表大会常务委员会的组成人员和由它选出的监察委员会主任、人民法院院长、人民检察院检察长。罢免人民检察院检察长，须报经上一级人民检察院检察长提请该级人民代表大会常务委员会批准。

第三节 地方各级人民代表大会会议的举行

第十四条 地方各级人民代表大会会议每年至少举行一次。乡、民族乡、镇的人民代表大会会议一般每年举行两次。会议召开的日期由本级人民代表大会常务委员会或者乡、民族乡、镇的人民代表大会主席团决定，并予以公布。

遇有特殊情况，县级以上的地方各级人民代表大会常务委员会或者乡、民族乡、镇的人民代表大会主席团可以决定适当提前或者推迟召开会议。提前或者推迟召开会议的日期未能在当次会议上决定的，常务委员会或者其授权的主任会议，乡、民族乡、镇的人民代表大会主席团可以另行决定，并予以公布。

县级以上的地方各级人民代表大会常务委员会或者乡、民族乡、镇的人民代表大会主席团认为必要，或者经过五分之一以上代表提议，可以临时召集本级人民代表大会会议。

地方各级人民代表大会会议有三分之二以上的代表出席，始得举行。

第十五条 县级以上的地方各级人民代表大会会议由本级人民代表大会常务委员会召集。

第十六条 地方各级人民代表大会举行会议，应当合理安排会期和会议日程，提高议事质量和效率。

第十七条 县级以上的地方各级人民代表大会每次会议举行预备会议，选举本次会议的主席团和秘书长，通过本次会议的议程和其他准备事项的决定。

预备会议由本级人民代表大会常务委员会主持。每届人民代表大会第一次会议的预备会议，由上届本级人民代表大会常务委员会主持。

县级以上的地方各级人民代表大会举行会议的时候，由主席团主持会议。

县级以上的地方各级人民代表大会会议设副秘书长若干人；副秘书长的人选由主席团决定。

第十八条 乡、民族乡、镇的人民代表大会设主席，并可以设副主席一人至二人。主席、副主席由本级人民代表大会从代表中选出，任期同本级人民代表大会每届任期相同。

乡、民族乡、镇的人民代表大会主席、副主席不得担任国家行政机关的职务；如果担任国家行政机关的职务，必须向本级人民代表大会辞去主席、副主席的职务。

乡、民族乡、镇的人民代表大会主席、副主席在本级人民代表大会闭会期间负责联系本级人民代表大会代表，根据主席团的安排组织代表开展活动，反映代表和群众对本级人民政府工作的建议、批评和意见，并负责处理主席团的日常工作。

第十九条 乡、民族乡、镇的人民代表大会举行会议的时候，选举主席团。由主席团主持会议，并负责召集下一次的本级人民代表大会会议。乡、民族乡、镇的人民代表大会主席、副主席为主席团的成员。

主席团在本级人民代表大会闭会期间，每年选择若干关系本地区群众切身利益和社会普遍关注的问题，有计划地安排代表听取和讨论本级人民政府的专项工作报告，对法律、法规实施情况进行检查，开展视察、调研等活动；听取和反映代表和群众对本级人民政府工作的建议、批评和意见。主席团在闭会期间的工作，向本级人民代表大会报告。

第二十条　地方各级人民代表大会每届第一次会议，在本届人民代表大会代表选举完成后的两个月内，由上届本级人民代表大会常务委员会或者乡、民族乡、镇的上次人民代表大会主席团召集。

第二十一条　县级以上的地方各级人民政府组成人员和监察委员会主任、人民法院院长、人民检察院检察长，乡级的人民政府领导人员，列席本级人民代表大会会议；县级以上的其他有关机关、团体负责人，经本级人民代表大会常务委员会决定，可以列席本级人民代表大会会议。

第二十二条　地方各级人民代表大会举行会议的时候，主席团、常务委员会、各专门委员会、本级人民政府，可以向本级人民代表大会提出属于本级人民代表大会职权范围内的议案，由主席团决定提交人民代表大会会议审议，或者并交有关的专门委员会审议、提出报告，再由主席团审议决定提交大会表决。

县级以上的地方各级人民代表大会代表十人以上联名，乡、民族乡、镇的人民代表大会代表五人以上联名，可以向本级人民代表大会提出属于本级人民代表大会职权范围内的议案，由主席团决定是否列入大会议程，或者先交有关的专门委员会审议，提出是否列入大会议程的意见，再由主席团决定是否列入大会议程。

列入会议议程的议案，在交付大会表决前，提案人要求撤回的，经主席团同意，会议对该项议案的审议即行终止。

第二十三条　在地方各级人民代表大会审议议案的时候，代表可以向有关地方国家机关提出询问，由有关机关派人说明。

第二十四条　地方各级人民代表大会举行会议的时候，代表十人以上联名可以书面提出对本级人民政府和它所属各工作部门以及监察委员会、人民法院、人民检察院的质询案。质询案必须写明质询对象、质询的问题和内容。

质询案由主席团决定交由受质询机关在主席团会议、大会全体会议或者有关的专门委员会会议上口头答复，或者由受质询机关书面答复。在主席团会议或者专门委员会会议上答复的，提质询案的代表有权列席会议，发表意见；主席团认为必要的时候，可以将答复质询案的情况报告印发会议。

质询案以口头答复的，应当由受质询机关的负责人到会答复；质询案以书面答复的，应当由受质询机关的负责人签署，由主席团印发会议或者印发提质询案的代表。

第二十五条 地方各级人民代表大会进行选举和通过决议，以全体代表的过半数通过。

第四节 地方国家机关组成人员的选举、罢免和辞职

第二十六条 县级以上的地方各级人民代表大会常务委员会的组成人员，乡、民族乡、镇的人民代表大会主席、副主席，省长、副省长，自治区主席、副主席，市长、副市长，州长、副州长，县长、副县长，区长、副区长，乡长、副乡长，镇长、副镇长，监察委员会主任，人民法院院长，人民检察院检察长的人选，由本级人民代表大会主席团或者代表依照本法规定联合提名。

省、自治区、直辖市的人民代表大会代表三十人以上书面联名，设区的市和自治州的人民代表大会代表二十人以上书面联名，县级的人民代表大会代表十人以上书面联名，可以提出本级人民代表大会常务委员会组成人员，人民政府领导人员，监察委员会主任，人民法院院长，人民检察院检察长的候选人。乡、民族乡、镇的人民代表大会代表十人以上书面联名，可以提出本级人民代表大会主席、副主席，人民政府领导人员的候选人。不同选区或者选举单位选出的代表可以酝酿、联合提出候选人。

主席团提名的候选人人数，每一代表与其他代表联合提名的候选人人数，均不得超过应选名额。

提名人应当如实介绍所提名的候选人的情况。

第二十七条 人民代表大会常务委员会主任、秘书长，乡、民族乡、镇的人民代表大会主席，人民政府正职领导人员，监察委员会主任，人民法院院长，人民检察院检察长的候选人数可以多一人，进行差额选举；如果提名的候选人只有一人，也可以等额选举。人民代表大会常务委员会副主任，乡、民族乡、镇的人民代表大会副主席，人民政府副职领导人员的候选人数应比应选人数多一人至三人，人民代表大会常务委员会委员的候选人数应比应选人数多十分之一至五分之一，由本级人民代表大会根据应选人数在选举办法中规定具体差额数，进行差额选举。如果提名的候选人数符合选举办法规定的差额数，由主席团提交代表酝酿、讨论后，进行选举。如果提名的候选人数超过选举办法规定的差额数，由主席团提交代表酝酿、讨论后，进行预选，根据在预选中得票多少的顺序，按照选举办法规定的差额数，确定正式候选人名单，进行选举。

县级以上的地方各级人民代表大会换届选举本级国家机关领导人员时，提名、酝酿候选人的时间不得少于两天。

第二十八条 选举采用无记名投票方式。代表对于确定的候选人，可以投赞成票，可以投反对票，可以另选其他任何代表或者选民，也可以弃权。

第二十九条 地方各级人民代表大会选举本级国家机关领导人员，获得过半数选票的候选人人数超过应选名额时，以得票多的当选。如遇票数相等不能确定当选人时，应当就票数相等的人再次投票，以得票多的当选。

获得过半数选票的当选人数少于应选名额时，不足的名额另行选举。另行选举时，可以根据在第一次投票时得票多少的顺序确定候选人，也可以依照本法规定的程序另行提名、确定候选人。经本级人民代表大会决定，不足的名额的另行选举可以在本次人民代表大会会议上进行，也可以在下一次人民代表大会会议上进行。

另行选举人民代表大会常务委员会副主任、委员，乡、民族乡、镇的人民代表大会副主席，人民政府副职领导人员时，依照本法第二十七条第一款的规定，确定差额数，进行差额选举。

第三十条 地方各级人民代表大会补选常务委员会主任、副主任、秘书长、委员，乡、民族乡、镇的人民代表大会主席、副主席，省长、副省长，自治区主席、副主席，市长、副市长，州长、副州长，县长、副县长，区长、副区长，乡长、副乡长，镇长、副镇长，监察委员会主任，人民法院院长，人民检察院检察长时，候选人数可以多于应选人数，也可以同应选人数相等。选举办法由本级人民代表大会决定。

第三十一条　县级以上的地方各级人民代表大会举行会议的时候，主席团、常务委员会或者十分之一以上代表联名，可以提出对本级人民代表大会常务委员会组成人员、人民政府组成人员、监察委员会主任、人民法院院长、人民检察院检察长的罢免案，由主席团提请大会审议。

乡、民族乡、镇的人民代表大会举行会议的时候，主席团或者五分之一以上代表联名，可以提出对人民代表大会主席、副主席，乡长、副乡长，镇长、副镇长的罢免案，由主席团提请大会审议。

罢免案应当写明罢免理由。

被提出罢免的人员有权在主席团会议或者大会全体会议上提出申辩意见，或者书面提出申辩意见。在主席团会议上提出的申辩意见或者书面提出的申辩意见，由主席团印发会议。

向县级以上的地方各级人民代表大会提出的罢免案，由主席团交会议审议后，提请全体会议表决；或者由主席团提议，经全体会议决定，组织调查委员会，由本级人民代表大会下次会议根据调查委员会的报告审议决定。

第三十二条　县级以上的地方各级人民代表大会常务委员会组成人员、专门委员会组成人员和人民政府领导人员，监察委员会主任，人民法院院长，人民检察院检察长，可以向本级人民代表大会提出辞职，由大会决定是否接受辞职；大会闭会期间，可以向本级人民代表大会常务委员会提出辞职，由常务委员会决定是否接受辞职。常务委员会决定接受辞职后，报本级人民代表大会备案。人民检察院检察长的辞职，须报经上一级人民检察院检察长提请该级人民代表大会常务委员会批准。

乡、民族乡、镇的人民代表大会主席、副主席，乡长、副乡长，镇长、副镇长，可以向本级人民代表大会提出辞职，由大会决定是否接受辞职。

第五节　地方各级人民代表大会各委员会

第三十三条　省、自治区、直辖市、自治州、设区的市的人民代表大会根据需要，可以设法制委员会、财政经济委员会、教育科学文化卫生委员会、环境与资源保护委员会、社会建设委员会和其他需要设立的专门委员会；县、自治县、不设区的市、市辖区的人民代表大会根据需要，可以设法制委员会、财政经济委员会等专门委员会。

各专门委员会受本级人民代表大会领导；在大会闭会期间，受本级人民代表大会常务委员会领导。

第三十四条　各专门委员会的主任委员、副主任委员和委员的人选，由主席团在代表中提名，大会通过。在大会闭会期间，常务委员会可以任免专门委员会的个别副主任委员和部分委员，由主任会议提名，常务委员会会议通过。

各专门委员会每届任期同本级人民代表大会每届任期相同，履行职责到下届人民代表大会产生新的专门委员会为止。

第三十五条　各专门委员会在本级人民代表大会及其常务委员会领导下，开展下列工作：

（一）审议本级人民代表大会主席团或者常务委员会交付的议案；

（二）向本级人民代表大会主席团或者常务委员会提出属于本级人民代表大会或者常务委员会职权范围内同本委员会有关的议案，组织起草有关议案草案；

（三）承担本级人民代表大会常务委员会听取和审议专项工作报告、执法检查、专题询问等的具体组织实施工作；

（四）按照本级人民代表大会常务委员会工作安排，听取本级人民政府工作部门和监察委员会、人民法院、人民检察院的专题汇报，提出建议；

（五）对属于本级人民代表大会及其常务委员会职权范围内同本委员会有关的问题，进行调查研究，提出建议；

（六）研究办理代表建议、批评和意见，负责有关建议、批评和意见的督促办理工作；

（七）办理本级人民代表大会及其常务委员会交办的其他工作。

第三十六条　县级以上的地方各级人民代表大会可以组织关于特定问题的调查委员会。

主席团或者十分之一以上代表书面联名，可以向本级人民代表大会提议组织关于特定问题的调查委员会，由主席团提请全体会议决定。

调查委员会由主任委员、副主任委员和委员组成，由主席团在代表中提名，提请全体会议通过。

调查委员会应当向本级人民代表大会提出调查报告。人民代表大会根据调查委员会的报告，可以作出相应的决议。人民代表大会可以授权它的常务委员会听取调查委员会的调查报告，常务委员会可以作出相应的决议，报人民代表大会下次会议备案。

第三十七条　乡、民族乡、镇的每届人民代表大会第一次会议通过的代表资格审查委员会，行使职权至本届人民代表大会任期届满为止。

第六节　地方各级人民代表大会代表

第三十八条　地方各级人民代表大会代表任期，从每届本级人民代表大会举行第一次会议开始，到下届本级人民代表大会举行第一次会议为止。

第三十九条　地方各级人民代表大会代表、常务委员会组成人员，在人民代表大会和常务委员会会议上的发言和表决，不受法律追究。

第四十条　县级以上的地方各级人民代表大会代表，非经本级人民代表大会主席团许可，在大会闭会期间，非经本级人民代表大会常务委员会许可，不受逮捕或者刑事审判。如果因为是现行犯被拘留，执行拘留的公安机关应当立即向该级人民代表大会主席团或者常务委员会报告。

第四十一条　地方各级人民代表大会代表在出席人民代表大会会议和执行代表职务的时候，国家根据需要给予往返的旅费和必要的物质上的便利或者补贴。

第四十二条　县级以上的地方各级人民代表大会代表向本级人民代

表大会及其常务委员会提出的对各方面工作的建议、批评和意见,由本级人民代表大会常务委员会的办事机构交有关机关和组织研究办理并负责答复。

乡、民族乡、镇的人民代表大会代表向本级人民代表大会提出的对各方面工作的建议、批评和意见,由本级人民代表大会主席团交有关机关和组织研究办理并负责答复。

地方各级人民代表大会代表的建议、批评和意见的办理情况,由县级以上的地方各级人民代表大会常务委员会办事机构或者乡、民族乡、镇的人民代表大会主席团向本级人民代表大会常务委员会或者乡、民族乡、镇的人民代表大会报告,并予以公开。

第四十三条 地方各级人民代表大会代表应当与原选区选民或者原选举单位和人民群众保持密切联系,听取和反映他们的意见和要求,充分发挥在发展全过程人民民主中的作用。

省、自治区、直辖市、自治州、设区的市的人民代表大会代表可以列席原选举单位的人民代表大会会议。

县、自治县、不设区的市、市辖区、乡、民族乡、镇的人民代表大会代表分工联系选民,有代表三人以上的居民地区或者生产单位可以组织代表小组。

地方各级人民代表大会代表应当向原选区选民或者原选举单位报告履职情况。

第四十四条 省、自治区、直辖市、自治州、设区的市的人民代表大会代表受原选举单位的监督;县、自治县、不设区的市、市辖区、乡、民族乡、镇的人民代表大会代表受选民的监督。

地方各级人民代表大会代表的选举单位和选民有权随时罢免自己选出的代表。代表的罢免必须由原选举单位以全体代表的过半数通过,或者由原选区以选民的过半数通过。

第四十五条 地方各级人民代表大会代表因故不能担任代表职务的时候,由原选举单位或者由原选区选民补选。

第三章 县级以上的地方各级人民代表大会常务委员会

第一节 常务委员会的组成和任期

第四十六条 省、自治区、直辖市、自治州、县、自治县、市、市辖区的人民代表大会设立常务委员会,对本级人民代表大会负责并报告工作。

第四十七条 省、自治区、直辖市、自治州、设区的市的人民代表大会常务委员会由本级人民代表大会在代表中选举主任、副主任若干人、秘书长、委员若干人组成。

县、自治县、不设区的市、市辖区的人民代表大会常务委员会由本级人民代表大会在代表中选举主任、副主任若干人和委员若干人组成。

常务委员会的组成人员不得担任国家行政机关、监察机关、审判机关和检察机关的职务;如果担任上述职务,必须向常务委员会辞去常务委员会的职务。

常务委员会组成人员的名额:

(一)省、自治区、直辖市四十五人至七十五人,人口超过八千万的省不超过九十五人;

(二)设区的市、自治州二十九人至五十一人,人口超过八百万的设区的市不超过六十一人;

(三)县、自治县、不设区的市、市辖区十五人至三十五人,人口超过一百万的县、自治县、不设区的市、市辖区不超过四十五人。

省、自治区、直辖市每届人民代表大会常务委员会组成人员的名额,由省、自治区、直辖市的人民代表大会依照前款规定,按人口多少并结合常务委员会组成人员结构的需要确定。自治州、县、自治县、市、市辖区每届人民代表大会常务委员会组成人员的名额,由省、自治区、直辖市的人民代表大会常务委员会依照前款规定,按人口多少并结合常务委员会组成人员结构的需要确定。每届人民代表大会常务委员会组成人员的名额经确定后，在本届人民代表大会的任期内不再变动。

第四十八条 县级以上的地方各级人民代表大会常务委员会每届任期同本级人民代表大会每届任期相同，它行使职权到下届本级人民代表大会选出新的常务委员会为止。

第二节 常务委员会的职权

第四十九条 省、自治区、直辖市的人民代表大会常务委员会在本级人民代表大会闭会期间，根据本行政区域的具体情况和实际需要，在不同宪法、法律、行政法规相抵触的前提下，可以制定和颁布地方性法规，报全国人民代表大会常务委员会和国务院备案。

设区的市、自治州的人民代表大会常务委员会在本级人民代表大会闭会期间，根据本行政区域的具体情况和实际需要，在不同宪法、法律、行政法规和本省、自治区的地方性法规相抵触的前提下，可以依照法律规定的权限制定地方性法规，报省、自治区的人民代表大会常务委员会批准后施行，并由省、自治区的人民代表大会常务委员会报全国人民代表大会常务委员会和国务院备案。

省、自治区、直辖市以及设区的市、自治州的人民代表大会常务委员会根据区域协调发展的需要，可以开展协同立法。

第五十条 县级以上的地方各级人民代表大会常务委员会行使下列职权：

（一）在本行政区域内，保证宪法、法律、行政法规和上级人民代表大会及其常务委员会决议的遵守和执行；

（二）领导或者主持本级人民代表大会代表的选举；

（三）召集本级人民代表大会会议；

（四）讨论、决定本行政区域内的政治、经济、教育、科学、文化、卫生、生态环境保护、自然资源、城乡建设、民政、社会保障、民族等工作的重大事项和项目；

（五）根据本级人民政府的建议，审查和批准本行政区域内的国民经济和社会发展规划纲要、计划和本级预算的调整方案；

（六）监督本行政区域内的国民经济和社会发展规划纲要、计划和预算的执行，审查和批准本级决算，监督审计查出问题整改情况，审查监督政府债务；

（七）监督本级人民政府、监察委员会、人民法院和人民检察院的工作，听取和审议有关专项工作报告，组织执法检查，开展专题询问等；联系本级人民代表大会代表，受理人民群众对上述机关和国家工作人员的申诉和意见；

（八）监督本级人民政府对国有资产的管理，听取和审议本级人民政府关于国有资产管理情况的报告；

（九）听取和审议本级人民政府关于年度环境状况和环境保护目标完成情况的报告；

（十）听取和审议备案审查工作情况报告；

（十一）撤销下一级人民代表大会及其常务委员会的不适当的决议；

（十二）撤销本级人民政府的不适当的决定和命令；

（十三）在本级人民代表大会闭会期间，决定副省长、自治区副主席、副市长、副州长、副县长、副区长的个别任免；在省长、自治区主席、市长、州长、县长、区长和监察委员会主任、人民法院院长、人民检察院检察长因故不能担任职务的时候，根据主任会议的提名，从本级人民政府、监察委员会、人民法院、人民检察院副职领导人员中决定代理的人选；决定代理检察长，须报上一级人民检察院和人民代表大会常务委员会备案；

（十四）根据省长、自治区主席、市长、州长、县长、区长的提名，决定本级人民政府秘书长、厅长、局长、委员会主任、科长的任免，报上一级人民政府备案；

（十五）根据监察委员会主任的提名，任免监察委员会副主任、委员；

（十六）按照人民法院组织法和人民检察院组织法的规定，任免人民法院副院长、庭长、副庭长、审判委员会委员、审判员，任免人民检察院副检察长、检察委员会委员、检察员，批准任免下一级人民检察院检察长；省、自治区、直辖市的人民代表大会常务委员会根据主任会议的提名，决定在省、自治区内按地区设立的和在直辖市内设立的中级人民法院院长的任免，根据省、自治区、直辖市的人民检察院检察长的提名，决定人民检察院分院检察长的任免；

（十七）在本级人民代表大会闭会期间，决定撤销个别副省长、自治区副主席、副市长、副州长、副县长、副区长的职务；决定撤销由它任命的本级人民政府其他组成人员和监察委员会副主任、委员，人民法院副院长、庭长、副庭长、审判委员会委员、审判员，人民检察院副检察长、检察委员会委员、检察员，中级人民法院院长，人民检察院分院检察长的职务；

（十八）在本级人民代表大会闭会期间，补选上一级人民代表大会出缺的代表和罢免个别代表。

常务委员会讨论前款第四项规定的本行政区域内的重大事项和项目，可以作出决定或者决议，也可以将有关意见、建议送有关地方国家机关或者单位研究办理。有关办理情况应当及时向常务委员会报告。

第三节　常务委员会会议的举行

第五十一条　常务委员会会议由主任召集并主持，每两个月至少举行一次。遇有特殊需要时，可以临时召集常务委员会会议。主任可以委托副主任主持会议。

县级以上的地方各级人民政府、监察委员会、人民法院、人民检察院的负责人，列席本级人民代表大会常务委员会会议。

常务委员会会议有常务委员会全体组成人员过半数出席，始得举行。

常务委员会的决议，由常务委员会以全体组成人员的过半数通过。

第五十二条　县级以上的地方各级人民代表大会常务委员会主任会议可以向本级人民代表大会常务委员会提出属于常务委员会职权范围内的议案，由常务委员会会议审议。

县级以上的地方各级人民政府、人民代表大会各专门委员会，可以向本级人民代表大会常务委员会提出属于常务委员会职权范围内的议案，由主任会议决定提请常务委员会会议审议，或者先交有关的专门委员会审议、提出报告,再提请常务委员会会议审议。

省、自治区、直辖市、自治州、设区的市的人民代表大会常务委员会组成人员五人以上联名,县级的人民代表大会常务委员会组成人员三人以上联名,可以向本级常务委员会提出属于常务委员会职权范围内的议案,由主任会议决定是否提请常务委员会会议审议,或者先交有关的专门委员会审议、提出报告,再决定是否提请常务委员会会议审议。

第五十三条 在常务委员会会议期间,省、自治区、直辖市、自治州、设区的市的人民代表大会常务委员会组成人员五人以上联名,县级的人民代表大会常务委员会组成人员三人以上联名,可以向常务委员会书面提出对本级人民政府及其工作部门、监察委员会、人民法院、人民检察院的质询案。质询案必须写明质询对象、质询的问题和内容。

质询案由主任会议决定交由受质询机关在常务委员会全体会议上或者有关的专门委员会会议上口头答复,或者由受质询机关书面答复。在专门委员会会议上答复的,提质询案的常务委员会组成人员有权列席会议,发表意见;主任会议认为必要的时候,可以将答复质询案的情况报告印发会议。

质询案以口头答复的,应当由受质询机关的负责人到会答复;质询案以书面答复的,应当由受质询机关的负责人签署,由主任会议印发会议或者印发提质询案的常务委员会组成人员。

第五十四条 省、自治区、直辖市、自治州、设区的市的人民代表大会常务委员会主任、副主任和秘书长组成主任会议;县、自治县、不设区的市、市辖区的人民代表大会常务委员会主任、副主任组成主任会议。

主任会议处理常务委员会的重要日常工作:

(一)决定常务委员会每次会议的会期,拟订会议议程草案,必要时提出调整会议议程的建议;

(二)对向常务委员会提出的议案和质询案,决定交由有关的专门委员会审议或者提请常务委员会全体会议审议;

(三)决定是否将议案和决定草案、决议草案提请常务委员会全体会议表决,对暂不交付表决的,提出下一步处理意见;

（四）通过常务委员会年度工作计划等；

（五）指导和协调专门委员会的日常工作；

（六）其他重要日常工作。

第五十五条 常务委员会主任因为健康情况不能工作或者缺位的时候，由常务委员会在副主任中推选一人代理主任的职务，直到主任恢复健康或者人民代表大会选出新的主任为止。

第四节 常务委员会各委员会和工作机构

第五十六条 县级以上的地方各级人民代表大会常务委员会设立代表资格审查委员会。

代表资格审查委员会的主任委员、副主任委员和委员的人选，由常务委员会主任会议在常务委员会组成人员中提名，常务委员会任免。

第五十七条 代表资格审查委员会审查代表的选举是否符合法律规定。

第五十八条 主任会议或者五分之一以上的常务委员会组成人员书面联名，可以向本级人民代表大会常务委员会提议组织关于特定问题的调查委员会，由全体会议决定。

调查委员会由主任委员、副主任委员和委员组成，由主任会议在常务委员会组成人员和其他代表中提名，提请全体会议通过。

调查委员会应当向本级人民代表大会常务委员会提出调查报告。常务委员会根据调查委员会的报告，可以作出相应的决议。

第五十九条 常务委员会根据工作需要，设立办事机构和法制工作委员会、预算工作委员会、代表工作委员会等工作机构。

省、自治区的人民代表大会常务委员会可以在地区设立工作机构。

市辖区、不设区的市的人民代表大会常务委员会可以在街道设立工作机构。工作机构负责联系街道辖区内的人民代表大会代表，组织代表开展活动，反映代表和群众的建议、批评和意见，办理常务委员会交办的监督、选举以及其他工作，并向常务委员会报告工作。

县、自治县的人民代表大会常务委员会可以比照前款规定，在街道设立工作机构。

第六十条 县级以上的地方各级人民代表大会常务委员会和各专门委员会、工作机构应当建立健全常务委员会组成人员和各专门委员会、工作机构联系代表的工作机制，支持和保障代表依法履职，扩大代表对各项工作的参与，充分发挥代表作用。

县级以上的地方各级人民代表大会常务委员会通过建立基层联系点、代表联络站等方式，密切同人民群众的联系，听取对立法、监督等工作的意见和建议。

第四章 地方各级人民政府

第一节 一般规定

第六十一条 省、自治区、直辖市、自治州、县、自治县、市、市辖区、乡、民族乡、镇设立人民政府。

第六十二条 地方各级人民政府应当维护宪法和法律权威，坚持依法行政，建设职能科学、权责法定、执法严明、公开公正、智能高效、廉洁诚信、人民满意的法治政府。

第六十三条 地方各级人民政府应当坚持以人民为中心，全心全意为人民服务，提高行政效能，建设服务型政府。

第六十四条 地方各级人民政府应当严格执行廉洁从政各项规定，加强廉政建设，建设廉洁政府。

第六十五条 地方各级人民政府应当坚持诚信原则，加强政务诚信建设，建设诚信政府。

第六十六条 地方各级人民政府应当坚持政务公开，全面推进决策、执行、管理、服务、结果公开，依法、及时、准确公开政府信息，推进政务数据有序共享，提高政府工作的透明度。

第六十七条 地方各级人民政府应当坚持科学决策、民主决策、依法决策，提高决策的质量。

第六十八条　地方各级人民政府应当依法接受监督，确保行政权力依法正确行使。

第六十九条　地方各级人民政府对本级人民代表大会和上一级国家行政机关负责并报告工作。县级以上的地方各级人民政府在本级人民代表大会闭会期间，对本级人民代表大会常务委员会负责并报告工作。

全国地方各级人民政府都是国务院统一领导下的国家行政机关，都服从国务院。

地方各级人民政府实行重大事项请示报告制度。

第二节　地方各级人民政府的组成和任期

第七十条　省、自治区、直辖市、自治州、设区的市的人民政府分别由省长、副省长，自治区主席、副主席，市长、副市长，州长、副州长和秘书长、厅长、局长、委员会主任等组成。

县、自治县、不设区的市、市辖区的人民政府分别由县长、副县长，市长、副市长，区长、副区长和局长、科长等组成。

乡、民族乡的人民政府设乡长、副乡长。民族乡的乡长由建立民族乡的少数民族公民担任。镇人民政府设镇长、副镇长。

第七十一条　新的一届人民政府领导人员依法选举产生后，应当在两个月内提请本级人民代表大会常务委员会任命人民政府秘书长、厅长、局长、委员会主任、科长。

第七十二条　地方各级人民政府每届任期五年。

第三节　地方各级人民政府的职权

第七十三条　县级以上的地方各级人民政府行使下列职权：

（一）执行本级人民代表大会及其常务委员会的决议，以及上级国家行政机关的决定和命令，规定行政措施，发布决定和命令；

（二）领导所属各工作部门和下级人民政府的工作；

（三）改变或者撤销所属各工作部门的不适当的命令、指示和下级人民政府的不适当的决定、命令；

（四）依照法律的规定任免、培训、考核和奖惩国家行政机关工作人员；

（五）编制和执行国民经济和社会发展规划纲要、计划和预算，管理本行政区域内的经济、教育、科学、文化、卫生、体育、城乡建设等事业和生态环境保护、自然资源、财政、民政、社会保障、公安、民族事务、司法行政、人口与计划生育等行政工作；

（六）保护社会主义的全民所有的财产和劳动群众集体所有的财产，保护公民私人所有的合法财产，维护社会秩序，保障公民的人身权利、民主权利和其他权利；

（七）履行国有资产管理职责；

（八）保护各种经济组织的合法权益；

（九）铸牢中华民族共同体意识，促进各民族广泛交往交流交融，保障少数民族的合法权利和利益，保障少数民族保持或者改革自己的风俗习惯的自由，帮助本行政区域内的民族自治地方依照宪法和法律实行区域自治，帮助各少数民族发展政治、经济和文化的建设事业；

（十）保障宪法和法律赋予妇女的男女平等、同工同酬和婚姻自由等各项权利；

（十一）办理上级国家行政机关交办的其他事项。

第七十四条　省、自治区、直辖市的人民政府可以根据法律、行政法规和本省、自治区、直辖市的地方性法规，制定规章，报国务院和本级人民代表大会常务委员会备案。设区的市、自治州的人民政府可以根据法律、行政法规和本省、自治区的地方性法规，依照法律规定的权限制定规章，报国务院和省、自治区的人民代表大会常务委员会、人民政府以及本级人民代表大会常务委员会备案。

依照前款规定制定规章，须经各该级政府常务会议或者全体会议讨论决定。

第七十五条　县级以上的地方各级人民政府制定涉及个人、组织权利义务的规范性文件，应当依照法定权限和程序，进行评估论证、公开征求意见、合法性审查、集体讨论决定，并予以公布和备案。

第七十六条 乡、民族乡、镇的人民政府行使下列职权：

（一）执行本级人民代表大会的决议和上级国家行政机关的决定和命令，发布决定和命令；

（二）执行本行政区域内的经济和社会发展计划、预算，管理本行政区域内的经济、教育、科学、文化、卫生、体育等事业和生态环境保护、财政、民政、社会保障、公安、司法行政、人口与计划生育等行政工作；

（三）保护社会主义的全民所有的财产和劳动群众集体所有的财产，保护公民私人所有的合法财产，维护社会秩序，保障公民的人身权利、民主权利和其他权利；

（四）保护各种经济组织的合法权益；

（五）铸牢中华民族共同体意识，促进各民族广泛交往交流交融，保障少数民族的合法权利和利益，保障少数民族保持或者改革自己的风俗习惯的自由；

（六）保障宪法和法律赋予妇女的男女平等、同工同酬和婚姻自由等各项权利；

（七）办理上级人民政府交办的其他事项。

第七十七条 地方各级人民政府分别实行省长、自治区主席、市长、州长、县长、区长、乡长、镇长负责制。

省长、自治区主席、市长、州长、县长、区长、乡长、镇长分别主持地方各级人民政府的工作。

第七十八条 县级以上的地方各级人民政府会议分为全体会议和常务会议。全体会议由本级人民政府全体成员组成。省、自治区、直辖市、自治州、设区的市的人民政府常务会议，分别由省长、副省长，自治区主席、副主席，市长、副市长，州长、副州长和秘书长组成。县、自治县、不设区的市、市辖区的人民政府常务会议，分别由县长、副县长，市长、副市长，区长、副区长组成。省长、自治区主席、市长、州长、县长、区长召集和主持本级人民政府全体会议和常务会议。政府工作中的重大问题，须经政府常务会议或者全体会议讨论决定。

183

第四节 地方各级人民政府的机构设置

第七十九条 地方各级人民政府根据工作需要和优化协同高效以及精干的原则,设立必要的工作部门。

县级以上的地方各级人民政府设立审计机关。地方各级审计机关依照法律规定独立行使审计监督权,对本级人民政府和上一级审计机关负责。

省、自治区、直辖市的人民政府的厅、局、委员会等工作部门和自治州、县、自治县、市、市辖区的人民政府的局、科等工作部门的设立、增加、减少或者合并,按照规定程序报请批准,并报本级人民代表大会常务委员会备案。

第八十条 县级以上的地方各级人民政府根据国家区域发展战略,结合地方实际需要,可以共同建立跨行政区划的区域协同发展工作机制,加强区域合作。

上级人民政府应当对下级人民政府的区域合作工作进行指导、协调和监督。

第八十一条 县级以上的地方各级人民政府根据应对重大突发事件的需要,可以建立跨部门指挥协调机制。

第八十二条 各厅、局、委员会、科分别设厅长、局长、主任、科长,在必要的时候可以设副职。

办公厅、办公室设主任,在必要的时候可以设副主任。

省、自治区、直辖市、自治州、设区的市的人民政府设秘书长一人,副秘书长若干人。

第八十三条 省、自治区、直辖市的人民政府的各工作部门受人民政府统一领导,并且依照法律或者行政法规的规定受国务院主管部门的业务指导或者领导。

自治州、县、自治县、市、市辖区的人民政府的各工作部门受人民政府统一领导,并且依照法律或者行政法规的规定受上级人民政府主管部门的业务指导或者领导。

第八十四条　省、自治区、直辖市、自治州、县、自治县、市、市辖区的人民政府应当协助设立在本行政区域内不属于自己管理的国家机关、企业、事业单位进行工作，并且监督它们遵守和执行法律和政策。

第八十五条　省、自治区的人民政府在必要的时候，经国务院批准，可以设立若干派出机关。

县、自治县的人民政府在必要的时候，经省、自治区、直辖市的人民政府批准，可以设立若干区公所，作为它的派出机关。

市辖区、不设区的市的人民政府，经上一级人民政府批准，可以设立若干街道办事处，作为它的派出机关。

第八十六条　街道办事处在本辖区内办理派出它的人民政府交办的公共服务、公共管理、公共安全等工作，依法履行综合管理、统筹协调、应急处置和行政执法等职责，反映居民的意见和要求。

第八十七条　乡、民族乡、镇的人民政府和市辖区、不设区的市的人民政府或者街道办事处对基层群众性自治组织的工作给予指导、支持和帮助。基层群众性自治组织协助乡、民族乡、镇的人民政府和市辖区、不设区的市的人民政府或者街道办事处开展工作。

第八十八条　乡、民族乡、镇的人民政府和街道办事处可以根据实际情况建立居民列席有关会议的制度。

第五章　附　　则

第八十九条　自治区、自治州、自治县的自治机关除行使本法规定的职权外，同时依照宪法、民族区域自治法和其他法律规定的权限行使自治权。

第九十条　省、自治区、直辖市的人民代表大会及其常务委员会可以根据本法和实际情况，对执行中的问题作具体规定。

全国人民代表大会常务委员会
关于县级以下人民代表大会代表
直接选举的若干规定

（1983年3月5日第五届全国人民代表大会常务委员会第二十六次会议通过）

为了便于实施《中华人民共和国全国人民代表大会和地方各级人民代表大会选举法》，对县级以下人民代表大会代表直接选举中的若干问题作如下规定：

一、县、自治县、不设区的市、市辖区、乡、民族乡、镇设立选举委员会。县、自治县、不设区的市、市辖区的选举委员会的组成人员由本级人民代表大会常务委员会任命。乡、民族乡、镇的选举委员会的组成人员由县、自治县、不设区的市、市辖区的人民代表大会常务委员会任命。

选举委员会设立办事机构，办理选举的具体事务。

二、选举委员会的职权是：

（一）主持本级人民代表大会代表的选举；

（二）进行选民登记，审查选民资格，公布选民名单；受理对于选民名单不同意见的申诉，并做出决定；

（三）划分选举本级人民代表大会代表的选区，分配各选区应选代表的名额；

（四）根据较多数选民的意见，确定和公布正式代表候选人的名单；

（五）规定选举日期；

（六）确定选举结果是否有效，公布当选代表名单。

县、自治县、不设区的市、市辖区的选举委员会指导乡、民族乡、镇的选举委员会的工作。

三、精神病患者不能行使选举权利的，经选举委员会确认，不行使选举权利。

四、因反革命案或者其他严重刑事犯罪案被羁押，正在受侦查、起诉、审判的人，经人民检察院或者人民法院决定，在被羁押期间停止行使选举权利。

五、下列人员准予行使选举权利：

（一）被判处有期徒刑、拘役、管制而没有附加剥夺政治权利的；

（二）被羁押，正在受侦查、起诉、审判，人民检察院或者人民法院没有决定停止行使选举权利的；

（三）正在取保候审或者被监视居住的；

（四）正在被劳动教养的；①

（五）正在受拘留处罚的。

以上所列人员参加选举，由选举委员会和执行监禁、羁押、拘留或者劳动教养的机关共同决定，可以在流动票箱投票，或者委托有选举权的亲属或者其他选民代为投票。被判处拘役、受拘留处罚或者被劳动教养的人也可以在选举日回原选区参加选举。

六、县、自治县的人民政府驻地在市区内的，其所属机关、团体和企业事业组织的职工，参加县、自治县的人民代表大会代表的选举，不参加市、市辖区的人民代表大会代表的选举。

七、驻在乡、民族乡、镇的不属于县级以下人民政府领导的企业事业组织的职工，可以只参加县级人民代表大会代表的选举，不参加乡、民族乡、镇的人民代表大会代表的选举。

八、选区的大小，按照每一选区选 1 至 3 名代表划分。

九、选民在选举期间临时在外地劳动、工作或者居住，不能回原选区参加选举的，经原居住地的选举委员会认可，可以书面委托有选举权

---

① 根据 2013 年 12 月 28 日公布施行的《全国人民代表大会常务委员会关于废止有关劳动教养法律规定的决定》，废止劳动教养制度，在劳动教养制度废止前，依法作出的劳动教养决定有效；劳动教养制度废止后，对正在被依法执行劳动教养的人员，解除劳动教养，剩余期限不再执行。

的亲属或者其他选民在原选区代为投票。

选民实际上已经迁居外地但是没有转出户口的,在取得原选区选民资格的证明后,可以在现居住地的选区参加选举。

十、每一选民(3人以上附议)推荐的代表候选人的名额,不得超过本选区应选代表的名额。

选民和各政党、各人民团体推荐的代表候选人都应当列入代表候选人名单,选举委员会不得调换或者增减。

正式代表候选人名单,经过预选确定的,按得票多少的顺序排列。

中国人民解放军选举全国人民代表大会和县级以上地方各级人民代表大会代表的办法

(1981年6月10日第五届全国人民代表大会常务委员会第十九次会议通过 1996年10月29日第八届全国人民代表大会常务委员会第二十二次会议修订 根据2012年6月30日第十一届全国人民代表大会常务委员会第二十七次会议《关于修改〈中国人民解放军选举全国人民代表大会和县级以上地方各级人民代表大会代表的办法〉的决定》第一次修正 根据2021年4月29日第十三届全国人民代表大会常务委员会第二十八次会议《关于修改〈中国人民解放军选举全国人民代表大会和县级以上地方各级人民代表大会代表的办法〉的决定》第二次修正)

目 录

第一章 总 则
第二章 选举委员会

第三章　代表名额的决定和分配

第四章　选区和选举单位

第五章　代表候选人的提出

第六章　选举程序

第七章　对代表的监督和罢免、辞职、补选

第八章　附　　则

第一章　总　　则

第一条　根据《中华人民共和国宪法》和《中华人民共和国全国人民代表大会和地方各级人民代表大会选举法》的有关规定，制定本办法。

第二条　人民解放军军人和参加军队选举的其他人员依照本办法选举全国人民代表大会和县级以上地方各级人民代表大会代表。

第三条　人民解放军及人民解放军团级以上单位设立选举委员会。

人民解放军选举委员会领导全军的选举工作，其他各级选举委员会主持本单位的选举工作。

第四条　连和其他基层单位的军人委员会，主持本单位的选举工作。

第五条　人民解放军军人、文职人员，军队管理的离休、退休人员和其他人员，参加军队选举。

驻军的驻地距离当地居民的居住地较远，随军家属参加地方选举有困难的，经选举委员会或者军人委员会批准，可以参加军队选举。

第六条　驻地方工厂、铁路、水运、科研等单位的军代表，在地方院校学习的军队人员，可以参加地方选举。

第七条　本办法第五条所列人员，凡年满十八周岁，不分民族、种族、性别、职业、家庭出身、宗教信仰、教育程度、财产状况、居住期限，都具有选民资格，享有选举权和被选举权。

依照法律被剥夺政治权利的人没有选举权和被选举权。

精神病患者不能行使选举权利的，经选举委员会确认，不参加选举。

第二章　选举委员会

第八条　人民解放军选举委员会的组成人员，由全国人民代表大会常务委员会批准。其他各级选举委员会的组成人员，由上一级选举委员会批准。

下级选举委员会受上级选举委员会的领导。

选举委员会任期五年，行使职权至新的选举委员会产生为止。选举委员会的组成人员调离本单位或者免职、退役的，其在选举委员会中担任的职务自行终止；因职务调整或者其他原因不宜继续在选举委员会中担任职务的，应当免除其在选举委员会中担任的职务。选举委员会的组成人员出缺时，应当及时增补。

第九条　人民解放军选举委员会由十一至十九人组成，设主任一人，副主任一至三人，委员若干人。其他各级选举委员会由七至十七人组成，设主任一人，副主任一至二人，委员若干人。

第十条　团级以上单位的选举委员会组织、指导所属单位的选举，办理下列事项：

（一）审查军人代表大会代表资格；

（二）确定选举日期；

（三）公布人民代表大会代表候选人名单；

（四）主持本级军人代表大会或者军人大会的投票选举；

（五）确定选举结果是否有效，公布当选的人民代表大会代表名单；

（六）主持本级军人代表大会或者军人大会罢免和补选人民代表大会代表、接受人民代表大会代表辞职。

第十一条　选举委员会下设办公室，具体承办本级有关选举的日常工作。

办公室设在政治工作部门，工作人员由本级选举委员会确定。

第三章　代表名额的决定和分配

第十二条　人民解放军应选全国人民代表大会代表的名额，由全国人民代表大会常务委员会决定。

第十三条　中央军事委员会机关部门和战区、军兵种、军事科学院、国防大学、国防科技大学等单位应选全国人民代表大会代表的名额，由人民解放军选举委员会分配。中央军事委员会直属机构参加其代管部门的选举。

第十四条　各地驻军应选县级以上地方各级人民代表大会代表的名额，由驻地各该级人民代表大会常务委员会决定。

有关选举事宜，由省军区（卫戍区、警备区）、军分区（警备区）、人民武装部分别与驻地的人民代表大会常务委员会协商决定。

第四章　选区和选举单位

第十五条　驻军选举县级人民代表大会代表，由驻该行政区域的军人和参加军队选举的其他人员按选区直接选举产生。选区按该行政区域内驻军各单位的分布情况划分。

选区的大小，按照每一选区选一名至三名代表划分。

第十六条　驻军应选的设区的市、自治州、省、自治区、直辖市人民代表大会代表，由团级以上单位召开军人代表大会选举产生。

中央军事委员会机关部门和战区、军兵种、军事科学院、国防大学、国防科技大学等单位的军人代表大会，选举全国人民代表大会代表。

第十七条　人民解放军师级以上单位的军人代表大会代表，由下级军人代表大会选举产生。下级单位不召开军人代表大会的，由军人大会选举产生。

旅、团单位的军人代表大会代表，由连和其他基层单位召开军人大会选举产生。

军人代表大会由选举委员会召集，军人大会由选举委员会或者军人委员会召集。

军人代表大会每届任期五年。军人代表大会代表任期从本届军人代表大会举行第一次会议开始，到下届军人代表大会举行第一次会议为止。

第五章 代表候选人的提出

第十八条 人民解放军选举全国和县级以上地方各级人民代表大会代表，候选人按选区或者选举单位提名产生。

中国共产党在军队中的各级组织，可以推荐代表候选人。选民或者军人代表大会代表，十人以上联名，也可以推荐代表候选人。推荐者应向选举委员会或者军人委员会介绍候选人的情况。接受推荐的代表候选人应当向选举委员会或者军人委员会如实提供个人基本情况。提供的基本情况不实的，选举委员会或者军人委员会应当向选民或者军人代表大会代表通报。

第十九条 人民解放军选举全国和县级以上地方各级人民代表大会代表实行差额选举，代表候选人的人数应多于应选代表的名额。

由选民直接选举的，代表候选人的人数应多于应选代表名额三分之一至一倍；由军人代表大会选举的，代表候选人的人数应多于应选代表名额五分之一至二分之一。

第二十条 由选民直接选举的，代表候选人由选举委员会或者军人委员会汇总后，将代表候选人名单以及代表候选人的基本情况在选举日的十五日以前公布，并交各该选区的选民反复讨论、协商，确定正式代表候选人名单。如果所提代表候选人的人数超过本办法第十九条规定的最高差额比例，由选举委员会或者军人委员会交各该选区的选民讨论、协商，根据较多数选民的意见，确定正式代表候选人名单；对正式代表候选人不能形成较为一致意见的，进行预选，根据预选时得票多少的顺序，确定正式代表候选人名单。正式代表候选人名单以及代表候选人的基本情况应当在选举日的七日以前公布。

团级以上单位的军人代表大会在选举人民代表大会代表时,提名、酝酿代表候选人的时间不得少于两天。各该级选举委员会将依法提出的代表候选人名单以及代表候选人的基本情况印发军人代表大会全体代表酝酿、讨论。如果所提代表候选人的人数符合本办法第十九条规定的差额比例,直接进行投票选举。如果所提代表候选人的人数超过本办法第十九条规定的最高差额比例,进行预选,根据预选时得票多少的顺序,按照本级军人代表大会确定的具体差额比例,确定正式代表候选人名单,进行投票选举。

第二十一条　军人代表大会在选举全国和县级以上地方各级人民代表大会代表时,代表候选人不限于本级军人代表大会代表。

第二十二条　选举委员会或者军人委员会应当介绍代表候选人的情况。

推荐代表候选人的组织或者个人可以在选民小组或者军人代表大会小组会议上介绍所推荐的代表候选人的情况。直接选举时,选举委员会或者军人委员会根据选民的要求,应当组织代表候选人与选民见面,由代表候选人介绍本人的情况,回答选民的问题。但是,在选举日必须停止对代表候选人的介绍。

第六章　选举程序

第二十三条　直接选举时,各选区应当召开军人大会进行选举,或者按照方便选民投票的原则设立投票站进行选举。驻地分散或者行动不便的选民,可以在流动票箱投票。投票选举由军人委员会或者选举委员会主持。

军人代表大会的投票选举,由选举委员会主持。

第二十四条　人民解放军选举全国和县级以上地方各级人民代表大会代表,一律采用无记名投票的方法。选举时应当设有秘密写票处。

选民因残疾等原因不能写选票,可以委托他信任的人代写。

第二十五条 选民如果在选举期间外出，经军人委员会或者选举委员会同意，可以书面委托其他选民代为投票。每一选民接受的委托不得超过三人，并应当按照委托人的意愿代为投票。

第二十六条 选举人对代表候选人可以投赞成票，可以投反对票，可以另选其他任何选民，也可以弃权。

第二十七条 投票结束后，由选民推选的或者军人代表大会代表推选的监票、计票人员和选举委员会或者军人委员会的人员将投票人数和票数加以核对，作出记录，并由监票人签字。

代表候选人的近亲属不得担任监票人、计票人。

第二十八条 每次选举所投的票数，多于投票人数的无效，等于或者少于投票人数的有效。

每一选票所选的人数，多于规定应选代表人数的作废，等于或者少于规定应选代表人数的有效。

第二十九条 直接选举时，参加投票的选民超过选区全体选民的半数，选举有效。代表候选人获得参加投票的选民过半数的选票时，始得当选。

军人代表大会选举时，代表候选人获得全体代表过半数的选票，始得当选。

第三十条 获得过半数选票的代表候选人的人数超过应选代表名额时，以得票多的当选。如遇票数相等不能确定当选人时，应就票数相等的候选人再次投票，以得票多的当选。

获得过半数选票的当选代表的人数少于应选代表名额时，不足的名额另行选举。另行选举时，根据在第一次投票时得票多少的顺序，按照本办法第十九条规定的差额比例，确定候选人名单。如果只选一人，候选人应为二人。

依照前款规定另行选举县级人民代表大会代表时，代表候选人以得票多的当选，但是得票数不得少于选票的三分之一；团级以上单位的军人代表大会在另行选举设区的市、自治州、省、自治区、直辖市和全国人民代表大会代表时，代表候选人获得军人代表大会全体代表过半数的选票，始得当选。

第三十一条 选举结果由选举委员会或者军人委员会根据本办法确定是否有效，并予以宣布。

第七章 对代表的监督和罢免、辞职、补选

第三十二条 人民解放军选出的全国和县级以上地方各级人民代表大会代表，受选民和原选举单位的监督。选民或者选举单位都有权罢免自己选出的代表。

第三十三条 对于县级人民代表大会代表，原选区选民十人以上联名，可以向旅、团级选举委员会书面提出罢免要求。

罢免要求应当写明罢免理由。被提出罢免的代表有权在军人大会上提出申辩意见，也可以书面提出申辩意见。

旅、团级选举委员会应当将罢免要求和被提出罢免的代表的书面申辩意见印发原选区选民。

表决罢免要求，由旅、团级选举委员会主持。

第三十四条 军人代表大会举行会议时，团级以上单位的选举委员会可以提出对由该级军人代表大会选出的人民代表大会代表的罢免案。罢免案应当写明罢免理由。

军人代表大会举行会议时，被提出罢免的代表有权在会议上提出申辩意见，或者书面提出申辩意见。罢免案经会议审议后予以表决。

第二十五条 罢免代表采用无记名投票的表决方式。

第三十六条 罢免县级人民代表大会代表，须经原选区过半数的选民通过。

罢免由军人代表大会选出的人民代表大会代表，由各该级军人代表大会过半数的代表通过。

罢免的决议，须报送同级人民代表大会常务委员会和军队上一级选举委员会备案。

第三十七条 人民解放军选出的设区的市、自治州、省、自治区、

直辖市和全国人民代表大会代表，可以向原选举单位的选举委员会书面提出辞职。人民解放军选出的县级人民代表大会代表，可以向原选区的选举委员会或者军人委员会书面提出辞职。接受辞职，须经军人代表大会或者军人大会全体人员的过半数通过，并报送各该级人民代表大会常务委员会和军队上一级选举委员会备案。

因执行任务等原因无法召开军人代表大会的，团级以上单位的选举委员会可以接受各该级选出的设区的市、自治州、省、自治区、直辖市和全国人民代表大会代表辞职。选举委员会接受人民代表大会代表辞职后，应当及时通报选举产生该代表的军人代表大会的代表，并报送各该级人民代表大会常务委员会和军队上一级选举委员会备案。

第三十八条　代表在任期内因故出缺，由原选区或者原选举单位补选。

人民解放军选出的县级以上地方各级人民代表大会代表，在任期内调离本行政区域的，其代表资格自行终止，缺额另行补选。

补选代表时，代表候选人的名额可以多于应选代表的名额，也可以同应选代表的名额相等。

因执行任务等原因无法召开军人代表大会的，可以由本级选举委员会进行补选。

第八章　附　　则

第三十九条　人民解放军的选举经费，由军费开支。

第四十条　人民武装警察部队选举全国人民代表大会和县级以上地方各级人民代表大会代表，适用本办法。

中华人民共和国各级人民代表大会常务委员会监督法

（2006年8月27日第十届全国人民代表大会常务委员会第二十三次会议通过 2006年8月27日中华人民共和国主席令第53号公布 自2007年1月1日起施行）

目　　录

第一章　总　则
第二章　听取和审议人民政府、人民法院和人民检察院的专项工作报告
第三章　审查和批准决算，听取和审议国民经济和社会发展计划、预算的执行情况报告，听取和审议审计工作报告
第四章　法律法规实施情况的检查
第五章　规范性文件的备案审查
第六章　询问和质询
第七章　特定问题调查
第八章　撤职案的审议和决定
第九章　附　则

第一章　总　则

第一条 为保障全国人民代表大会常务委员会和县级以上地方各级人民代表大会常务委员会依法行使监督职权，发展社会主义民主，推进依法治国，根据宪法，制定本法。

第二条 各级人民代表大会常务委员会依据宪法和有关法律的规定，行使监督职权。

各级人民代表大会常务委员会行使监督职权的程序，适用本法；本法没有规定的，适用有关法律的规定。

第三条 各级人民代表大会常务委员会行使监督职权，应当围绕国家工作大局，以经济建设为中心，坚持中国共产党的领导，坚持马克思列宁主义、毛泽东思想、邓小平理论和"三个代表"重要思想，坚持人民民主专政，坚持社会主义道路，坚持改革开放。

第四条 各级人民代表大会常务委员会按照民主集中制的原则，集体行使监督职权。

第五条 各级人民代表大会常务委员会对本级人民政府、人民法院和人民检察院的工作实施监督，促进依法行政、公正司法。

第六条 各级人民代表大会常务委员会行使监督职权的情况，应当向本级人民代表大会报告，接受监督。

第七条 各级人民代表大会常务委员会行使监督职权的情况，向社会公开。

第二章 听取和审议人民政府、人民法院和人民检察院的专项工作报告

第八条 各级人民代表大会常务委员会每年选择若干关系改革发展稳定大局和群众切身利益、社会普遍关注的重大问题，有计划地安排听取和审议本级人民政府、人民法院和人民检察院的专项工作报告。

常务委员会听取和审议专项工作报告的年度计划，经委员长会议或者主任会议通过，印发常务委员会组成人员并向社会公布。

第九条 常务委员会听取和审议本级人民政府、人民法院和人民检察院的专项工作报告的议题，根据下列途径反映的问题确定：

（一）本级人民代表大会常务委员会在执法检查中发现的突出问题；

（二）本级人民代表大会代表对人民政府、人民法院和人民检察院工作提出的建议、批评和意见集中反映的问题；

（三）本级人民代表大会常务委员会组成人员提出的比较集中的问题；

（四）本级人民代表大会专门委员会、常务委员会工作机构在调查研究中发现的突出问题；

（五）人民来信来访集中反映的问题；

（六）社会普遍关注的其他问题。

人民政府、人民法院和人民检察院可以向本级人民代表大会常务委员会要求报告专项工作。

第十条 常务委员会听取和审议专项工作报告前，委员长会议或者主任会议可以组织本级人民代表大会常务委员会组成人员和本级人民代表大会代表，对有关工作进行视察或者专题调查研究。

常务委员会可以安排参加视察或者专题调查研究的代表列席常务委员会会议，听取专项工作报告，提出意见。

第十一条 常务委员会听取和审议专项工作报告前，常务委员会办事机构应当将各方面对该项工作的意见汇总，交由本级人民政府、人民法院或者人民检察院研究并在专项工作报告中作出回应。

第十二条 人民政府、人民法院或者人民检察院应当在常务委员会举行会议的二十日前，由其办事机构将专项工作报告送交本级人民代表大会有关专门委员会或者常务委员会有关工作机构征求意见；人民政府、人民法院或者人民检察院对报告修改后，在常务委员会举行会议的十日前送交常务委员会。

常务委员会办事机构应当在常务委员会举行会议的七日前，将专项工作报告发给常务委员会组成人员。

第十三条 专项工作报告由人民政府、人民法院或者人民检察院的负责人向本级人民代表大会常务委员会报告，人民政府也可以委托有关部门负责人向本级人民代表大会常务委员会报告。

第十四条 常务委员会组成人员对专项工作报告的审议意见交由本级人民政府、人民法院或者人民检察院研究处理。人民政府、人民法院或者人民检察院应当将研究处理情况由其办事机构送交本级人民代表大会有关专门委员会或者常务委员会有关工作机构征求意见后，向常务委员会提出书面报告。常务委员会认为必要时，可以对专项工作报告作出决议；本级人民政府、人民法院或者人民检察院应当在决议规定的期限内，将执行决议的情况向常务委员会报告。

常务委员会听取的专项工作报告及审议意见，人民政府、人民法院或者人民检察院对审议意见研究处理情况或者执行决议情况的报告，向本级人民代表大会代表通报并向社会公布。

第三章 审查和批准决算，听取和审议国民经济和社会发展计划、预算的执行情况报告，听取和审议审计工作报告

第十五条 国务院应当在每年六月，将上一年度的中央决算草案提请全国人民代表大会常务委员会审查和批准。

县级以上地方各级人民政府应当在每年六月至九月期间，将上一年度的本级决算草案提请本级人民代表大会常务委员会审查和批准。

决算草案应当按照本级人民代表大会批准的预算所列科目编制，按预算数、调整数或者变更数以及实际执行数分别列出，并作出说明。

第十六条 国务院和县级以上地方各级人民政府应当在每年六月至九月期间，向本级人民代表大会常务委员会报告本年度上一阶段国民经济和社会发展计划、预算的执行情况。

第十七条 国民经济和社会发展计划、预算经人民代表大会批准后，在执行过程中需要作部分调整的，国务院和县级以上地方各级人民政府应当将调整方案提请本级人民代表大会常务委员会审查和批准。

严格控制不同预算科目之间的资金调整。预算安排的农业、教育、科技、文化、卫生、社会保障等资金需要调减的，国务院和县级以上地方各级人民政府应当提请本级人民代表大会常务委员会审查和批准。

国务院和县级以上地方各级人民政府有关主管部门应当在本级人民代表大会常务委员会举行会议审查和批准预算调整方案的一个月前，将预算调整初步方案送交本级人民代表大会财政经济委员会进行初步审查，或者送交常务委员会有关工作机构征求意见。

第十八条 常务委员会对决算草案和预算执行情况报告，重点审查

下列内容：

（一）预算收支平衡情况；
（二）重点支出的安排和资金到位情况；
（三）预算超收收入的安排和使用情况；
（四）部门预算制度建立和执行情况；
（五）向下级财政转移支付情况；
（六）本级人民代表大会关于批准预算的决议的执行情况。

除前款规定外，全国人民代表大会常务委员会还应当重点审查国债余额情况；县级以上地方各级人民代表大会常务委员会还应当重点审查上级财政补助资金的安排和使用情况。

第十九条 常务委员会每年审查和批准决算的同时，听取和审议本级人民政府提出的审计机关关于上一年度预算执行和其他财政收支的审计工作报告。

第二十条 常务委员会组成人员对国民经济和社会发展计划执行情况报告、预算执行情况报告和审计工作报告的审议意见交由本级人民政府研究处理。人民政府应当将研究处理情况向常务委员会提出书面报告。常务委员会认为必要时，可以对审计工作报告作出决议；本级人民政府应当在决议规定的期限内，将执行决议的情况向常务委员会报告。

常务委员会听取的国民经济和社会发展计划执行情况报告、预算执行情况报告和审计工作报告及审议意见，人民政府对审议意见研究处理情况或者执行决议情况的报告，向本级人民代表大会代表通报并向社会公布。

第二十一条 国民经济和社会发展五年规划经人民代表大会批准后，在实施的中期阶段，人民政府应当将规划实施情况的中期评估报告提请本级人民代表大会常务委员会审议。规划经中期评估需要调整的，人民政府应当将调整方案提请本级人民代表大会常务委员会审查和批准。

第四章　法律法规实施情况的检查

第二十二条 各级人民代表大会常务委员会参照本法第九条规定的

途径,每年选择若干关系改革发展稳定大局和群众切身利益、社会普遍关注的重大问题,有计划地对有关法律、法规实施情况组织执法检查。

第二十三条 常务委员会年度执法检查计划,经委员长会议或者主任会议通过,印发常务委员会组成人员并向社会公布。

常务委员会执法检查工作由本级人民代表大会有关专门委员会或者常务委员会有关工作机构具体组织实施。

第二十四条 常务委员会根据年度执法检查计划,按照精干、效能的原则,组织执法检查组。

执法检查组的组成人员,从本级人民代表大会常务委员会组成人员以及本级人民代表大会有关专门委员会组成人员中确定,并可以邀请本级人民代表大会代表参加。

第二十五条 全国人民代表大会常务委员会和省、自治区、直辖市的人民代表大会常务委员会根据需要,可以委托下一级人民代表大会常务委员会对有关法律、法规在本行政区域内的实施情况进行检查。受委托的人民代表大会常务委员会应当将检查情况书面报送上一级人民代表大会常务委员会。

第二十六条 执法检查结束后,执法检查组应当及时提出执法检查报告,由委员长会议或者主任会议决定提请常务委员会审议。

执法检查报告包括下列内容:

(一)对所检查的法律、法规实施情况进行评价,提出执法中存在的问题和改进执法工作的建议;

(二)对有关法律、法规提出修改完善的建议。

第二十七条 常务委员会组成人员对执法检查报告的审议意见连同执法检查报告,一并交由本级人民政府、人民法院或者人民检察院研究处理。人民政府、人民法院或者人民检察院应当将研究处理情况由其办事机构送交本级人民代表大会有关专门委员会或者常务委员会有关工作机构征求意见后,向常务委员会提出报告。必要时,由委员长会议或者主任会议决定提请常务委员会审议,或者由常务委员会组织跟踪检查;常务委员会也可以委托本级人民代表大会有关专门委员会或者常务委员会有关工作机构组织跟踪检查。

常务委员会的执法检查报告及审议意见，人民政府、人民法院或者人民检察院对其研究处理情况的报告，向本级人民代表大会代表通报并向社会公布。

第五章　规范性文件的备案审查

第二十八条　行政法规、地方性法规、自治条例和单行条例、规章的备案、审查和撤销，依照立法法的有关规定办理。

第二十九条　县级以上地方各级人民代表大会常务委员会审查、撤销下一级人民代表大会及其常务委员会作出的不适当的决议、决定和本级人民政府发布的不适当的决定、命令的程序，由省、自治区、直辖市的人民代表大会常务委员会参照立法法的有关规定，作出具体规定。

第三十条　县级以上地方各级人民代表大会常务委员会对下一级人民代表大会及其常务委员会作出的决议、决定和本级人民政府发布的决定、命令，经审查，认为有下列不适当的情形之一的，有权予以撤销：

（一）超越法定权限，限制或者剥夺公民、法人和其他组织的合法权利，或者增加公民、法人和其他组织的义务的；

（二）同法律、法规规定相抵触的；

（三）有其他不适当的情形，应当予以撤销的。

第三十一条　最高人民法院、最高人民检察院作出的属于审判、检察工作中具体应用法律的解释，应当自公布之日起三十日内报全国人民代表大会常务委员会备案。

第三十二条　国务院、中央军事委员会和省、自治区、直辖市的人民代表大会常务委员会认为最高人民法院、最高人民检察院作出的具体应用法律的解释同法律规定相抵触的，最高人民法院、最高人民检察院之间认为对方作出的具体应用法律的解释同法律规定相抵触的，可以向全国人民代表大会常务委员会书面提出进行审查的要求，由常务委员会工作机构送有关专门委员会进行审查、提出意见。

前款规定以外的其他国家机关和社会团体、企业事业组织以及公民认为最高人民法院、最高人民检察院作出的具体应用法律的解释同法律规定相抵触的，可以向全国人民代表大会常务委员会书面提出进行审查的建议，由常务委员会工作机构进行研究，必要时，送有关专门委员会进行审查、提出意见。

第三十三条 全国人民代表大会法律委员会和有关专门委员会经审查认为最高人民法院或者最高人民检察院作出的具体应用法律的解释同法律规定相抵触，而最高人民法院或者最高人民检察院不予修改或者废止的，可以提出要求最高人民法院或者最高人民检察院予以修改、废止的议案，或者提出由全国人民代表大会常务委员会作出法律解释的议案，由委员长会议决定提请常务委员会审议。

第六章 询问和质询

第三十四条 各级人民代表大会常务委员会会议审议议案和有关报告时，本级人民政府或者有关部门、人民法院或者人民检察院应当派有关负责人员到会，听取意见，回答询问。

第三十五条 全国人民代表大会常务委员会组成人员十人以上联名，省、自治区、直辖市、自治州、设区的市人民代表大会常务委员会组成人员五人以上联名，县级人民代表大会常务委员会组成人员三人以上联名，可以向常务委员会书面提出对本级人民政府及其部门和人民法院、人民检察院的质询案。

质询案应当写明质询对象、质询的问题和内容。

第三十六条 质询案由委员长会议或者主任会议决定交由受质询的机关答复。委员长会议或者主任会议可以决定由受质询机关在常务委员会会议上或者有关专门委员会会议上口头答复，或者由受质询机关书面答复。在专门委员会会议上答复的，提质询案的常务委员会组成人员有权列席会议，发表意见。委员长会议或者主任会议认为必要时，可以将答复质询案的情况报告印发常务委员会会议。

第三十七条 提质询案的常务委员会组成人员的过半数对受质询机

关的答复不满意的，可以提出要求，经委员长会议或者主任会议决定，由受质询机关再作答复。

第三十八条　质询案以口头答复的，由受质询机关的负责人到会答复。质询案以书面答复的，由受质询机关的负责人签署。

第七章　特定问题调查

第三十九条　各级人民代表大会常务委员会对属于其职权范围内的事项，需要作出决议、决定，但有关重大事实不清的，可以组织关于特定问题的调查委员会。

第四十条　委员长会议或者主任会议可以向本级人民代表大会常务委员会提议组织关于特定问题的调查委员会，提请常务委员会审议。

五分之一以上常务委员会组成人员书面联名，可以向本级人民代表大会常务委员会提议组织关于特定问题的调查委员会，由委员长会议或者主任会议决定提请常务委员会审议，或者先交有关的专门委员会审议、提出报告，再决定提请常务委员会审议。

第四十一条　调查委员会由主任委员、副主任委员和委员组成，由委员长会议或者主任会议在本级人民代表大会常务委员会组成人员和本级人民代表大会代表中提名，提请常务委员会审议通过。调查委员会可以聘请有关专家参加调查工作。

与调查的问题有利害关系的常务委员会组成人员和其他人员不得参加调查委员会。

第四十二条　调查委员会进行调查时，有关的国家机关、社会团体、企业事业组织和公民都有义务向其提供必要的材料。

提供材料的公民要求对材料来源保密的，调查委员会应当予以保密。

调查委员会在调查过程中，可以不公布调查的情况和材料。

第四十三条　调查委员会应当向产生它的常务委员会提出调查报告。常务委员会根据报告，可以作出相应的决议、决定。

第八章　撤职案的审议和决定

第四十四条　县级以上地方各级人民代表大会常务委员会在本级人民代表大会闭会期间，可以决定撤销本级人民政府个别副省长、自治区副主席、副市长、副州长、副县长、副区长的职务；可以撤销由它任命的本级人民政府其他组成人员和人民法院副院长、庭长、副庭长、审判委员会委员、审判员，人民检察院副检察长、检察委员会委员、检察员，中级人民法院院长，人民检察院分院检察长的职务。

第四十五条　县级以上地方各级人民政府、人民法院和人民检察院，可以向本级人民代表大会常务委员会提出对本法第四十四条所列国家机关工作人员的撤职案。

县级以上地方各级人民代表大会常务委员会主任会议，可以向常务委员会提出对本法第四十四条所列国家机关工作人员的撤职案。

县级以上地方各级人民代表大会常务委员会五分之一以上的组成人员书面联名，可以向常务委员会提出对本法第四十四条所列国家机关工作人员的撤职案，由主任会议决定是否提请常务委员会会议审议；或者由主任会议提议，经全体会议决定，组织调查委员会，由以后的常务委员会会议根据调查委员会的报告审议决定。

第四十六条　撤职案应当写明撤职的对象和理由，并提供有关的材料。

撤职案在提请表决前，被提出撤职的人员有权在常务委员会会议上提出申辩意见，或者书面提出申辩意见，由主任会议决定印发常务委员会会议。

撤职案的表决采用无记名投票的方式，由常务委员会全体组成人员的过半数通过。

第九章　附　　则

第四十七条　省、自治区、直辖市的人民代表大会常务委员会可以根据本法和有关法律，结合本地实际情况，制定实施办法。

第四十八条 本法自2007年1月1日起施行。

中华人民共和国全国人民代表大会议事规则

(1989年4月4日第七届全国人民代表大会第二次会议通过 根据2021年3月11日第十三届全国人民代表大会第四次会议《关于修改〈中华人民共和国全国人民代表大会议事规则〉的决定》修正)

目　　录

第一章　会议的举行

第二章　议案的提出和审议

第三章　审议工作报告、审查国家计划和国家预算

第四章　国家机构组成人员的选举、罢免、任免和辞职

第五章　询问和质询

第六章　调查委员会

第七章　发言和表决

第八章　公　　布

第九章　附　　则

第一条 根据宪法、全国人民代表大会组织法和全国人民代表大会的实践经验，制定本规则。

第一章　会议的举行

第二条 全国人民代表大会会议于每年第一季度举行，会议召开的

日期由全国人民代表大会常务委员会决定并予以公布。

遇有特殊情况，全国人民代表大会常务委员会可以决定适当提前或者推迟召开会议。提前或者推迟召开会议的日期未能在当次会议上决定的，全国人民代表大会常务委员会可以另行决定或者授权委员长会议决定，并予以公布。

第三条 全国人民代表大会会议由全国人民代表大会常务委员会召集。每届全国人民代表大会第一次会议，在本届全国人民代表大会代表选举完成后的两个月内，由上届全国人民代表大会常务委员会召集。

第四条 全国人民代表大会会议有三分之二以上的代表出席，始得举行。

第五条 全国人民代表大会常务委员会在全国人民代表大会会议举行前，进行下列准备工作：

（一）提出会议议程草案；

（二）提出主席团和秘书长名单草案；

（三）决定列席会议人员名单；

（四）会议的其他准备事项。

第六条 全国人民代表大会常务委员会在全国人民代表大会会议举行的一个月前，将开会日期和建议会议讨论的主要事项通知代表，并将准备提请会议审议的法律草案发给代表。

全国人民代表大会常务委员会在全国人民代表大会会议举行前，可以组织代表研读讨论有关法律草案，征求代表的意见，并通报会议拟讨论的主要事项的有关情况。

临时召集的全国人民代表大会会议不适用前两款规定。

第七条 全国人民代表大会会议举行前，代表按照选举单位组成代表团。代表团全体会议推选代表团团长、副团长。团长召集并主持代表团全体会议。副团长协助团长工作。

代表团可以分设若干代表小组。代表小组会议推选小组召集人。

第八条 全国人民代表大会会议举行前，召开预备会议，选举主席团和秘书长，通过会议议程和关于会议其他准备事项的决定。

预备会议由全国人民代表大会常务委员会主持。每届全国人民代大会第一次会议的预备会议，由上届全国人民代表大会常务委员会主持。

各代表团审议全国人民代表大会常务委员会提出的主席团和秘书长名单草案、会议议程草案以及关于会议的其他准备事项，提出意见。

全国人民代表大会常务委员会委员长会议根据各代表团提出的意见，可以对主席团和秘书长名单草案、会议议程草案以及关于会议的其他准备事项提出调整意见，提请预备会议审议。

第九条 主席团主持全国人民代表大会会议。

主席团的决定，由主席团全体成员的过半数通过。

第十条 主席团第一次会议推选主席团常务主席若干人，推选主席团成员若干人分别担任每次大会全体会议的执行主席，并决定下列事项：

（一）副秘书长的人选；

（二）会议日程；

（三）会议期间代表提出议案的截止时间；

（四）其他需要由主席团第一次会议决定的事项。

第十一条 主席团常务主席召集并主持主席团会议。主席团第一次会议由全国人民代表大会常务委员会委员长召集并主持，会议推选主席团常务主席后，由主席团常务主席主持。

第十二条 代表团审议议案和有关报告，由代表团全体会议、代表小组会议审议。

以代表团名义提出的议案、质询案、罢免案，由代表团全体代表的过半数通过。

第十三条 主席团常务主席可以召开代表团团长会议，就议案和有关报告的重大问题听取各代表团的审议意见，进行讨论，并将讨论的情况和意见向主席团报告。

主席团常务主席可以就重大的专门性问题，召集代表团推选的有关代表进行讨论；国务院有关部门负责人参加会议，汇报情况，回答问题。会议讨论的情况和意见应当向主席团报告。

第十四条 主席团可以召开大会全体会议进行大会发言，就议案和有关报告发表意见。

第十五条 全国人民代表大会代表应当出席会议；因病或者其他特

殊原因不能出席的,应当向会议秘书处书面请假。秘书处应当向主席团报告代表出席会议的情况和缺席的原因。

代表应当勤勉尽责,认真审议各项议案和报告,严格遵守会议纪律。

第十六条　国务院的组成人员,中央军事委员会的组成人员,国家监察委员会主任,最高人民法院院长和最高人民检察院检察长,列席全国人民代表大会会议;其他有关机关、团体的负责人,经全国人民代表大会常务委员会决定,可以列席全国人民代表大会会议。

第十七条　全国人民代表大会会议公开举行。

全国人民代表大会会议议程、日程和会议情况予以公开。

全国人民代表大会会议期间,代表在各种会议上的发言,整理简报印发会议,并可以根据本人要求,将发言记录或者摘要印发会议。会议简报、发言记录或者摘要可以为纸质版,也可以为电子版。

大会全体会议设旁听席。旁听办法另行规定。

第十八条　全国人民代表大会会议举行新闻发布会、记者会。

全国人民代表大会会议设发言人,代表团可以根据需要设发言人。

秘书处可以组织代表和有关部门、单位负责人接受新闻媒体采访。代表团可以组织本代表团代表接受新闻媒体采访。

大会全体会议通过广播、电视、网络等媒体进行公开报道。

第十九条　全国人民代表大会在必要的时候,可以举行秘密会议。举行秘密会议,经主席团征求各代表团的意见后,由有各代表团团长参加的主席团会议决定。

第二十条　全国人民代表大会举行会议的时候,秘书处和有关的代表团应当为少数民族代表准备必要的翻译。

第二十一条　全国人民代表大会举行会议,应当合理安排会议日程,提高议事质量和效率。

各代表团应当按照会议日程进行审议。

第二十二条　全国人民代表大会会议运用现代信息技术,推进会议文件资料电子化,采用网络视频等方式为代表履职提供便利和服务。

第二章 议案的提出和审议

第二十三条 主席团，全国人民代表大会常务委员会，全国人民代表大会各专门委员会，国务院，中央军事委员会，国家监察委员会，最高人民法院，最高人民检察院，可以向全国人民代表大会提出属于全国人民代表大会职权范围内的议案，由主席团决定列入会议议程。

一个代表团或者三十名以上的代表联名，可以向全国人民代表大会提出属于全国人民代表大会职权范围内的议案，由主席团决定是否列入会议议程，或者先交有关的专门委员会审议、提出是否列入会议议程的意见，再决定是否列入会议议程，并将主席团通过的关于议案处理意见的报告印发会议。专门委员会审议的时候，可以邀请提案人列席会议、发表意见。

代表联名或者代表团提出的议案，可以在全国人民代表大会会议举行前提出。

第二十四条 列入会议议程的议案，提案人和有关的全国人民代表大会专门委员会、有关的全国人民代表大会常务委员会工作部门应当提供有关的资料。

第二十五条 列入会议议程的议案，提案人应当向会议提出关于议案的说明。议案由各代表团进行审议，主席团可以并交有关的专门委员会进行审议、提出报告，由主席团审议决定提请大会全体会议表决。

第二十六条 列入会议议程的法律案，大会全体会议听取关于该法律案的说明后，由各代表团审议，并由宪法和法律委员会、有关的专门委员会审议。

宪法和法律委员会根据各代表团和有关的专门委员会的审议意见，对法律案进行统一审议，向主席团提出审议结果报告和法律草案、有关法律问题的决定草案修改稿，对重要的不同意见应当在审议结果报告中予以说明，经主席团审议通过后，印发会议。修改稿经各代表团审议，由宪法和法律委员会根据各代表团的审议意见进行修改，提出表决稿，由主席团提请大会全体会议表决。

211

有关的专门委员会的审议意见应当及时印发会议。

全国人民代表大会决定成立的特定的法律起草委员会拟订并提出的法律案的审议程序和表决办法，另行规定。

第二十七条　向全国人民代表大会提出的法律案，在全国人民代表大会闭会期间，可以先向全国人民代表大会常务委员会提出，经全国人民代表大会常务委员会会议依照有关程序审议后，决定提请全国人民代表大会审议。

全国人民代表大会常务委员会对准备提请全国人民代表大会审议的法律案，应当将法律草案向社会公布，广泛征求意见，但是经委员长会议决定不公布的除外。向社会公布征求意见的时间一般不少于三十日。

第二十八条　专门委员会审议议案和有关报告，涉及专门性问题的时候，可以邀请有关方面的代表和专家列席会议，发表意见。

专门委员会可以决定举行秘密会议。

第二十九条　列入会议议程的议案，在交付表决前，提案人要求撤回的，经主席团同意，会议对该议案的审议即行终止。

第三十条　列入会议议程的议案，在审议中有重大问题需要进一步研究的，经主席团提出，由大会全体会议决定，可以授权全国人民代表大会常务委员会审议决定，并报全国人民代表大会下次会议备案或者提请全国人民代表大会下次会议审议。

第三十一条　一个代表团或者三十名以上的代表联名提出的议案，经主席团决定不列入本次会议议程的，交有关的专门委员会在全国人民代表大会闭会后审议。有关的专门委员会进行审议后，向全国人民代表大会常务委员会提出审议结果报告，经全国人民代表大会常务委员会审议通过后，印发全国人民代表大会下次会议。

第三十二条　全国人民代表大会代表向全国人民代表大会提出的对各方面工作的建议、批评和意见，由全国人民代表大会常务委员会办事机构交由有关机关、组织研究办理，并负责在交办之日起三个月内，至迟不超过六个月，予以答复。代表对答复不满意的，可以提出意见，由全国人民代表大会常务委员会办事机构交由有关机关、组织或者其上级机关、组织再作研究办理，并负责答复。

第三章　审议工作报告、审查国家计划和国家预算

第三十三条　全国人民代表大会每年举行会议的时候，全国人民代表大会常务委员会、国务院、最高人民法院、最高人民检察院向会议提出的工作报告，经各代表团审议后，会议可以作出相应的决议。

第三十四条　全国人民代表大会会议举行的四十五日前，国务院有关主管部门应当就上一年度国民经济和社会发展计划执行情况的主要内容与本年度国民经济和社会发展计划草案的初步方案，上一年度中央和地方预算执行情况的主要内容与本年度中央和地方预算草案的初步方案，向全国人民代表大会财政经济委员会和有关的专门委员会汇报，由财政经济委员会进行初步审查。财政经济委员会进行初步审查时，应当邀请全国人民代表大会代表参加。

第三十五条　全国人民代表大会每年举行会议的时候，国务院应当向会议提出关于上一年度国民经济和社会发展计划执行情况与本年度国民经济和社会发展计划草案的报告、国民经济和社会发展计划草案，关于上一年度中央和地方预算执行情况与本年度中央和地方预算草案的报告、中央和地方预算草案，由各代表团进行审查，并由财政经济委员会和有关的专门委员会审查。

财政经济委员会根据各代表团和有关的专门委员会的审查意见，对前款规定的事项进行审查，向主席团提出审查结果报告，主席团审议通过后，印发会议，并将关于上一年度国民经济和社会发展计划执行情况与本年度国民经济和社会发展计划的决议草案、关于上一年度中央和地方预算执行情况与本年度中央和地方预算的决议草案提请大会全体会议表决。

有关的专门委员会的审查意见应当及时印发会议。

第三十六条　国民经济和社会发展计划、中央预算经全国人民代表大会批准后，在执行过程中必须作部分调整的，国务院应当将调整方案提请全国人民代表大会常务委员会审查和批准。

第三十七条　国民经济和社会发展五年规划纲要和中长期规划纲要的审查、批准和调整，参照本章有关规定执行。

第四章　国家机构组成人员的选举、罢免、任免和辞职

第三十八条　全国人民代表大会常务委员会委员长、副委员长、秘书长、委员的人选，中华人民共和国主席、副主席的人选，中央军事委员会主席的人选，国家监察委员会主任的人选，最高人民法院院长和最高人民检察院检察长的人选，由主席团提名，经各代表团酝酿协商后，再由主席团根据多数代表的意见，确定正式候选人名单。

国务院总理和国务院其他组成人员的人选，中央军事委员会除主席以外的其他组成人员的人选，依照宪法的有关规定提名。

各专门委员会主任委员、副主任委员和委员的人选，由主席团在代表中提名。

第三十九条　候选人的提名人应当向会议介绍候选人的基本情况，并对代表提出的问题作必要的说明。

第四十条　全国人民代表大会会议选举或者决定任命，采用无记名投票方式。得票数超过全体代表的半数的，始得当选或者通过。

大会全体会议选举或者表决任命案的时候，设秘密写票处。

选举或者表决结果，由会议主持人当场宣布。候选人的得票数，应当公布。

第四十一条　全国人民代表大会会议选举和决定任命的具体办法，由大会全体会议通过。

第四十二条　全国人民代表大会选举或者决定任命的国家机构组成人员在依照法定程序产生后，公开进行宪法宣誓。宣誓仪式由主席团组织。

第四十三条　全国人民代表大会会议期间，全国人民代表大会常务委员会的组成人员，中华人民共和国主席、副主席，国务院的组成人员，

中央军事委员会的组成人员，国家监察委员会主任，最高人民法院院长，最高人民检察院检察长，全国人民代表大会专门委员会成员提出辞职的，由主席团将其辞职请求交各代表团审议后，提请大会全体会议决定；大会闭会期间提出辞职的，由委员长会议将其辞职请求提请全国人民代表大会常务委员会审议决定。

全国人民代表大会常务委员会接受全国人民代表大会常务委员会委员长、副委员长、秘书长，中华人民共和国主席、副主席，国务院总理、副总理、国务委员，中央军事委员会主席，国家监察委员会主任，最高人民法院院长，最高人民检察院检察长辞职的，应当报请全国人民代表大会下次会议确认。

全国人民代表大会常务委员会接受全国人民代表大会常务委员会委员辞职的，应当向全国人民代表大会下次会议报告。

全国人民代表大会闭会期间，国务院总理、中央军事委员会主席、国家监察委员会主任、最高人民法院院长、最高人民检察院检察长缺位的，全国人民代表大会常务委员会可以分别在国务院副总理、中央军事委员会副主席、国家监察委员会副主任、最高人民法院副院长、最高人民检察院副检察长中决定代理人选。

第四十四条　主席团、三个以上的代表团或者十分之一以上的代表，可以提出对全国人民代表大会常务委员会的组成人员，中华人民共和国主席、副主席，国务院的组成人员，中央军事委员会的组成人员，国家监察委员会主任，最高人民法院院长和最高人民检察院检察长的罢免案，由主席团交各代表团审议后，提请大会全体会议表决；或者依照本规则第六章的规定，由主席团提议，经大会全体会议决定，组织调查委员会，由全国人民代表大会下次会议根据调查委员会的报告审议决定。

罢免案应当写明罢免理由，并提供有关的材料。

罢免案提请大会全体会议表决前，被提出罢免的人员有权在主席团会议和大会全体会议上提出申辩意见，或者书面提出申辩意见，由主席团印发会议。

第四十五条　全国人民代表大会常务委员会组成人员、专门委员会成员的全国人民代表大会代表职务被原选举单位罢免的，其全国人民代表大会常务委员会组成人员、专门委员会成员的职务相应撤销,由主席团或者全国人民代表大会常务委员会予以公告。

第四十六条 全国人民代表大会常务委员会组成人员、专门委员会成员,辞去全国人民代表大会代表职务的请求被接受的,其全国人民代表大会常务委员会组成人员、专门委员会成员的职务相应终止,由全国人民代表大会常务委员会予以公告。

第五章 询问和质询

第四十七条 各代表团审议议案和有关报告的时候,有关部门应当派负责人员到会,听取意见,回答代表提出的询问。

各代表团全体会议审议政府工作报告,审查关于上一年度国民经济和社会发展计划执行情况与本年度国民经济和社会发展计划草案的报告、国民经济和社会发展计划草案,审查关于上一年度中央和地方预算执行情况与本年度中央和地方预算草案的报告、中央和地方预算草案,审议最高人民法院工作报告、最高人民检察院工作报告的时候,国务院以及国务院各部门负责人,最高人民法院、最高人民检察院负责人或者其委派的人员应当分别参加会议,听取意见,回答询问。

主席团和专门委员会对议案和有关报告进行审议的时候,国务院或者有关机关负责人应当到会,听取意见,回答询问,并可以对议案或者有关报告作补充说明。

第四十八条 全国人民代表大会会议期间,一个代表团或者三十名以上的代表联名,可以书面提出对国务院以及国务院各部门、国家监察委员会、最高人民法院、最高人民检察院的质询案。

第四十九条 质询案必须写明质询对象、质询的问题和内容。

第五十条 质询案按照主席团的决定由受质询机关的负责人在主席团会议、有关的专门委员会会议或者有关的代表团会议上口头答复,或者由受质询机关书面答复。在主席团会议或者专门委员会会议上答复的,提质询案的代表团团长或者代表有权列席会议,发表意见。

提质询案的代表或者代表团对答复质询不满意的，可以提出要求，经主席团决定，由受质询机关再作答复。

在专门委员会会议或者代表团会议上答复的，有关的专门委员会或者代表团应当将答复质询案的情况向主席团报告。

主席团认为必要的时候，可以将答复质询案的情况报告印发会议。

质询案以书面答复的，受质询机关的负责人应当签署，由主席团决定印发会议。

第六章　调查委员会

第五十一条　全国人民代表大会认为必要的时候，可以组织关于特定问题的调查委员会。

第五十二条　主席团、三个以上的代表团或者十分之一以上的代表联名，可以提议组织关于特定问题的调查委员会，由主席团提请大会全体会议决定。

调查委员会由主任委员、副主任委员若干人和委员若干人组成，由主席团在代表中提名，提请大会全体会议通过。调查委员会可以聘请专家参加调查工作。

第五十三条　调查委员会进行调查的时候，一切有关的国家机关、社会团体和公民都有义务如实向它提供必要的材料。提供材料的公民要求调查委员会对材料来源保密的，调查委员会应当予以保密。

调查委员会在调查过程中，可以不公布调查的情况和材料。

第五十四条　调查委员会应当向全国人民代表大会提出调查报告。全国人民代表大会根据调查委员会的报告，可以作出相应的决议。

全国人民代表大会可以授权全国人民代表大会常务委员会在全国人民代表大会闭会期间，听取调查委员会的调查报告，并可以作出相应的决议，报全国人民代表大会下次会议备案。

第七章　发言和表决

第五十五条　全国人民代表大会代表在全国人民代表大会各种会议

上的发言和表决，不受法律追究。

第五十六条 代表在全国人民代表大会各种会议上发言，应当围绕会议确定的议题进行。

第五十七条 代表在大会全体会议上发言的，每人可以发言两次，第一次不超过十分钟，第二次不超过五分钟。

要求在大会全体会议上发言的，应当在会前向秘书处报名，由大会执行主席安排发言顺序；在大会全体会议上临时要求发言的，经大会执行主席许可，始得发言。

第五十八条 主席团成员和代表团团长或者代表团推选的代表在主席团每次会议上发言的，每人可以就同一议题发言两次，第一次不超过十五分钟，第二次不超过十分钟。经会议主持人许可，发言时间可以适当延长。

第五十九条 大会全体会议表决议案，由全体代表的过半数通过。

宪法的修改，由全体代表的三分之二以上的多数通过。

表决结果由会议主持人当场宣布。

会议表决时，代表可以表示赞成，可以表示反对，也可以表示弃权。

第六十条 会议表决议案采用无记名按表决器方式。如表决器系统在使用中发生故障，采用举手方式。

宪法的修改，采用无记名投票方式表决。

预备会议、主席团会议表决的方式，适用本条第一款的规定。

第八章 公　　布

第六十一条 全国人民代表大会选举产生的全国人民代表大会常务委员会委员长、副委员长、秘书长、委员，中华人民共和国主席、副主席，中央军事委员会主席，国家监察委员会主任，最高人民法院院长，最高人民检察院检察长，决定任命的中央军事委员会副主席、委员，通过的全国人民代表大会专门委员会成员，以全国人民代表大会公告予以公布。

全国人民代表大会决定任命的国务院总理、副总理、国务委员、各部部长、各委员会主任、中国人民银行行长、审计长、秘书长，由中华人民共和国主席根据全国人民代表大会的决定，签署主席令任命并予以公布。

第六十二条　国家机构组成人员在全国人民代表大会会议期间辞职或者被罢免的，适用本规则第六十一条规定的公布程序。

第六十三条　全国人民代表大会通过的宪法修正案，以全国人民代表大会公告予以公布。

第六十四条　全国人民代表大会通过的法律，由中华人民共和国主席签署主席令予以公布。

第六十五条　全国人民代表大会通过的法律、决议、决定，发布的公告，以及法律草案的说明、审议结果报告等，应当及时在全国人民代表大会常务委员会公报和中国人大网上刊载。

第九章　附　　则

第六十六条　本规则自公布之日起施行。

中华人民共和国全国人民代表大会常务委员会议事规则

（1987年11月24日第六届全国人民代表大会常务委员会第二十三次会议通过　根据2009年4月24日第十一届全国人民代表大会常务委员会第八次会议《关于修改〈中华人民共和国全国人民代表大会常务委员会议事规则〉的决定》第一次修正　根据2022年6月24日第十三届全国人民代表大会常务委员会第三十五次会议《关于修改〈中华人民共和国全国人民代表大会常务委员会议事规则〉的决定》第二次修正）

目　　录

第一章　总　　则

第二章　会议的召开
第三章　议案的提出和审议
第四章　听取和审议报告
第五章　询问和质询
第六章　发言和表决
第七章　公　　布
第八章　附　　则

第一章　总　　则

第一条　为了健全全国人民代表大会常务委员会的议事程序，保障和规范其行使职权，根据宪法、全国人民代表大会组织法，总结全国人民代表大会常务委员会工作的实践经验，制定本规则。

第二条　全国人民代表大会常务委员会坚持中国共产党的领导，依照法定职权和法定程序举行会议、开展工作。

第三条　全国人民代表大会常务委员会坚持和发展全过程人民民主，始终同人民保持密切联系，倾听人民的意见和建议，体现人民意志，保障人民权益。

第四条　全国人民代表大会常务委员会审议议案、决定问题，实行民主集中制的原则，充分发扬民主，集体行使职权。

第五条　全国人民代表大会常务委员会举行会议，应当合理安排会期、议程和日程，提高议事质量和效率。

第二章　会议的召开

第六条　全国人民代表大会常务委员会会议一般每两个月举行一次，必要时可以加开会议；有特殊需要的时候，可以临时召集会议。

常务委员会会议召开的日期由委员长会议决定。

常务委员会会议由委员长召集并主持。委员长可以委托副委员长主持会议。

第七条 常务委员会会议有常务委员会全体组成人员的过半数出席，始得举行。

遇有特殊情况，经委员长会议决定，常务委员会组成人员可以通过网络视频方式出席会议。

第八条 委员长会议拟订常务委员会会议议程草案，提请常务委员会全体会议决定。

常务委员会举行会议期间，需要调整议程的，由委员长会议提出，经常务委员会全体会议同意。

会议日程由委员长会议决定。

第九条 常务委员会举行会议，应当在会议举行七日以前，将开会日期、建议会议讨论的主要事项，通知常务委员会组成人员和列席会议的人员；临时召集的会议，可以临时通知。

第十条 常务委员会举行会议的时候，国务院、中央军事委员会、国家监察委员会、最高人民法院、最高人民检察院的负责人列席会议。

不是常务委员会组成人员的全国人民代表大会专门委员会主任委员、副主任委员、委员，常务委员会副秘书长，工作委员会主任、副主任，香港特别行政区基本法委员会主任、副主任，澳门特别行政区基本法委员会主任、副主任，有关部门负责人，列席会议。

第十一条 常务委员会举行会议的时候，各省、自治区、直辖市和其他有关地方的人民代表大会常务委员会主任或者副主任一人列席会议，并可以邀请有关的全国人民代表大会代表列席会议。

遇有特殊情况，经委员长会议决定，可以调整列席人员的范围。

第十二条 常务委员会举行会议的时候，召开全体会议和分组会议，根据需要召开联组会议。

第十三条 常务委员会分组会议由委员长会议确定若干名召集人，轮流主持会议。

分组会议审议过程中有重大意见分歧或者其他重要情况的，召集人应当及时向秘书长报告。

分组名单由常务委员会办事机构拟订，报秘书长审定，并定期调整。

第十四条 常务委员会举行联组会议，由委员长主持。委员长可以委托副委员长主持会议。

联组会议可以由各组联合召开，也可以分别由两个以上的组联合召开。

第十五条 常务委员会举行会议的时候，常务委员会组成人员应当出席会议；因病或者其他特殊原因不能出席的，应当通过常务委员会办事机构向委员长书面请假。

常务委员会办事机构应当向委员长报告常务委员会组成人员出席会议的情况和缺席的原因。

常务委员会组成人员应当勤勉尽责，认真审议各项议案和报告，严格遵守会议纪律。

第十六条 常务委员会会议公开举行。常务委员会会议会期、议程、日程和会议情况予以公开。必要时，经委员长会议决定，可以暂不公开有关议程。

第十七条 常务委员会会议运用现代信息技术，推进会议文件资料电子化，采用网络视频等方式为常务委员会组成人员和列席人员履职提供便利和服务。

第三章 议案的提出和审议

第十八条 委员长会议可以向常务委员会提出属于常务委员会职权范围内的议案，由常务委员会会议审议。

国务院、中央军事委员会、国家监察委员会、最高人民法院、最高人民检察院、全国人民代表大会各专门委员会，可以向常务委员会提出属于常务委员会职权范围内的议案，由委员长会议决定列入常务委员会会议议程，或者先交有关的专门委员会审议、提出报告，再决定列入常务委员会会议议程。

常务委员会组成人员十人以上联名，可以向常务委员会提出属于常务委员会职权范围内的议案，由委员长会议决定是否列入常务委员会会议议程，或者先交有关的专门委员会审议、提出是否列入会议议程的意见，再决定是否列入常务委员会会议议程；不列入常务委员会会议议程的，应当向常务委员会会议报告或者向提案人说明。

第十九条 提请常务委员会会议审议的议案，应当在会议召开十日前提交常务委员会。

临时召集的常务委员会会议不适用前款规定。

向常务委员会提出议案，应当同时提出议案文本和说明。

第二十条 委员长会议根据工作需要，可以委托常务委员会的工作委员会、办公厅起草议案草案，并向常务委员会会议作说明。

第二十一条 对列入常务委员会会议议程的议案，提议案的机关、有关的专门委员会、常务委员会有关工作部门应当提供有关的资料。

任免案、撤职案应当附有拟任免、撤职人员的基本情况和任免、撤职理由；必要的时候，有关负责人应当到会回答询问。

第二十二条 常务委员会全体会议听取关于议案的说明。内容相关联的议案可以合并说明。

常务委员会全体会议听取议案说明后，由分组会议、联组会议进行审议，并由有关的专门委员会进行审议、提出报告。

第二十三条 列入会议议程的法律案，常务委员会听取说明并初次审议后，由宪法和法律委员会进行统一审议，向下次或者以后的常务委员会会议提出审议结果的报告。

有关法律问题的决定的议案和修改法律的议案，宪法和法律委员会统一审议后，可以向本次常务委员会会议提出审议结果的报告，也可以向下次或者以后的常务委员会会议提出审议结果的报告。

专门委员会对有关法律案进行审议并提出审议意见，印发常务委员会会议。

向全国人民代表大会提出的法律案，在全国人民代表大会闭会期间，可以先向常务委员会提出；常务委员会会议审议后，作出提请全国人民代表大会审议的决定。

第二十四条 提请批准国民经济和社会发展规划纲要、计划、预算的调整方案和决算的议案，交财政经济委员会审查，也可以同时交其他有关专门委员会审查，由财政经济委员会向常务委员会会议提出审查结果的报告。有关专门委员会的审查意见印发常务委员会会议。

国民经济和社会发展规划纲要、计划的调整方案应当在常务委员会举行全体会议审查的四十五日前，交财政经济委员会进行初步审查。

预算调整方案、决算草案应当在常务委员会举行全体会议审查的三十日前，交财政经济委员会进行初步审查。

第二十五条　提请批准或者加入条约和重要协定的议案，交外事委员会审议，可以同时交其他有关专门委员会审议，由外事委员会向本次常务委员会会议提出审议结果的报告，也可以向下次或者以后的常务委员会会议提出审议结果的报告。有关专门委员会的审议意见印发常务委员会会议。

第二十六条　依法需要报经常务委员会批准的法规和自治条例、单行条例等，由制定机关报送常务委员会，由委员长会议决定列入常务委员会会议议程，由有关的专门委员会进行审议并提出报告。

第二十七条　列于《中华人民共和国香港特别行政区基本法》附件三、《中华人民共和国澳门特别行政区基本法》附件三的法律需要作出增减的，在征询香港特别行政区基本法委员会和香港特别行政区政府、澳门特别行政区基本法委员会和澳门特别行政区政府的意见后，由委员长会议提出议案，提请常务委员会会议审议。

第二十八条　常务委员会联组会议可以听取和审议专门委员会对议案审议意见的汇报，对会议议题进行讨论。

第二十九条　提议案的机关的负责人可以在常务委员会全体会议、联组会议上对议案作补充说明。

第三十条　列入常务委员会会议议程的议案，在交付表决前，提案人要求撤回的，经委员长会议同意，对该议案的审议即行终止。

第三十一条　拟提请常务委员会全体会议表决的议案，在审议中有重大问题需要进一步研究的，经委员长或者委员长会议提出，联组会议或者全体会议同意，可以暂不付表决，交有关专门委员会进一步审议，提出审议报告。

第三十二条　常务委员会认为必要的时候，可以组织关于特定问题的调查委员会，并且根据调查委员会的报告，作出相应的决议。

第四章　听取和审议报告

第三十三条　常务委员会根据年度工作计划和需要听取国务院、国家监察委员会、最高人民法院、最高人民检察院的专项工作报告。

常务委员会召开全体会议，定期听取下列报告：

（一）关于国民经济和社会发展计划、预算执行情况的报告，关于国民经济和社会发展五年规划纲要实施情况的中期评估报告；

（二）决算报告、审计工作报告、审计查出问题整改情况的报告；

（三）国务院关于年度环境状况和环境保护目标完成情况的报告；

（四）国务院关于国有资产管理情况的报告；

（五）国务院关于金融工作有关情况的报告；

（六）常务委员会执法检查组提出的执法检查报告；

（七）专门委员会关于全国人民代表大会会议主席团交付审议的代表提出的议案审议结果的报告；

（八）常务委员会办公厅和有关部门关于全国人民代表大会会议代表建议、批评和意见办理情况的报告；

（九）常务委员会法制工作委员会关于备案审查工作情况的报告；

（十）其他报告。

第三十四条　常务委员会全体会议听取报告后，可以由分组会议和联组会议进行审议。

委员长会议可以决定将报告交有关的专门委员会审议，提出意见。

第三十五条　常务委员会组成人员对各项报告的审议意见交由有关机关研究处理。有关机关应当将研究处理情况向常务委员会提出书面报告。

常务委员会认为必要的时候，可以对有关报告作出决议。有关机关应当在决议规定的期限内，将执行决议的情况向常务委员会报告。

委员长会议可以根据工作报告中的建议、常务委员会组成人员的审议意见，提出有关法律问题或者重大问题的决定的议案，提请常务委员会审议，必要时由常务委员会提请全国人民代表大会审议。

第五章 询问和质询

第三十六条 常务委员会分组会议对议案或者有关的报告进行审议的时候，应当通知有关部门派人到会，听取意见，回答询问。

常务委员会联组会议对议案或者有关的报告进行审议的时候，应当通知有关负责人到会，听取意见，回答询问。

第三十七条 常务委员会围绕关系改革发展稳定大局和人民切身利益、社会普遍关注的重大问题，可以召开联组会议、分组会议，进行专题询问。

根据专题询问的议题，国务院及国务院有关部门和国家监察委员会、最高人民法院、最高人民检察院的负责人应当到会，听取意见，回答询问。

专题询问中提出的意见交由有关机关研究处理，有关机关应当及时向常务委员会提交研究处理情况报告。必要时，可以由委员长会议将研究处理情况报告提请常务委员会审议，由常务委员会作出决议。

第三十八条 根据常务委员会工作安排或者受委员长会议委托，专门委员会可以就有关问题开展调研询问，并提出开展调研询问情况的报告。

第三十九条 在常务委员会会议期间，常务委员会组成人员十人以上联名，可以向常务委员会书面提出对国务院及国务院各部门和国家监察委员会、最高人民法院、最高人民检察院的质询案。

第四十条 质询案必须写明质询对象、质询的问题和内容。

第四十一条 质询案由委员长会议决定交由有关的专门委员会审议或者提请常务委员会会议审议。

第四十二条 质询案由委员长会议决定，由受质询机关的负责人在常务委员会会议上或者有关的专门委员会会议上口头答复，或者由受质询机关书面答复。在专门委员会会议上答复的，专门委员会应当向常务委员会或者委员长会议提出报告。

质询案以书面答复的，应当由被质询机关负责人签署，并印发常务委员会组成人员和有关的专门委员会。

专门委员会审议质询案的时候，提质询案的常务委员会组成人员可以出席会议，发表意见。

第六章　发言和表决

第四十三条　常务委员会组成人员在全体会议、联组会议和分组会议上发言，应当围绕会议确定的议题进行。

常务委员会全体会议或者联组会议安排对有关议题进行审议的时候，常务委员会组成人员要求发言的，应当在会前由本人向常务委员会办事机构提出，由会议主持人安排，按顺序发言。在全体会议和联组会议上临时要求发言的，经会议主持人同意，始得发言。在分组会议上要求发言的，经会议主持人同意，即可发言。

列席会议的人员的发言，适用本章有关规定。

第四十四条　在全体会议和联组会议上的发言，不超过十分钟；在分组会议上，第一次发言不超过十五分钟，第二次对同一问题的发言不超过十分钟。事先提出要求，经会议主持人同意的，可以延长发言时间。

在常务委员会会议上的发言，由常务委员会办事机构工作人员记录，经发言人核对签字后，编印会议简报和存档。会议简报可以为纸质版，也可以为电子版。

第四十五条　表决议案由常务委员会全体组成人员的过半数通过。

表决结果由会议主持人当场宣布。

出席会议的常务委员会组成人员应当参加表决。表决时，常务委员会组成人员可以表示赞成，可以表示反对，也可以表示弃权。

第四十六条　交付表决的议案，有修正案的，先表决修正案。

第四十七条　任免案、撤职案逐人表决，根据情况也可以合并表决。

第四十八条　常务委员会表决议案，采用无记名按表决器方式。常务委员会组成人员应当按表决器。如表决器系统在使用中发生故障，采用举手方式或者其他方式。

常务委员会组成人员通过网络视频方式出席会议的，采用举手方式或者其他方式表决。

第七章　公　　布

第四十九条　常务委员会通过的法律，由中华人民共和国主席签署主席令予以公布。

常务委员会通过的其他决议、决定，由常务委员会公布。

常务委员会通过的法律解释，关于全国人民代表大会代表选举、补选、辞职、罢免等事项，由常务委员会发布公告予以公布。

第五十条　常务委员会决定任免的国务院副总理、国务委员以及各部部长、各委员会主任、中国人民银行行长、审计长、秘书长，由中华人民共和国主席根据常务委员会的决定，签署主席令任免并予以公布。

第五十一条　常务委员会通过的法律、决议、决定及其说明、修改情况的汇报、审议结果的报告，发布的公告，决定批准或者加入的条约和重要协定，常务委员会、专门委员会的声明等，应当及时在常务委员会公报和中国人大网上刊载。

第八章　附　　则

第五十二条　本规则自公布之日起施行。

中华人民共和国民事诉讼法（节录）

（1991年4月9日第七届全国人民代表大会第四次会议通过　根据2007年10月28日第十届全国人民代表大会常务委员会第三十次会议《关于修改〈中华人民共和国民事诉讼法〉的决定》第一次修正　根据2012年8月31日第十一届全国人民代表大会常务委员会第二十八次会议《关于修改〈中华人民共和国民事诉讼法〉的决定》第二次修正　根据2017年6月27日第十二届全国人民代表大会常务委员会第二十八次会议《关于修改〈中华人民共和国民事诉讼法〉和〈中华人民共和国行政诉讼法〉的决定》第三次修正　根据2021年12月24日第十三届全国人民代表大会常务委员会第三十二次会议《关于修改〈中华人民共和国民事诉讼法〉的决定》第四次修正）

……

第十五章　特别程序

第一节　一般规定

第一百八十四条　人民法院审理选民资格案件、宣告失踪或者宣告死亡案件、认定公民无民事行为能力或者限制民事行为能力案件、认定财产无主案件、确认调解协议案件和实现担保物权案件，适用本章规定。本章没有规定的，适用本法和其他法律的有关规定。

第一百八十五条　依照本章程序审理的案件，实行一审终审。选民资格案件或者重大、疑难的案件，由审判员组成合议庭审理；其他案件由审判员一人独任审理。

第一百八十六条　人民法院在依照本章程序审理案件的过程中，发现本案属于民事权益争议的,应当裁定终结特别程序,并告知利害关系人可以另行起诉。

第一百八十七条 人民法院适用特别程序审理的案件,应当在立案之日起三十日内或者公告期满后三十日内审结。有特殊情况需要延长的,由本院院长批准。但审理选民资格的案件除外。

第二节 选民资格案件

第一百八十八条 公民不服选举委员会对选民资格的申诉所作的处理决定,可以在选举日的五日以前向选区所在地基层人民法院起诉。

第一百八十九条 人民法院受理选民资格案件后,必须在选举日前审结。

审理时,起诉人、选举委员会的代表和有关公民必须参加。

人民法院的判决书,应当在选举日前送达选举委员会和起诉人,并通知有关公民。

……

中华人民共和国刑法(节录)

(1979年7月1日第五届全国人民代表大会第二次会议通过 1997年3月14日第八届全国人民代表大会第五次会议修订 根据1998年12月29日第九届全国人民代表大会常务委员会第六次会议通过的《全国人民代表大会常务委员会关于惩治骗购外汇、逃汇和非法买卖外汇犯罪的决定》、1999年12月25日第九届全国人民代表大会常务委员会第十三次会议通过的《中华人民共和国刑法修正案》、2001年8月31日第九届全国人民代表大会常务委员会第二十三次会议通过的《中华人民共和国刑法修正案(二)》、2001年12月29日第九届全国人民代表大会常务委员会第二十五次会议通过的《中华人民共和国刑法修正案(三)》、2002年12月28日第九届全国人民代表大会常务委员会第三十一次会议通过的《中华人民共和国刑法修正案（四）》、2005年2月28日第十届全国人民代表大会常务委员会第十四次会议通过的《中华人民共和国刑法修正案（五）》、2006年6月29日第十届全国人民代表大会常务委员会第二十二次会议通过的《中华人民共和国刑法修正案（六）》、2009年2月28日第十一届全国人民代表大会常务委员会第七次会议通过的《中华人民共和国刑法修正案（七）》、2009年8月27日第十一届全国人民代表大会常务委员会第十次会议通过的《全国人民代表大会常务委员会关于修改部分法律的决定》、2011年2月25日第十一届全国人民代表大会常务委员会第十九次会议通过的《中华人民共和国刑法修正案（八）》、2015年8月29日第十二届全国人民代表大会常务委员会第十六次会议通过的《中华人民共和国刑法修正案（九）》、2017年11月4日第十二届全国人民代表大会常务委员会第三十次会议通过的《中华人民共和国刑法修正案（十）》和2020年12月26日第十三届全国人民代表大会常务委员会第二十四次会议通过的《中华人民共和国刑法修正案（十一）》修正)①

……

第七节 剥夺政治权利

第五十四条 【剥夺政治权利的含义】剥夺政治权利是剥夺下列权利：

（一）选举权和被选举权；

---

① 刑法、历次刑法修正案、涉及修改刑法的决定的施行日期，分别依据各法律所规定的施行日期确定。

另，总则部分、刑法修正案（十一）条文主旨为编者所加，分则其他条文主旨是根据司法解释确定罪名所加。

（二）言论、出版、集会、结社、游行、示威自由的权利；

（三）担任国家机关职务的权利；

（四）担任国有公司、企业、事业单位和人民团体领导职务的权利。

第五十五条　【剥夺政治权利的期限】剥夺政治权利的期限，除本法第五十七条规定外，为一年以上五年以下。

判处管制附加剥夺政治权利的，剥夺政治权利的期限与管制的期限相等，同时执行。

第五十六条　【剥夺政治权利的附加、独立适用】对于危害国家安全的犯罪分子应当附加剥夺政治权利；对于故意杀人、强奸、放火、爆炸、投毒、抢劫等严重破坏社会秩序的犯罪分子，可以附加剥夺政治权利。

独立适用剥夺政治权利的，依照本法分则的规定。

第五十七条　【对死刑、无期徒刑犯罪剥夺政治权利的适用】对于被判处死刑、无期徒刑的犯罪分子，应当剥夺政治权利终身。

在死刑缓期执行减为有期徒刑或者无期徒刑减为有期徒刑的时候，应当把附加剥夺政治权利的期限改为三年以上十年以下。

第五十八条　【剥夺政治权利的刑期计算、效力与执行】附加剥夺政治权利的刑期，从徒刑、拘役执行完毕之日或者从假释之日起计算；剥夺政治权利的效力当然施用于主刑执行期间。

被剥夺政治权利的犯罪分子，在执行期间，应当遵守法律、行政法规和国务院公安部门有关监督管理的规定，服从监督；不得行使本法第五十四条规定的各项权利。

……

第二百五十六条　【破坏选举罪】在选举各级人民代表大会代表和国家机关领导人员时，以暴力、威胁、欺骗、贿赂、伪造选举文件、虚报选举票数等手段破坏选举或者妨害选民和代表自由行使选举权和被选举权，情节严重的，处三年以下有期徒刑、拘役或者剥夺政治权利。

……

图书在版编目（CIP）数据

中华人民共和国全国人民代表大会和地方各级人民代表大会选举法（含代表法）注解与配套／中国法制出版社编．—北京：中国法制出版社，2023.7
（法律注解与配套丛书）
ISBN 978-7-5216-3709-0

Ⅰ.①中… Ⅱ.①中… Ⅲ.①全国人民代表大会-选举法-法律解释-中国②地方各级人民代表大会-选举法-法律解释-中国 Ⅳ.①D921.25

中国国家版本馆 CIP 数据核字（2023）第 118876 号

策划编辑：袁笋冰　　　责任编辑：张僚　　　封面设计：杨泽江

中华人民共和国全国人民代表大会和地方各级人民代表大会选举法（含代表法）注解与配套

ZHONGHUA RENMIN GONGHEGUO QUANGUO RENMIN DAIBIAO DAHUI HE DIFANG GEJI RENMIN DAIBIAO DAHUI XUANJUFA（HAN DAIBIAOFA）ZHUJIE YU PEITAO

经销/新华书店
印刷/三河市紫恒印装有限公司
开本/850 毫米×1168 毫米　32 开　　　　印张/8　字数/198 千
版次/2023 年 7 月第 1 版　　　　　　　　2023 年 7 月第 1 次印刷

中国法制出版社出版
书号 ISBN 978-7-5216-3709-0　　　　　　　定价：24.00 元

北京市西城区西便门西里甲 16 号西便门办公区
邮政编码：100053　　　　　　　　　　　传真：010-63141600
网址：http://www.zgfzs.com　　　　　　编辑部电话：010-63141663
市场营销部电话：010-63141612　　　　　邮务部电话：010-63141606

（如有印装质量问题，请与本社印务部联系。）